……中国基础教育国家级教学成果文…

"多元交互式"教学评价

朱雪梅 著

北京师范大学出版集团
北京师范大学出版社

图书在版编目(CIP)数据

"多元交互式"教学评价/朱雪梅著.—北京：北京师范大学出版社，2018.11(2024.11重印)
（中国基础教育国家级教学成果文库）
ISBN 978-7-303-23427-1

Ⅰ.①多… Ⅱ.①朱… Ⅲ.①中小学－教学评估 Ⅳ.①G632.0

中国版本图书馆 CIP 数据核字(2018)第 020750 号

图书意见反馈	gaozhifk@bnupg.com	010-58805079
营销中心电话	010-58802755	58800035
编辑部电话	010-58802786

出版发行：北京师范大学出版社　www.bnupg.com
北京市西城区新街口外大街 12-3 号
邮政编码：100088

印　　刷：北京虎彩文化传播有限公司
经　　销：全国新华书店
开　　本：710 mm×1000 mm　1/16
印　　张：18
字　　数：273 千字
版　　次：2018 年 11 月第 1 版
印　　次：2024 年 11 月第 3 次印刷
定　　价：46.00 元

策划编辑：路　娜　郭　翔　　责任编辑：康　悦
美术编辑：焦　丽　　　　　　装帧设计：焦　丽
责任校对：李云虎　　　　　　责任印制：马　洁

版权所有　侵权必究
反盗版、侵权举报电话：010-58800697
北京读者服务部电话：010-58808104
外埠邮购电话：010-58808083
本书如有印装质量问题，请与印制管理部联系调换。
印制管理部电话：010-58806364

"中国基础教育国家级教学成果文库"编委会

主 任　王　湛

委　员（按姓氏笔画排序）
　　　　文　喆　史宁中　朱小蔓　朱慕菊
　　　　杨念鲁　张民生　张绪培　钟秉林
　　　　顾明远　郭振有　陶西平

总　　序

教育兴则国家兴，教育强则国家强。中共中央、国务院高度重视教育事业，始终将教育事业摆在优先发展的位置上。在中共十九大报告中，习近平总书记明确指出："优先发展教育事业。建设教育强国是中华民族伟大复兴的基础工程，必须把教育事业放在优先位置，深化教育改革，加快教育现代化，办好人民满意的教育。要全面贯彻党的教育方针，落实立德树人根本任务，发展素质教育，推进教育公平，培养德智体美全面发展的社会主义建设者和接班人。"2018年9月10日，全国教育大会在北京召开，习近平总书记强调：在党的坚强领导下，全面贯彻党的教育方针，坚持马克思主义指导地位，坚持中国特色社会主义教育发展道路，坚持社会主义办学方向，立足基本国情，遵循教育规律，坚持改革创新，以凝聚人心、完善人格、开发人力、培育人才、造福人民为工作目标，培养德智体美劳全面发展的社会主义建设者和接班人，加快推进教育现代化、建设教育强国、办好人民满意的教育。

"两个一百年"奋斗目标的实现、中华民族伟大复兴中国梦的实现，归根到底靠教育，而基础教育则是实现伟大复兴中国梦、提高民族素质、促进人的全面发展的奠基工程。为此，要鼓励校长和教师创新教育思想、教育模式和教育方法，在实践中办出特色，教出风格。

近些年，基础教育领域教育教学成果斐然，涌现出了一大批有特色的学校、有个性的校长、有风格的教师。在此背景下，2014年，教育部委托中国教育学会组织评选了"首届基础教育国家级教学成果奖"，共有417项成果获奖。这些获奖成果是改革开放以来我国基础教育改革创新的缩影，凝聚着几代教育工作者的智慧和心血。获奖者中有的是历史悠久、文化积淀深厚，至今仍然在实践中勃发着育人风采的名校；有的是建校时间短，在校长和教师的勠力同心、共同耕耘下创出佳绩的新学校；有

的是办学理念先进、管理经验丰富、充满活力的校长；有的是师德高尚、业务精湛、热爱学生的教师。总结和推广他们的经验，是推动我国基础教育改革、提高基础教育质量、实现基础教育内涵式发展的重要动力，也是写好教育"奋进之笔"、实现教育现代化的重要保证。

为了宣传首届"基础教育国家级教学成果奖"的获奖成果，充分发挥优秀教学成果的示范、引领和借鉴作用，有效促进基础教育的教学改革与质量提升，教育部委托中国教育学会与北京师范大学出版社共同组织编写了"中国基础教育国家级教学成果文库"（以下简称"文库"）。"文库"围绕首届"基础教育国家级教学成果奖"中的特等奖、一等奖及部分二等奖进行组稿，将每一项教学成果转化为一部著作，深入挖掘优秀成果的创新教育理念与教育思想，系统展示教育教学模式和教育方法，着力呈现对教育突出热点问题和难点问题的工作思路、解决措施和实际效果。这套"文库"将成为宣传优秀教学成果、交流成功教改经验、促进基础教育教学质量提升的综合服务平台。

新时代呼唤更好的教育，人民群众期盼更好的教育。只有扎根中国大地，努力挖掘民族文化底蕴，不断吸收优秀文明成果，始终坚定本土教育自信，持续创生本土教育智慧，才能创造富有中国特色的教育理论和教育文明，推进教育教学改革实践探索；才能切实回应人民群众最现实的教育关切，增强人民群众的教育获得感；才能真正办好人民满意的教育，满足人民对美好生活的向往。人民满意的教育既是我们奋斗的目标，也是我们前进的动力。

钟秉林

2018 年 9 月

前　言

评价改革：在理想与现实间穿行

柏拉图说："亮光在你的背后，生命期待着我们的蓦然回首。"回顾2014年基础教育国家级教学成果一等奖"'多元交互式'教学评价体系的建构与实践"的研究历程，我们思绪纷飞。

对于新课程评价，课程专家描绘了美好的蓝图，提出了评价的发展性功能，指出要建立促进学生、教师与课程不断发展的评价体系。我们接受专家培训时，总会被这样美好的评价观所激励，而且会摩拳擦掌，跃跃欲试。但是，教育教学的现实状况却常常击碎我们的理想。当我们面临教育主管部门的调研测试时，当领导要以考试成绩发放奖金时，当学校要向社会、家长公布高考升学率时，我们曾有的改革冲动往往就泯灭了。于是，我们又在课堂上让学生反复操练考试要点，又埋头于堆积如山的作业和试卷中，又只能以考试成绩作为评定学生成绩的唯一指标。这样的现实令人担忧。

理想是美好的，现实是灰色的，但我们不甘心接受这样的现实。我们在努力探索一种穿行于理想与现实之间，既仰望天空又脚踏实地的评价方案。在新课程理念的指导下，通过地理课堂教学评价的研究和学业成绩评价的研究，我们建立了促进教师专业成长与提升学生地理素养双赢的高中地理课堂教学评价体系，建立了过程性评价和终结性评价并重、质性评价和量化评价相结合的高中地理学业成绩评价体系，建立了体现新课程理念的地理考试测量体系，并在此评价体系的实施过程中，转变着教师的教学观念，改变着传授为主的教学方式和接受为主的学习方式。

我们的教学评价改革主要是为了实现评价范式的转型，即评价理念从"针对教学的评价"转向"为了教学的评价"；评价功能从认证、甄别、选拔的问责制评价转向促进教师、学生、课程共同发展的发展性评价；

评价策略从静态的量化结果评价转向过程与结果相结合的互动评价；评价解释从归类结论性评价转向鉴赏分析性评价；评价工具从传统纸笔记录转向基于标准的数字化软件平台。

我们的研究历时十余年，这是一段不算长也不算短的时间，大致验证了"十年磨一剑"的古训。明初王履有一段话："既图矣，意尤未满，由是存乎静室，存乎行路，存乎床枕，存乎饮食，存乎外物，存乎听音，存乎应接之隙，存乎文章之中。"他谈的是绘画创作中灵感的获得途径。灵感，看似顿悟所得，实则仍然少不得艰苦的积累过程。做学问也是这个道理，所以这句话对我的影响很大，一直指引着我前行。我在十年的教研员工作中，在会谈之间、茶余饭后，无不牵挂着地理评价改革的诸多问题，在此过程中解决了一个又一个问题，终于在杂乱的实践案例基础之上，提炼出了理性的操作模式，因此也备感欣慰。

当然，我们关于新课程评价的行动研究也充满了困难与阻力，最大的问题来自一线教师的质疑："发展性评价方案好是好，但增加了教师的工作量。我哪有时间给学生进行多元化的评价？"每当听到类似的问题，我就增加了一份改革的决心与责任感。这个疑问其实是现实应试制度的产物。我们的教师用大量的时间埋首于题海，用大量的时间培训学生的答题技能，却疏忽了学生未来发展的需求，也疏忽了自身价值的需求。所以，我呼吁广大教师将自己从沉重的应试枷锁中脱出身来，抽出时间，去思考、去实践更有效和更有意义的评价方式与教学方式，那才是一片多姿多彩的教育天地。

评价改革研究承载着我们太多的梦想与追求。我梦想评价行动能够为教师、为学生插上飞翔的翅膀，我梦想数字化教学评价工具能够得到广泛应用。我坚信，五年后，也许十年后，"多元交互式"评价不再是阳春白雪，而是寻寻常常地渗透在教育生命的每一个环节中，实实在在地推动着学生与教师的发展、教育的发展的评价方式。我借此告白自己的心声：评价是一个过程，评价是一个发展的过程，评价是一个多元交互的过程，评价是一个科学与人文融合的过程，评价是一个在理想与现实间穿行的过程。

朱雪梅

目　录

第一章　做教育朝圣路上的乐行者 / 1

　　一、在教学探索中超越特级梦想 / 3

　　二、在道德诉求中理解地理教育 / 11

　　三、在建构模式中实现有意义教学 / 17

　　四、在助人成长中打造卓越的专业团队 / 28

第二章　在教学评价改革的原野上跋涉 / 33

　　一、开展教学评价改革的背景 / 35

　　二、解决问题的过程回顾 / 39

　　三、解决问题的主要方法 / 43

第三章　"多元交互式"教学评价的理论建构 / 45

　　一、关于评价的几个概念辨析 / 47

　　二、对传统教学评价的理性反思 / 51

　　三、"多元交互式"教学评价的基本内涵 / 58

　　四、"多元交互式"学业质量评价的范式转型 / 71

第四章　"多元交互式"教学评价的技术创新 / 99

　　一、"多元交互式"教学评价的参照标准 / 101

　　二、"多元交互式"教学评价的主要方法 / 123

　　三、"多元交互式"课堂观察平台 / 151

第五章　"多元交互式"教学评价的行动路径 / 171

　　一、全程性学生学业质量评价路径 / 173

二、循环跟进式课堂教学行为评价路径 / 197

第六章 "多元交互式"教学评价的文化传播 / 231

一、扬州市地理教育与评价改革同成长 / 233

二、"多元交互式"教学评价的共振效应 / 244

附 录 与"多元交互式"教学评价相关的成果 / 261

后 记 / 273

第一章

做教育朝圣路上的乐行者

仰望星空，日月星辰奥秘无穷；俯视大地，教育之路快乐永恒。作为一名地理教育工作者，我热爱地理科学与地理教育，喜欢与学生进行心灵的交往，喜欢执起教鞭的感觉，喜欢与同行们一起研讨，喜欢记录点点滴滴的感悟，喜欢用行动求证教育的真谛。

《爱的教育》中有一句名言："任何职业都有诗与理想，最幸福的，是对于自己的职业有兴味的人。"从这点看，我觉得自己非常幸福，因为我自孩提起就做起了教师梦，这个梦想早已成为自己的生存方式。时至今日，我更深刻地认识到，教育是神圣的事业，是充满理想与乐趣的王国，教育的终极目标乃是"让生活更美好，让世界更和谐！"我坚信，只要我们以一颗挚爱之心、朝圣之心，在教育工作的征途中踏踏实实地行走，那么，我们面前的道路将越走越平坦、越走越宽广、越走越趣味盎然！

一、在教学探索中超越特级梦想

我很喜欢柏拉图的一句话："亮光在你的背后，生命期待着我们的蓦然回首。"蓦然回首，是为了认清事件的本质。1990年，我从南京师范大学地理系毕业。沙润老师在我的毕业纪念册上写下了10个遒劲有力的字："天高任鸟飞，海阔凭鱼跃！"他还笑着对我说："以后好好工作，争取做一名光荣的特级教师。"于是，我就怀揣着老师的期盼，笑着、跳着走上了教育岗位，成为扬州大学附属中学的一名地理教师。我的教师生涯终于开始了，那时，我21岁。我在第一本工作日记的扉页上写下自己的就职誓言。"我庄严宣誓：我将终身热爱自己的职业，决不辜负人民教师这一光荣的称号；我将永远关爱每一位学生，努力成为深受学生爱戴的教师；我将永不停止播撒智慧火种的脚步，努力成为贡献卓越的教师。"现在看来，这样的豪言壮语似乎有些幼稚，但确实是我的追求。

时光流逝，26年的从教生涯中，我诗意地行走在探索教育的大道上，虽然年龄在增长、阅历在增加，但那颗快乐的心从未有过改变，回想当初的誓言，除了贡献不够卓越外，其他的已经基本实现。我认为自

"多元交互式"教学评价

己的成长历程大致可分为站稳讲台、征服讲台、超越讲台三个阶段，我在每个阶段的教学特质不尽相同，大致经历了由知识守望者到活动组织者，再到建模研究者的转变。

（一）站稳讲台阶段： 以广博的知识吸引学生的学习兴趣

初入职场的我，毫无经验，似乎每天都提心吊胆，怕自己才疏学浅，怕自己错误地理解教学内容，怕学生上课捣乱，怕学生提出我解答不了的问题。因为这些"害怕"，我将教学工作的重心定位为备课、写教案，我为每节课写上好几千字的讲稿，然后背熟了，力争让自己胸有成竹地走向讲台。准确地说，我当时写的教案只是对教学内容的梳理，对教学设计的原理缺少理性分析。不过，授课后撰写的教学后记让我积累了不少经验与教训。下例是1995年9月28日我写的一篇教学后记。

为站稳讲台，同时为受到学生的欢迎，我将教学工作的策略定位为模仿。学校有许多富有经验的教师，他们都成了我的师傅。听课观摩是提高教学水平的捷径，所以除了听地理课外，只要有机会，什么学科的课我都去听。数学的逻辑推算、理化的实验、语文的优美语言、英语的短剧表演、政治的辩证思维、历史的精彩故事给了我很多有益的启迪。虚心请教是提高专业素养的重要途径，我的原则是问题不过夜，只要遇到不懂的问题，立即请教同事。这期间同组的朱慧老师、窦立祥老师给了我莫大的帮助，语文、数学、物理等学科的老师也帮我解决过许多问题。我想，模仿应该是每个新手教师必经的过程，它将为日后我的教学创新打下坚实的基础。

当然，模仿不是简单的拿来主义，齐白石大师说过："学我者生，似我者亡！"别人独特的教学风格非一日之功，也非我能真正拥有。如何在模仿借鉴中"取法乎上"，得其精髓，成为我思考的主要问题。那段时间，我常追问自己：我的长项是什么？我能形成什么样的教学风格？

我想自己最大的优势应该是知识面较宽。大学时代，学校图书馆深深地滋养了我。由于自己当教师的愿望非常强烈，所以读书的目标很明确，我特别注意将趣味性强的地理知识摘抄下来，共积累了十几本文摘卡。这些文摘卡伴随我走上工作岗位，成了一笔巨大的财富。我将文摘卡按中学教材的章节顺序重新编排，备课过程中信手拈来，拓展课堂教学内容，补充新鲜知识。学生的潜意识中有了解新鲜事物的热情，每当我眉飞色舞地介绍教科书外的地理故事时，学生都听得津津有味，课堂上常常爆发出快乐的笑声。我给学生拓展的知识极大地调动了学生的学习兴趣，也让我赢得了学生的信服与喜爱。以现在的新课程观点看，我的成功得益于不拘泥于教材，做教材的建设者。

我的第二大优势是板图板画能力较强。大学时代受沙润老师的指导，我练习过地理板图板画技能，这项技能在地理教学中大有用武之地。曾记得，我只用两笔迅速地画出中国大陆轮廓图时，赢得的是学生的掌声与惊叹声。在没有计算机多媒体的时代，毫无疑问，黑板是最重要的教学媒体(现在也应该是)。有些课堂上我的板书就是满黑板的七彩板图。我说，地图是地理学最精妙的语言，学会用地图表达地理知识与原理，才算真正理解地理世界的魅力。对地理图形的创造与运用，不仅给我的课堂增添了亮丽的色彩，也孕育了我建模思想的雏形。

总体来看，我觉得自己作为一名教学新手的适应期比较长，用了七八年时间，我才比较熟练地掌握了各项教学基本功。这期间，我坚信"知识就是力量"，以知识守望者的角色理解教学，我的主要功能是进行知识管理。教学内容的趣味性成为我最大的追求，当时我曾将自己的教学特点总结为"生动活泼、结构严谨、知识广博、重点突出"，所授课深受学生、家长的欢迎，也得到了同事、领导的赞赏，曾多次在学校、市直中学的公开教学竞赛活动中获得优异成绩。

（二）征服讲台阶段： 以丰富的活动激发学生的求知热情

教师的生命力在于创新，而不是复制。当自己基本能够波澜不惊地应对各项教学任务时，我的教学水平似乎也停滞不前了。我诘问自己："怎样才能教得更好？教学设计的突破口在哪里？如何合理地解释自己

的教学行为?"这些问题深深地困扰着我,使我百思不得其解。

突破的契机缘于学校开展的中央电教馆全国教育科学"九五"规划重点课题"以计算机多媒体技术促进中学生学科素质发展"的研究。学校领导安排我负责地理学科的相关研究,这是我第一次参与课题研究工作,我感觉到一扇重新认识教育世界的窗户悄悄地打开了。在参与课题研究的5年中,我的日子过得争分夺秒,脚步匆匆忙忙,但非常充实与快乐。我发现自己的理论基础很薄弱,需要恶补许多知识,于是读了很多书,有教育理论的,有教育技术的,还读了难以计数的相关论文。由于计算机辅助教学刚刚兴起,几乎没有任何现成的课件资源可借鉴,为了公开课,我常常通宵达旦地做课件。最初一个多媒体课件几乎占用我一个月的时间!老师们曾经展开过激烈的讨论:"计算机多媒体技术是否值得推广?"支持者的呼声远远弱于反对者的嘲讽声。庆幸的是,李校长是我们的坚强后盾,他让我写了一篇文章——《在计算机的支持下工作》[1]。这使我比较全面地梳理了自己的研究经历与感受。我当时怀揣一个梦想:"有朝一日,让计算机像粉笔一样成为课堂教学中最平常的工具。"现在,这个梦想早已成真,没有人再怀疑计算机多媒体技术对教学的促进作用。

课题研究期间,我记不清开设了多少公开课,自己有多少课件、论文获奖与发表,只知道自己的教学天地变得宽广起来了。多媒体的使用,让我的课堂充满了生机,我提出了"课堂学习超市"的原理,初步建立了基于网络环境的"交互探究式"课堂教学模式。1999年,中央电教馆专家来我校检查课题研究进程,随堂听了我的一节课"香港和澳门地区",他们给予了极大肯定。很快,这节课被指定录像送中国教育电视台向全国播放,后来还获得了中央教育科学研究所举办的全国录像课评比特等奖。随后在颁奖研讨会上,我所做的报告《让课堂成为学习的超市》引起了强烈的反响,这也是我第一次走上国家级研修活动的讲台。可以说,这个课题改变了我对教育的理解,也坚定了我的人生追求。

---

[1] 该文发表于《中国电化教育》2002年第2期。

在第一次参与课题研究的过程中，我的收获不仅仅是学会了运用计算机辅助教学，更重要的是我的教学理念发生了根本性的转变。我认为教学的本质应该是"学"与"教"的和谐统一，教学过程不只是教师精心的"预设"，而应该关照学生精彩的"生成"，这一观念后来在我的《地理新课堂：让"预设"与"生成"共舞》[①]一文中进行了专门阐述。我认为"预设"与"生成"是辩证的统一，前者是后者的基础，后者是前者的升华，只有课前精心"预设"，才能在课堂上动态"生成"；"预设"使我们的课堂有章可循，"生成"使我们的课堂精彩纷呈。

此外，我认为课堂教学应该基于学生的生活经验，教学设计的重点应该考虑如何打破地理科学世界与师生生活世界之间的围栏。所以这段时间我以极大的热情组织学生开展各项研究性学习活动，带领学生进行大量的调查活动，如观看流量雨、测雨水酸度和土壤酸度、观荔莺湾公园植物群落、开展旅游资源调查，等等。因为有了这些活动，我的许多学生的研究性学习成果获得了省级以上奖励。我认为课堂教学与研究性学习的终极目标一致，两者具有相互促进的关系，并在《地理学科学习与研究性学习整合的探索》[②]一文中利用教学案例对其进行了详细说明。后来，在《普通高中地理课程分析与实施策略》[③]一书中，我结合研究性学习指导的经验，系统地论述了地理研究性学习的内涵、实施、评价等方面的问题。

从教学策略看，这一阶段自己驾驭课堂的能力明显增强，我根据不同的教学任务，采用不同的教学设计，通过丰富多彩的课堂活动激励学生参与学习，让学生在课堂上没有开小差的闲暇，鼓励每一个学生都获得成功的体验。我经常组织的课堂活动包括演讲、讨论、计算、绘图、辩论赛、知识竞赛、角色扮演等。日复一日，我发现课堂上学生求知的渴望、灵动的眼神、创新的火花令我着迷，我深深地陶醉于三尺讲台，

---

① 该文发表于《中学地理教学参考》2006 年第 12 期。
② 该文发表于《地理教学》2002 年第 11 期。
③ 该书由林培英、马贺山主编，2010 年北京师范大学出版社出版，笔者撰写了"第三篇 地理研究性学习"。

享受着征服学生心灵、征服教学过程的快乐。我拥有了大量的地理"粉丝",他们在各项测试与竞赛中取得了优异的成绩。关于课堂活动的开展,我的代表作是《高中地理新教材中"活动"的处理》①,该文是我的第一篇被人大复印资料《中学历史地理教与学》转载的文章。由此看来,我在教学工作中扮演的最重要的角色是一个"活动组织者"。

　　于我而言,征服讲台的阶段并不算长,自己的专业成长似乎一帆风顺。标志性事件是我参加了2000年年底扬州市中小学青年教师首届教学基本功大赛,比赛分教育理论、专业基础知识、计算机应用能力考试以及课堂教学现场授课评比四项。在这次评比中,我以四项总分全市第一名的成绩获得一等奖。2001年年底,扬州市教育局公开招聘地理教研员,经过激烈的笔试、面试,最终我以第一名的成绩获胜。2003年,我破格晋升为中学高级教师。我认为,这些成绩的取得不是偶然的,是教育教学实践和研究的成果。至此,我的职业生涯进入了成熟期,也产生了一些新的问题、新的认识。

(三)超越讲台阶段: 以思辨的智慧培育学生的生存能力

　　教育离不开批判性,自2004年秋,我任扬州市地理教研员后,向专家学习的机会增多了。这期间特别得益于扬州市教研室主任、教育学专家辜伟节先生的直接指导,以及多位地理学界专家的引领,我的视野不断拓宽,重新以爱的情怀感悟教育,以教育哲学思想解释教学实践行为,我对自己过去对教育教学理解的狭隘性进行了理性的反省,我认识到教育绝不是为了征服,不是为了得到学生的爱戴,教师不只是教学活动的组织者,教学绝不只是为了高考的成功。我给自己提出了一系列问题,从形而上的角度考虑,究竟什么是爱的教育?教育生命的本质是什么?教师的精神是什么?从形而下的角度考虑,什么是有意义的地理教学?什么样的教学才能使课堂焕发生命的光彩?如何才能切实提高学生的地理思维能力?这些问题与我形影相随,至今未能完全破解,或者说

---

① 该文发表于《地理教学》2002年第2期。

这些问题并没有固定的答案，而是随着社会的发展而变化的。

至于反思，西方哲人说："我思故我在。"东方圣人说："学而不思则罔。"我认为反思的本质是一种理解与实践之间的对话，也是理想自我与现实自我在心灵上的沟通。究竟如何进行反思？应该反思什么？这是很难定论的问题，其关键在于要有问题意识。根据多年的实践经验，我认为反思应该具有多元性，其结构如图1-1所示。

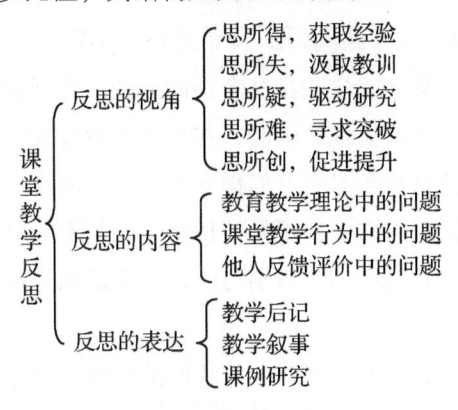

课堂教学反思
- 反思的视角
  - 思所得，获取经验
  - 思所失，汲取教训
  - 思所疑，驱动研究
  - 思所难，寻求突破
  - 思所创，促进提升
- 反思的内容
  - 教育教学理论中的问题
  - 课堂教学行为中的问题
  - 他人反馈评价中的问题
- 反思的表达
  - 教学后记
  - 教学叙事
  - 课例研究

图1-1 课堂教学反思的多元性

近些年来，西方的人本主义理论、建构主义理论对我的影响最为深刻，前者在认识论方面帮助我重新理解教学的本义，后者则在方法论方面给了我理论支撑。当然，对他人教育教学理论的借鉴与应用，一定要结合自己的教学实践加以消解，并进一步将其内化为自己的教育主张。

人本主义教学思想不仅关注教学中认知的发展，更关注教学中学生情感、兴趣、动机的发展规律，重视创造能力、认知、动机、情感等对行为的制约作用。这使我树立了"以生为本"的教学理念。教学的本质是为了促进学生发展，是为了学生未来更好地生存，所以我们应该"为学生而教地理，而不是为地理而教学生"。说到课堂教学行为，我将师生平等的互动对话作为重要形式，甚至经常走下讲台做学生，将讲台"让位"于学生，这就是一种"超越"。

建构主义学习理论认为，学习者的知识是在已有的认知结构的基础上，在一定情境下，借助于他人的帮助，如人与人之间的协作、交流，

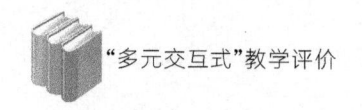

利用必要的信息等，通过意义的建构而获得的。那么，在实际的地理教学中，我们究竟如何指导学生进行地理知识的自我建构？如何洞悉学生建构地理知识的思维过程？于是，我专注于地理思维建模的研究，我认为教学过程可以通过思维模式将知识实现有意义建构，这是一个思维过程可视化的过程，这样培养的思维能力才是学生未来的生存能力。关于建模的观点，我在《地理思维建模的实践与思考——以"全球气候变化及其对人类活动的影响"为课例》[①]一文中进行了阐释。

此外，受华东师范大学陈昌文老师的影响，我开始关注后现代主义思潮对现代课程的批判。但我以为，在当前的教育背景下，后现代课程与现代课程不应该是针尖对麦芒的排他性关系，而应该有着强烈的互补性，两者之间的融合与取长补短是一种超越；关于学习，两者的解释均有可取之处，所以我们不妨认为学习既是一个建构过程，也是一个解构过程。

在这样的学习、借鉴、研究中，我向扬州市广大地理教师发出了重构地理课堂文化的呼声，我理解的课堂教学应该从问题出发，以"学生发展"为经，以"思维建模"为纬，实现有意义教学。我觉得自己的教学风格也从"激情型"悄然转向了"思辨型"，我着力追求的教学品质是亲和、民主、包容、思维深刻等。此外，我的课堂有意识地融入了哲学思考的元素，例如2008年我在执教"地理环境整体性"一课时，将原理的建构归于两个视角：一是从认识论看，应树立整体观与普遍联系观；二是从方法论看，应遵循因地制宜与人地协调发展的原则。2011年春季，我在江苏省第二届地理特级教师论坛中开设了地理思维建模公开课，通过这节课，我试图表达一种"借用哲学思辨之力，彰显地理思维之美"的课堂特色。

2010年，我从教20周年，对我的教师生涯而言，这是一个特殊的年份。在这一年，我破格晋升为教授级中学高级教师，被评为江苏省第十一批特级教师。我年轻时的特级教师之梦终于实现了。

---

① 该文发表于《中学地理教学参考》2009年第12期。

2014年是厚积薄发的一年，我所主持的"'多元交互式'教学评价体系的建构与实践"获基础教育国家级教学成果一等奖，并且我受邀参加了教育部举行的第30个教师节表彰大会，受到了习近平、李克强等党和国家领导人的亲切接见。

其实，人到中年，所有的荣誉称号于我都不重要，我早已认识到人格魅力和学术魅力比任何荣誉都重要。现在，我更希望越来越多的地理教师真正热爱教育；更希望教师有自己的教育主张；更希望用自己对教育的行动与解读，给大家一种背景、一种视角、一种参照；更希望地理课程、地理教育能够可持续发展；更希望教育的公平性、均衡性得以实现。

二、在道德诉求中理解地理教育

我曾问："什么是地理？"沙润老师答："地承千古人文，理蕴万世精神。"结合客观实际进行思考，我认为所有可能的世界里都蕴含着地理学的思想，地理学的地域性与综合性特点决定了其拥有宽广的胸怀与巨大的力量，这正是我热爱地理专业的主要原因。在我的心目中，地理教育美好而温馨，它散发着人性的光辉，关爱着全人类的发展，正如《地理教育国际宪章》指出："地理在各个不同级别的教育中都可以成为有活力、有作用和有兴趣的科目，并有助于终身欣赏和认识这个世界。"①

反观现实世界里的地理教育，它的主导价值是效用。以升学为目的的工具理性教育思想，使知识累积的重要性超过了地理生存能力的培养。这背离了地理教育的真义，导致地理课堂如工厂生产标准化产品，导致知识传授成为绝对的中心。教师过多的指令使得学生形成了习得性的沉默。所以，我常呼吁："让我们在道德诉求中理解地理教育！"

道德与教育，是两个不同的名词，但其本义是相通的。2010年，我在江苏省地理学会的年会上曾做报告《中学地理教育的道德诉求》。我倡导"道德的教育"，主要观点是让学生在获得知识与技能的过程中，同

---

① 国际地理联合会地理教育委员会：《地理教育国际宪章》，载《地理学报》，1993(4)。

时获得向善、向上的情感体验和心灵感悟，以促进学生的思维发展和精神成长。所以，我认为教师职业道德的本质特点是遵循教育规律去塑造学生的灵魂！

我借用数学的象限分类提出教师教育道德坐标，如图1-2所示。当前教育的道德大致表现为正道德、亚道德、非道德、反道德四个层次。在这四个层次中，无能无德，学生厌恶你；有能无德，学生畏惧你；有德无能，学生同情你；德能兼备，学生才会真心拥戴你。所以，弘扬正道德、提升亚道德、扭转非道德、制止反道德应该成为我们的不懈追求。正道德具有高尚的师德、高强的师能，其形成的基础便是教师对教育的挚爱之情。

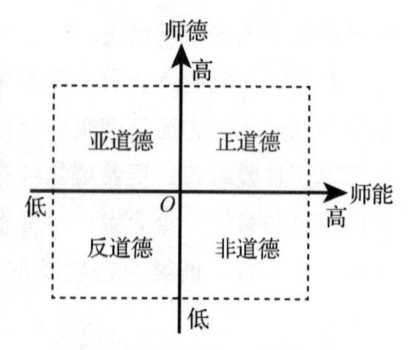

图 1-2 教师教育道德坐标

坚守爱的信念是实现教育目标的不竭动力，这种爱应该是一种博爱、大爱，它具有包容的智慧。我认为，教育之爱，首要表现为爱学生。我对学生的爱不是保姆式的爱，而是朋友式的爱，这需要洞察学生的心理需求，与学生进行心灵的交往。我做过8年班主任，所带的班级每年都被评为学校的优秀班集体，我也多次被评为优秀班主任。在与学生的交往中，我们结下了深厚的友谊，我以正向的世界观、价值观熏陶他们，激励他们成长，同时学生也让我懂得了欣赏美、热爱美、追求美，让我觉得教育是对生命的滋养。此外，教育之爱，还需要爱自己、爱同人、爱学习、爱反思、爱教师职业、爱自己的专业，这样的爱才是大爱。回望自己走过的路，我曾说过："如果说上帝赐给了我一颗教育生命的种子，那么坚毅、持之以恒的爱便是培育这颗种子的沃土。我庆幸自己这颗小小的种子在爱的土壤中生根、发芽，终于成长为一棵常青的教育生命之树。"

基于以上认识，我将地理教育置身于教育的道德体系中理解，那么合乎"道"至于"德"的地理教育应该具备以下几个特征。

（一）教育主体得到生命的尊重

敬畏生命是本真教育的伦理底线。在道德教育中，人是第一位的，教育应该成为师生人生中一段重要的生命经历。教学过程中教师与学生是共同的主体，这两者是平等的，应该彼此尊重；教师尊重学生的独特性，学生敬重教师的人品与学识。从教师主体看，教师应该德才兼备，关爱学生，有深厚的文化底蕴、扎实的地理专业素养、先进的教育理念、独特的教学风格；同时，教师的发展得到关注，能够享受到职业的尊严与快乐。从学生主体看，学生应该珍爱生命，热爱生活，健康向上，关爱他人，乐于求知，敢于说真话；同时，学生的人格与个性得到尊重，发现、探究与质疑的能力得到培养。

（二）课程目标以人的发展为本

人本主义思想认为教育的终极目标是人的发展，地理课程目标以及地理课堂教学目标作为教育目标的下位概念，也都应该将人的发展作为根本追求。我认为，地理课程目标的价值取向是在使学生掌握地理基本知识和基本原理的过程中，高度关注学生生存性地理能力的培养，如地图应用、地理观测、地理调查等技能的培养，以及地理思维、地理问题解决能力等的培养；应该高度关注学生地理科学素养与人文精神的和谐发展，注重培养学生关爱国情、关爱地球的意识，帮助学生形成正确的人口观、资源观、环境观与可持续发展观。

新课程提出课程目标是知识与技能、过程与方法、情感态度与价值观三个维度目标的有机整合。三者的关系，可以简单地概括为知识与技能目标是载体，过程与方法目标是纽带，情感态度与价值观目标是动力，如图 1-3 所示。在实际教学中，三维目标的整合应该通过具体的教学事件而实现。教学事件是指具体呈现的某项知识或技能，应将其开展作为一个探究的过程，在此过程中让学生的情感得到熏陶，使学生形成求真务实的科学态度，并逐渐形成地理观念。

"多元交互式"教学评价

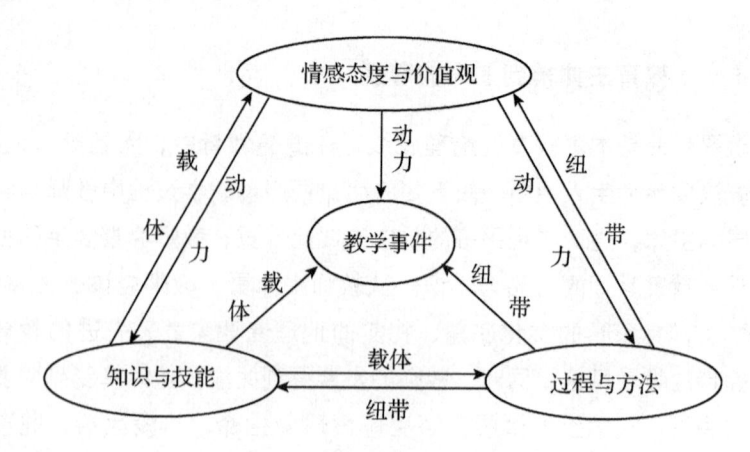

图 1-3 三维目标的整合模型

（三）课程内容具有动态开放性

《地理教育国际宪章》指出："地理学是一门旨在解释地区特征以及人类和事物在地球上出现、发展和分布情况的科学。地理学所关注的是人与环境在特定地点和位置的相互作用。它的特点是学习范围广阔、研究方法多样化、对自然和人文各学科内容的综合以及对将来如何处理人与环境关系的重视。"[①]地理学的这些特点决定了课程内容应该具有多样性、实践性、发展性与开放性。因此，排除了学生生活经验的静态的教科书绝对不是唯一的教学资源，我们应该及时更新地理科学发展的新动向、新成果，注重选择与学生经验有关的、社会生活中现实的、典型的地理案例、地理问题以及地理项目等作为学习主题，并渗透政治、社会、道德、审美和环境教育的内容，这样才能全面提升学生的地理素养，为学生从社区到全球的生存适应做好准备。

我们在整合课程内容时，要注意以人为中心来认识人地关系的协调发展，将区域差异观、环境整体观、可持续发展观渗透于教学内容中，如图1-4所示。这三种观念是相互依存和支撑的：区域差异观和环境整体观要求我们在学习过程中抓住"以区域为载体，以综合评价为归宿"的

---

① 国际地理联合会地理教育委员会：《地理教育国际宪章》，载《地理学报》，1993(4)。

主线建构地理知识，而可持续发展观则要求我们对地理问题的解决必须遵循"因地制宜、因时制宜"的原则。

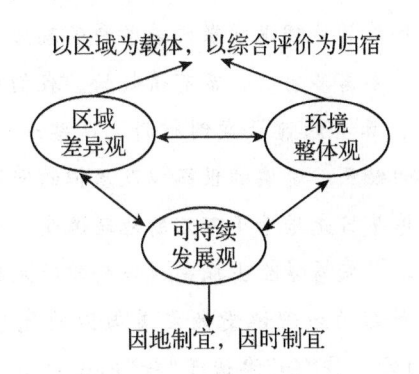

图 1-4 地理学的基本观念

另外，我们应该将教师与学生生命化的人力资源作为重要的课程资源，特别要重视利用学生学习过程中生成的观点、研究性学习的成果，将其作为运用地理原理进行评析的教学资源。

（四）教学策略强调平等对话

道德的教学实施有一个逻辑基础，就是师生人格精神的平等。教师不是课堂的主宰，教学也不是驯化与控制，而应该是营造一种"地理思维磁场"，通过师生之间、生生之间、师生与文本之间的互动对话实现理解。在此基础上，我们可运用以下策略组织教学：一是情感策略，即创设激发兴趣的地理情境，让知识情感化，用激情与地理之美感染学生心灵；二是交往策略，即尊重学生的个体差异，鼓励对话，让学生说真话，并认真倾听，正确评判；三是探究策略，即积极组织角色扮演、田园调查、模拟实验等参与性活动，激发学生的创造热情与潜能。

总之，教育的生命力在课堂，教师对地理教育的道德性理解转化为课堂教学行为，则会生成美好而和谐的地理课堂。2010年，应《中学地理教学参考》杂志社的邀请，我写了一篇短文《我心中理想的地理课

"多元交互式"教学评价

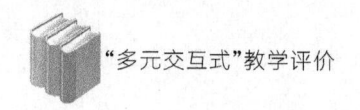

堂》①，以表达自己的美好愿景，现摘录主要内容如下：

我深信，美好和谐的地理课堂散发着学科的魅力。我希望地理课堂上学生学习的内容是丰富多彩的、富有情趣的。我们应该通过各种媒体给学生提供大量的、真实的前沿案例材料，这些地理素材不仅来自课本，还来源于师生的经历、真实的世界以及虚拟的网络。我更希望地理信息技术与数字地球早日走进千千万万的地理课堂，使得课堂成为可供选择的"信息超市"，引领着学生去探究地理科学的无穷奥秘。

我深信，美好和谐的地理课堂散发着田园的气息。"行是知之始，知是行之成"，我们需要将"知"渗透于"行"的过程中，这个"行"便是深入地理环境的实践与调查。我希望地理课堂是广阔的大课堂，我们应该带领学生走进大自然，走进工厂与农田，走进社区与博物馆，通过"田野调查"让学生在真实的环境中认识、体验地理知识与技能，激发学生发现问题，寻求解决问题的办法，从而实现理论与实践的统一。

我深信，美好和谐的地理课堂关心着全球的发展。我希望地理课堂不只教给学生必需的地理知识，更应该培养学生对自然和社会的责任感，引导学生养成关心和爱护人类环境的行为规范；我希望地理课堂不只培训学生必备的地理技能，更应该弘扬科学与人文融合的精神，树立人口、资源、环境、社会相互协调的可持续发展观；我希望地理课堂不只关注本区域、本国的发展与进步，更应该引导学生思考国际化和全球化的问题，使学生了解和承担他们从本区到全球规模行动的责任。

我深信，美好和谐的地理课堂蕴含着包容的智慧。泰戈尔曾说过："教师与学生的关系应该是心灵与心灵约会的关系。"我想能够实现"心灵约会"的地理课堂上，一定没有责骂与嘲讽，有的是欣赏与赞美；一定没有偏见与歧视，有的是平等与民主。在这样的课堂上，教师的职责不是传授知识，而是激励思考；不是居高临下，而是分享学生发现的惊喜。在这样的课堂上，学生沐浴在人文关怀的阳光下，敢问、敢答、敢

---

① 该文为《中学地理教学参考》2010年第3期刊首语，有改动。

辩论、善问、善答、善辩论。在这样的课堂上，教师不再把教书当作一种负担，学生不再把学习当作一种压力。

我深信，美好和谐的地理课堂洋溢着成功的快乐。对成功的渴望是生命健康成长的内驱力，这里的成功不是指获取高分，不是指培养解题高手，而是指地理思维能力的提升，指师生共同进步。我希望地理课堂学习的重心不再是高考试题与考试说明的要求，而是一个个激发学生探究的真问题。学生能够用自己的眼睛去观察，用自己的头脑去判别，用自己的语言去表达，并在解决问题的过程中，获得探究的兴趣、合作的欢愉、成功的体验。

三、在建构模式中实现有意义教学

21世纪新课程改革以来，我的教学观深受建构主义学习理论的影响，使我在教学过程中非常关注学生知识与思维能力的自我发展。我认为对于学习者来说，支持有意义学习的最有力的策略之一就是对他们所学的知识进行模式的建构，简称为"建模"。实践证明，模式的运用使得知识解构与重构过程变得清晰可见：学习者会根据自己的理解，通过不同的系统模型表达自己的认知结构，从而有利于培养思维的自觉性、深刻性、系统性与批判性，同时也促进了逻辑推理能力与创新能力的发展。这正是有意义教学的价值取向，也是我着迷于建模研究的动因。

（一）思维建模的基本类型

我认为，思维模式是引导思维活动演进的程序，地理思维建模就是对若干个具有相似性思维要求的地理事件与现象进行概括，归纳出普适性的分析模型。由于地理事件的复杂性以及个体思维的灵活性，思维模型并不固定，也不能穷尽，所以我们可以粗略地将地理思维建模分为三大类型。

一是为地理认知方式建模。地理的认知方式既有与其他学科相似的

共性要求，如运用归纳、演绎、推理、判断、比较等方法，也有地理学科特别重视的要求，如整体性、综合性、空间性是地理学科的重要特性，这也是地理思维建模应关注的重点。《地理教育国际宪章》指出，地理学应该研究"它在哪里？它是什么样子的？它为什么在那里？它是什么时候发生的？它产生了什么作用？怎样使它有利于人类和自然环境？"等问题。这几个问题实际上指明了地理思维所特有的方式，我们将其概括为地理思维结构的"五W"原则，如图1-5

图1-5　地理思维结构的"五W"原则

所示。如果我们再做进一步推导，阐述地理事件与现象的"具体特征"，可从表象与本质两方面加以说明；"地域分布"则需在了解分布范围的基础上，总结其分布规律；对"形成原因"的分析，则应该从自然原因与人文原因两方面加以探讨；对"解决措施"的思考，是指在分析地理事象产生利弊影响的基础上，再提出可持续发展的措施。

二是为地理知识系统建模。地理知识系统建模是指为地理知识搭建逻辑结构，它将学习内容作为一个系统进行分析，可用知识结构图、纲要信号图、概念图等形式表达知识系统的整体与局部的相互关系。思维建模的学习不是将注意力集中在单个知识点上，而是将内容作为一个系统来学习，这样才能形成对学习内容更为整体性的认识，并关注系统以及系统内部的相互关系。一般地说，所要概括的内容越多，层次越高，模型就越简略；所要概括的内容越少，层次越低，模型就越详细。图1-6是我作的"人口数量的变化"学习概念图。

三是为地理研究过程建模。地理科学研究的基本过程大致可分为提出地理问题、形成假设、收集与分析资料、得出结论、表达与交流等环节，在研究过程中经常使用地理观察、地理实验、地理调查、地理比较、地理分析与综合等方法。我认为提出问题是地理研究过程中的关键环节。学习初始，学生应该在心里构造一个问题空间，问题空间的建立

/ 第一章 / 做教育朝圣路上的乐行者

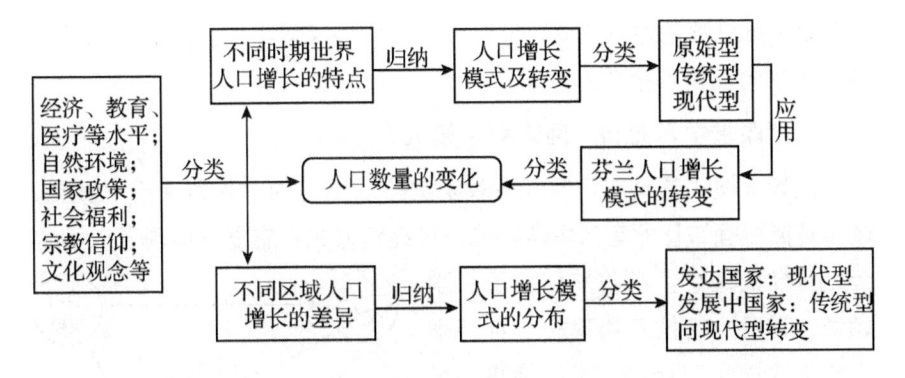

图 1-6 "人口数量的变化"学习概念图

需要通过对问题相关因素及其特定关系进行分析、筛选、推理。如果将问题空间描绘成可视化的模型，则问题解决的过程，自始至终就是一个思维建模的过程，其基本流程如图 1-7 所示。学生对自己当前问题解决的过程和结果进行建模，可以深刻理解隐含在问题背后的科学知识，掌握有效解决问题的技能，并进行经验建构，实现真正意义上的问题解决。

图 1-7 问题解决的基本流程

乐于思辨者，能够将复杂的认知过程进行简化处理，用以指导行动。以上三种建模思路说明模式是思维认知的工具，它在经验与理论之间架设了一座桥梁。需要指出的是，模式不等同于经验，因为它是经验的概括化、简约化的描述；模式也不等同于理论，因为它必须提供具体的结构要素与运作方式以指导实践。

（二）缘于实践的教学模式

每个人的行为都受到内心哲学思想的支配。当我有意识地将建模的思想渗透于教学设计中，我便提炼出了体现自己风格的教学模式，这些教学模式超越教学内容，以规律性的思维方法帮助学生自主建构知识，

彰显着思维结构的逻辑之美。我在多年的实践探索中，提出的下列教学模式能够代表我的教学主张。

1. "课堂学习超市"网络教学模式①

此教学模式是我在开展网络教学实验后提出的。我在生活中发现，超市是商业领域让顾客自主购物的一种经营方式，它充分体现了以顾客为"上帝"的理念。我将其引申于教学领域，利用网络技术构建起一种让学生自主选择学习伙伴、学习情境、学习策略、活动项目的多元化及开放性课堂教学系统，即形成一种"课堂学习超市"，从而让每一个学生都能获得自己所喜爱的学习内容，满足自己学习的需要，并通过自主学习、合作学习和探究学习建构知识。图 1-8 表示"课堂学习超市"的结构，其四个自主选择的组成部分是密切联系的。其中，学生是课堂的中心，教学设计体现以人为本的思想，合作、探究的学习方式始终渗透在自主选择的过程中。

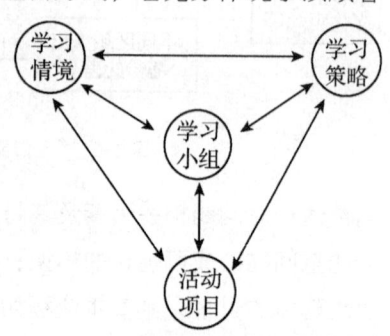

图 1-8 "课堂学习超市"的结构

第一，自主选择学习伙伴。由于个体的兴趣爱好、学习能力、行为特征存在较大的差异，所以对学习伙伴的选择标准不尽相同。我赞成学习小组的成员自由组合，这样能够充分调动每个人的积极性，发挥每个人的潜力，并使群体产生超越个体之和的学习效能。

第二，自主选择学习情境。教师利用计算机和网络媒体设置的情境是多元的、接近现实的，可以将选择情境的权利交给学生。在以学生为中心的自主式学习过程中，教师的主要任务便是引导学生对情境主动了解、加工分析及协作式探索，生成新鲜的知识，从而完成知识的意义建构。

---

① 此部分内容摘自笔者的《新课程理念支撑下的课堂学习超市》一文，发表于《地理教育》2005 年第 4 期，有改动。

第三，自主选择学习策略。教师可以借助计算机为学生提供多种学习策略，允许学生按照自己的学习进度、思维习惯安排学习活动。即使是一个协作小组，他们的成员可能在同一时间选择不同的学习方法，这样能够尊重个体的学习差异，发挥个体的学习专长，从而提高学习效能。

第四，自主选择活动项目。教师利用网络课件提供丰富多彩的活动项目以供不同层次、有不同兴趣爱好的学生进行选择。这样的课堂能够生成多个活动成果，即个体或协作小组展示自己的学习成果时，也让他人分享了自己成功的喜悦。

新课程所倡导的自主学习、探究学习、合作学习是知识时代背景下学习方式的三个基本特征。在学习过程中，这三个特征是相辅相成的：自主学习是合作学习和探究学习的前提和基础，探究学习又贯穿于自主学习和合作学习的始终。因此，"课堂学习超市"的组成部分是密切联系的，具有相互促进、相互影响的关系。其中，学生是课堂的中心，教学设计体现以人为本的思想，而合作、探究的学习方式始终渗透在自主选择的过程中。在"课堂学习超市"中，学生能够用自己的眼睛去观察，用自己的头脑去判别，用自己的语言去表达，能够成为一个富有创新意识的学习者。

高二地理"旅游景观的欣赏"教学简介

一、情境设计

①电子教室中有一台教师机和60台学生机，师生一人一机。学生被分为10个协作小组，每个小组6人，围坐成圆形。每台机器由"易思网络教室"软件相连，并可以与学校局域网和互联网相连。

②用FrontPage软件编辑成由"学习引导、新知构建、自我检测、课外阅读、友情链接、作业讨论"六大板块组成的网络课件。

③准备丰富的旅游景点的照片、明信片、影音光盘。

二、教学过程

学生登录校园网，在"地理专题"网站中打开"新兴课堂"超链接，便可找到本课学习课件。

"多元交互式"教学评价

通过教师机，教师引导学生完成本课的学习，建议学生可以使用何种学习策略，告诉学生网页中每一组成部分的内涵。

点击首页上的"中国著名旅游景点的分布图"上各景点的名称，如黄山、长江三峡、扬州园林、秦陵兵马俑等，便可链接到互联网上各旅游景点的站点。丰富的、图文并茂的网络材料都是提供给学生的学习情境。

"学习引导"是呈现学习目标的页面。

"新知构建"是本课的主体部分，由"选择观赏位置、把握观赏时机、抓住景观特点、领悟人地和谐、以情观景"几个要点构成。学生单击各知识要点的超链接，则可以得到此知识点的学习要求。例如"选择观赏位置"页面展示的基本理论是"远眺峰峦的雄伟峻秀；近观峡谷、洞、一线天；仰观瀑布景观；俯览江河湖海；定点观看地貌；乘舟观赏山水组合景观"。当学生理解了这些基本理论后，每个学习小组合作完成一份作业，即"讨论：选择一个你最喜欢的旅游胜地作为案例，找出其合理的观赏位置"。各小组所选择的学习案例（学习情境）可以是网络上旅游景点的网站，也可以是照片、明信片、影音光盘。经过小组成员的探讨、协作后，各小组将作业提交到网上，或者教师当面向大家公布小组合作学习的成果。

单击"自我检测"超链接，学生可以完成一份网上测试试卷。教师通过机器可检阅每位学生的测试情况。

单击"课外阅读"超链接，学生的视野便开阔起来，这里提供了众多有关旅游欣赏的补充知识。学生可以根据自身的兴趣爱好、需求及能力对这一部分的学习内容进行适当的选取。

与大多数网页一样，"友情链接"超链接提供了一些与本课学习有关的网站，这里可以链接的是"名胜采风、中国旅游、国家地理、中国旅游景点、中国航空旅游"等网站，以供学有余力的学生进行选择性学习。有意义的是，为了丰富自己的知识面，众多学生将这种自主学习方式延伸到了课外。

"作业讨论"是一个网上论坛，学生可将作业的答案、自己的观点在此上传供大家讨论，这需要学生有较强的计算机应用能力。

简析：本案例是 21 世纪初，我尝试开展的网络教学实验课，是基于"交互探究式"课堂教学模式设计的。课堂中除了电子教室是大家共同使用的硬件情境外，多媒体技术和网络技术创设了多元开放的学习情境。在教学过程中，教师提供给学生多种学习策略的建议，允许学生按照自己的学习进度、思维习惯安排学习活动。即使是在一个协作小组，成员都可能在同一时间选择不同的学习方法。同时，可供选择的活动项目与分层作业，能够满足不同的学习需求。这些设计充分培养学生的自主、合作、探究学习能力，充分体现以生为本的差异性教学理念。

2. "研究性学习与课堂学习双主线"教学模式①

研究性学习的实施是新课程改革的热点和亮点。在学科教学中如何渗透研究性学习方式，研究性学习如何与学科教学相结合，成为我"十五"规划期间研究的重点问题。我在 2002 年提出"研究性学习与课堂学习双主线"教学模式，以实现两者的整合。如图 1-9，该教学模式以每个单元的学习为一个主题，每个主题有"地理课堂学习主线"和"地理研究性学习主线"同时贯穿在整个单元的学习过程中。这两条学习主线是密切联系、相互促进的，它们有着共同的目标，都是为了促成本单元基础知识、技能、方法和情感目标的达成。但是，两者在内容结构、学习方

```
地理课堂学习主线        地理研究性学习主线
     │                        │
     ▼                        ▼
  单元概述教学  ──────→  问题拍卖
     │                        │
     ▼                        ▼                ┌─ 制订研究方案
  单元分课教学           研究过程  ────────┤─ 实施研究计划
     │                        │                └─ 总结研究成果
     ▼                        ▼
  单元总结教学  ──────→  论文答辩
```

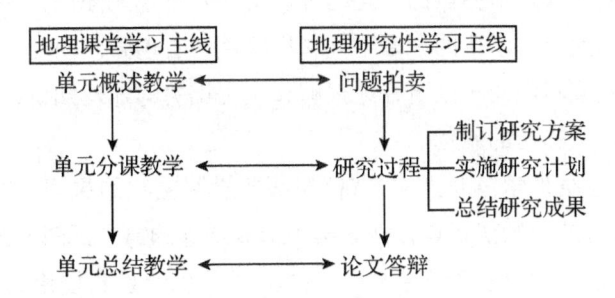

图 1-9 "研究性学习与课堂学习双主线"教学模式

---

① 此部分内容摘自笔者的《地理学科学习与研究性学习整合的探索》一文，发表于《地理教学》2002 年第 11 期，有改动。

式、实施手段上又有着极大的差异。"地理课堂学习主线"是在地理课程标准的要求下，以课堂学习为主的学习过程。"地理研究性学习主线"是围绕相关问题展开的自主性、开放性、协作性、生成性的学习过程，它是学生课外学习的主要任务。

"单元概述教学"和"问题拍卖"是学习的开端，是两条学习主线的起点。"问题拍卖"是指教师在充分调研的基础上，首先确定与本单元知识相关的一系列研究性学习问题。在教学中，教师将全班学生进行分组，以拍卖会的形式让各组成员共同协商，进而选择他们感兴趣的问题。为了能够找准自己真正喜欢的课题，学生会认真地学习"单元概述"，努力地了解本单元的知识组成，以期发现他们将要面临的研究性学习内容的理论支撑点。

"单元分课教学"和"研究过程"是两条学习主线的主体组成部分。"单元分课教学"是对该单元各课内容的常规教学，它是学生当前地理课程的主要学习任务。"研究过程"是指各个学习小组在教师指导下进行的以解决问题为中心的学习过程，这个过程伴随着分课学习同步进行，主要在课后完成，是课堂学习的拓展和延伸，或者可以说是家庭作业。"研究过程"大致可分为"制订研究方案""实施研究计划""总结研究成果"三个阶段。在这个过程中，两条学习主线间相辅相成的促进关系显得尤为突出。由于教师所提供的问题的理论支架源于单元知识，为了使研究性学习顺利完成，学生的学习动机和积极性显著增强。同时，研究性学习任务的完成不但使学生更好地理解和应用相关的地理知识，而且为课堂教学提供了鲜活的案例。

"单元总结教学"和"论文答辩"是两条学习主线的尾声。"单元总结教学"梳理全单元知识要点，帮助学生形成严谨的富有逻辑的知识结构，而"论文答辩"正好促成了这一目标的实现。我借鉴高校论文答辩的形式，指导学生利用计算机、投影仪、实物、模型、图片等，在规定的时间内，演示和汇报自己的研究成果。教师和其他小组的每位成员都可能成为评委；所有合作小组都需要尽力解答师生提出的问题。

3. "小组合作探究"教学模式[①]

当前,合作学习理念已经深入人心,并被经常应用于地理课堂教学过程中。但是,关于合作学习的解释与应用却存在着许多误区。鉴于此,2005年以来,我组织扬州市地理教师开展了合作学习教学模式的研究,于2009年进行总结,提出了合作学习的基本原理。我认为,真正合作的课堂不仅是座位形式的改变,也不仅是学生进行讨论,而应该由如图1-10所示的五大要素组成,它们是合作学习课堂所必备的基本特点。

图1-10 课堂合作学习要素

合作学习把课堂的舞台留给学生,并不意味着教师可以无所事事,相反教师应担负更大的管理与调控职责,一般需做好以下几方面工作。

第一,协助建组与角色分配。合作学习的起始工作就是分组,每小组成员以4～6人为宜。教师应在综合考虑学生学习能力、性格爱好、性别组成等因素的基础上,按照"组间同质、组内异质"的原则进行分组,即不同小组的总体构成特征具有相似性,而同一小组内部成员之间应具有个性差异。小组建成后,教师协助大家进行分工,确定小组长、记录员、观察员、纪律管理员、汇报员等角色。每一成员应发挥自身特长,充当数个角色,并明确自己的责任。

第二,商定小组合作规则。有效的合作必须遵守一定的规则,否则学习过程容易出现自由主义倾向,使合作流于形式。因此,教师需要与学生共同商量,制定合作学习章程。

第三,处理合作生成的问题。合作学习给学生提供了充分的自主支配的时间与空间,使课堂生成的问题远远超出教师的预料,因此教师要走到学生中去,密切关注每个小组的活动状况,做到全程监控、及时指导、适时干预。当学生遇到障碍时,教师要及时点拨和指导,使他们沿

[①] 此部分内容摘自笔者的《"小组合作学习"的课堂行为与管理——以"农业地域类型"为课例》一文,发表于《中学地理教学参考》2009年第4期,有改动。

着讨论轨道进行运转，而不是直接给出标准答案；当合作中出现冲突时，要讲清道理，引导学生学会倾听，学会尊重；当学习能力弱的学生不乐于表达观点或逃避责任时，要培养其自信心，可采取轮流说、轮流写的技术鼓励其参与活动；当小组喧哗、吵闹时，要发挥纪律管理员的作用，并利用评价杠杆进行协调，及时表扬守纪高效的小组，对纪律较乱的小组提出中肯的意见；等等。

第四，评估小组学业成绩。良好的评价应贯穿于学习过程中，并应遵循定量评价与定性评价相结合、自评与他评相结合的原则。学习初始，教师应告诉学生从哪些方面评价学生的学业业绩，并说明具体的评价方法。教师可以在学习过程中采用预先设计的评价表，对小组协作的质量、个体对小组的贡献、最终的学习成绩等方面进行评估，并采用等级评分与质性评语相结合的呈现方式。

4. 地理案例教学范式①

新课程实施以来，案例教学被广泛应用于地理课堂。我认为案例教学的实质是从个别到一般，再从一般到个别的教学过程。从思维的逻辑顺序看，案例教学的实质首先是运用归纳法从案例中获取同一类事件的地理原理、规律与分析方法，这是对案例提炼的过程；然后，再用演绎法将已获得的原理、规律与方法，拓展应用于其他个案的研究中。我在2009年正式提出案例教学范式，具体说，将教学活动分为两条相互交织的主线，即"教师指导活动"与"学生学习活动"两条线索；从操作流程看，将教学活动大致分为导课、质疑、研讨、提炼、拓展5个环节，如图1-11所示。

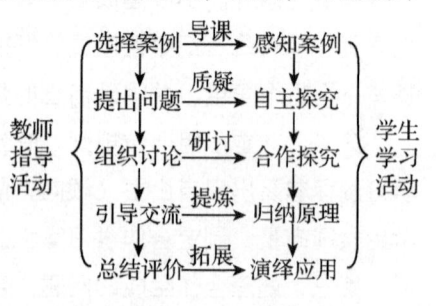

图1-11 案例教学活动的基本结构

---

① 此部分内容摘自笔者的《地理案例教学的问题辨析与范式建构——以"资源的跨区域调配"为课例》一文，发表于《中学地理教学参考》2009年第11期，有改动。

(1)选择案例与感知案例——导课环节

案例教学的前提条件是要选取一个结构良好的案例,这项工作属于教师课前的备课任务。案例的选择应该根据教学目的和内容、学生的知识和经验积累等情况,并适当考虑案例的典型性、代表性以及教学手段、设备等相关条件,并且每个案例都应该围绕着一个核心议题展开阐述。

(2)提出问题与自主探究——质疑环节

在学生感知了案例情境之后,教师应立即设疑问难,就案例进行提问,这是用好案例的关键。案例教学中的问题设计要注意与案例所要达成的目标相匹配,并且要注意层层递进、难度适中,要在学生的最近发展区内。教师提出问题后,应该引导学生精读案例,围绕问题对案例进行思考、探究,同时要鼓励学生质疑询问,并对学生的探究进程、课堂纪律等进行微观调控。

(3)组织讨论与合作探究——研讨环节

在学生通过自己的分析、探究,获得个人关于案例问题的见解后,教师应及时组织学生分组讨论。其主要目的在于挖掘群体潜能、培养合作精神。在此过程中,每个成员都要发表自己的看法,供大家商讨、切磋、补充。学生的讨论发言可以不拘一格,可以有冲突,不强求标准答案。但教师必须进行巡视,检查讨论情形,处理讨论过程中的问题,及时将偏离主题的讨论引入正题。

(4)引导交流与归纳原理——提炼环节

交流是在教师指导下进行的全班所有学生积极参与的活动,是小组讨论的延续与深入。教师应该通过互动对话对交流加以指导,可以结合案例内容提出诸如"为什么、怎么办、将会发生什么"等问题,力求引导学生对案例学习的成果加以归纳与总结。案例教学中组织交流的目的是引导学生归纳案例潜在的原理。

(5)总结评价与演绎应用——拓展环节

教师需要对学生的不同意见进行总结评价,主要包括两个方面:首先,对学生的学习表现与思维水平进行评价;其次,对案例本身所蕴含

的道理或问题表达自己的看法，对学生的研讨结论进行补充或提高性阐述，并给予相对完善的案例分析原理。案例教学的最终环节应该是引导学生进行演绎应用。案例分析的着眼点不在于案例本身，而是要关注案例的迁移和拓展。

总体来看，案例教学活动实际上是由案例文本、研究问题、互动对话、拓展应用等要素构成的，这些要素通过上述 5 个环节实现了相互联系、相互作用。需要指出的是，这 5 个环节不能截然分开。

由于教学内容是丰富多彩的，学生已有的认知结构是有差别的，所以教学范式应该多种多样。教学范式只有适合的，没有最好的。我在此列举的仅仅是本人教学中的几种模式而已，实际上，每名教师都可以根据自己的教学风格形成自己的模式。

四、 在助人成长中打造卓越的专业团队

2004 年秋，从一名地理教师到扬州市地理教研员，是艰难的角色转变。在新课程背景下，教研员的角色是多元的，时代要求我们是政策执行者、课程设计者、专业引领者、教学研究者、发展服务者、质量评价者、示范辐射者、活动组织策划者，等等。要担当起这些角色的重任，教研员不仅需要有深厚的专业素养，还要有容纳百川的胸襟。

我在任教研员期间，足迹遍布全市城乡 100 多所学校，指导 30 多名地理教师夺得全国或省级优质课评比的大奖，组织各类培训、研讨活动 500 多次，到学校观察并指导现场教学课 1500 多节，与地理骨干教师一起编写各类教学资源 800 多万字。10 年间，扬州地理教育事业蓬勃发展，地理教师的专业成长也进入了快车道，6 名地理教师晋升为教授级中学高级教师，4 名教师获得江苏省特级教师称号，4 名教师获得扬州市特级教师称号，这样的名师队伍令全国许多同行无比羡慕。

其实教研员的工作是默默无闻的，是为他人作嫁衣的工作，所以我们需要有甘为人梯的奉献精神。在教师遇到困惑时，我们要为他们指点

迷津；在教师走向教学竞赛的舞台前，我们要帮他们精心研磨每一个活动、每一组对话甚至每一个眼神；在教师需要发表论文时，我们要为他们仔细推敲、修改，并推荐合适的刊物。所以说，教研员需要有助人为乐的胸怀，只有在此过程中才能成就自己，赢得教师的尊重，才能打造出一个优秀的教研共同体。我认为教研员的工作主要分为以下三个层次，每一个层次的工作都需要我们奉献自己的智慧。

第一层次，服务帮助类的工作要尽心尽力。这类工作的难度相对较低，属于力所能及的任务，也是教研员最基本的工作。教研员完成此类工作，需要尽自己所能，认真对待，要有甘为人梯的心理品质，不能因其平凡而掉以轻心，也不能因其琐碎而厌烦。例如，教学视导就是典型的例子：视导不是走过场，不是找碴儿，我们对教师好的做法，要给予恰如其分的赞扬，并加以宣传推广，给教师以价值实现感；对存在的问题要一针见血地指出症结所在，让教师心悦诚服，提出解决问题的措施要切实可行、具体有效。这样的视导才会受到教师的欢迎。再如，帮助一线教师修改、发表论文也是一件费心劳神的琐事。我实在记不清耗费过多少时间，修改过多少篇文章，只觉得每见到我市地理教师有论文发表时，我比自己发表论文还高兴。我常说："对我而言，每发表一篇论文，只是量的积累，而你发表一篇论文，也许是质的飞跃，希望你能够从此走上教科研创作之路。"常言道："一枝独秀不是春，万紫千红春满园。"我的愿景就是带领一批地理教师携手共进，建立一个良好的区域性研究共同体。

第二层次，指引方向类的工作要竭尽全能。有些工作具有较强的引领性，需要给予教师正确的导向，引导错误就会走弯路，甚至走进死胡同。这类工作需要精益求精的态度、殚精竭虑的行动。例如，测试命题就是典型的代表。我认为试卷质量的高低最能代表一个区域的教研水平，因为一份试卷公开后，会迅速传遍全国，令万众瞩目，试题质量好坏全在师生评点之中；另外，高质量的模拟试卷还可能对教学改革产生影响。一位高考专家曾对我说："我们一致认为扬州市的高考模拟试卷质量非常好，你能不能介绍介绍命题经验？"我的回答是："其实没什么

经验,只是命题过程中我们做到了竭尽全力。"事实上,每一次命题时,我就如同经历一场炼狱,工作总是到凌晨两三点,反反复复地推敲每一个字符与图表。即使在短暂的睡梦中,头脑里飞舞的仍然是数据、文字、图像与考试说明,其目的乃是奉献一份科学、健康、美观的试卷。正是这样的经历,促使我提炼出了科学命题的观点与策略,使我研发的测试命题规划表被全国许多地理教师应用。

第三层次,科研决策类的工作要锐意创新。谋划学科教科研项目、带领大家开展课题研究是挑战智慧的工作。对这类工作,我们要以敏锐的洞察力挖掘存在的问题,要以多维的视角分析研究背景,要不断学习吸纳前沿知识,要励精图治开展调查研究,唯有如此才能激发创新的灵感。以2009年工作为例,扬州市地理团队创造了许多第一,例如,培养了我市参加地理国际奥林匹克竞赛的第一位选手;主持编写了第一本国家基础教育地理学科发展报告(蓝皮书);第一次为核心期刊《中学地理教学参考》创办了"课堂行动研究"专栏;第一次提出了"多元交互式"高中地理发展性教学评价模型,并出版了关于地理发展性评价研究的专著;第一次尝试在办公室里为全国进入新课程省份的5000多名地理教师进行了为期10天的网络培训;第一次提出"读—写—议—练—评"五环节合作学习模式,经过扬州中学教育集团树人学校高三地理教师一年的实验,现已在全校推广;第一次用图解形式为地理思维建立了模型;等等。我非常渴望这些研究成果能够激发地理教师内心深处的觉悟与参与热情。

我常说"教研是享受智慧"。当身处一个和谐进取的团队时,我得到心灵安详的快乐;当地理教师主动与我探讨问题时,我得到被尊重的快乐;当一项新的研究成果诞生时,我体验到成功的快乐;当研究成果转化为教学效益时,我更感到价值实现的快乐;当地理教师取得进步获得荣誉时,我则有分享自豪的快乐。

"路漫漫其修远兮",教育的征程永无止境。近来有两种声音常在我耳畔响起。一种声音是"你过去太辛苦了,以后可以歇歇了";另一种声音是"你今后的任务更多了,责任更重了。"对这两种建议,我都笑而不答,只想顺其自然。对前一种说法，我认为所谓的辛苦于我而言已是快乐，学习与研究已经成为我生命中不可或缺的部分；对后一种说法，我还不敢说勇于担当责任。不管怎么样，我将终身践行"学高为师，身正为范"的古训，以快乐之心开展研究，以包容之心服务他人，以感恩之心耕耘终身。

第二章

在教学评价改革的原野上跋涉

回顾十多年来教学评价改革所走过的历程，我常常感觉自己在荒原上跋涉。我常用鲁迅《过客》中"过客"的形象激励自己：目标在未知的远方，希望在可到达的前方，脚下却没有现成的路，需要不断探索。在我看来，"'多元交互式'教学评价体系的建构与实践"获得 2014 年基础教育国家级教学成果一等奖，也只不过是我们在前进途中摘到的一颗果实而已，或者说它预示着教学评价探索之路的一个新起点。

一、 开展教学评价改革的背景

（一）区域教研工作的现实困境

2004 年秋季，我从扬州大学附属中学调到了扬州市教育局工作，正式成为扬州市首位专职地理教研员。我上岗后发现，自己能力不足、经验缺乏，厘不清工作中的千头万绪。

当时，地理学科教科研氛围淡薄，存在着制度缺乏、形式单一、内容浮浅、参与被动、管理松散等现象，全市竟无一项市级以上独立的地理课题。全市地理师资力量薄弱，在全省有影响力的地理教师非常少，与其他区域的地理教研交流活动几乎没有。更大的问题是，地理课堂教学效率较低，大家对好课的认识非常模糊，少有的评课活动只是泛泛而谈的溢美之词，鲜有改进问题的建议；对学生学业成绩的评价方式单一，以考试成绩论成败的思想根深蒂固，且考试试卷的质量也亟须提高。正是这些原因，使扬州市的地理教育长期以来发展滞缓，影响甚微，如 2004 届全市高三地理选科人数仅有 1558 人，是名副其实的"小儿科"。

鉴于以上现状，我迫切需要确立地理教科研工作的核心任务，迫切需要建立一个促进地理教师专业发展的平台。经过反复思量，我将评价改革作为工作的突破口，因为评价是教学的指挥棒，是质量监控的主要依据。现在看来，当时的选择是正确的，它发挥了以评促教、以评促学、以评促改的作用。

(二)高中新课程改革的时代召唤

2005年秋季开始,江苏省普通高中全面实施新课程。这是挑战更是机遇。师生观、知识观、学习观、评价观等新理念的提出,需要我们全面反思地理教学评价的功能,因此我开始反思"为何评价""如何评价"。课程改革初期,我市对地理教学成效的评定缺乏标准与证据,评价重结果而轻过程,过多地强调甄别与选拔的功能,忽视质性评价的作用,存在着评价主体单一、评价功能重甄别、评价内容知识化、评价手段数量化等问题。例如,课堂评价仅关注教师的"教"而忽视学生的"学",评价结论往往是经验式的描述;考试测量几乎是评价学生学业成绩的唯一手段,并且考试分数仅发挥了教学问责的功能。

尽管我们已逐渐认识到教学评价对课程发展的重要性,但从宏观层面看,国家并没有形成课程评价制度,没有系统规划课程评价活动。制度形成的两个基本条件是规章制度的确定和组织机构的建立。至今,我国尚未颁布过有关规范课程评价的文件。与课程评价关系最密切的文件是课程计划,而高中新课程方案中与课程评价相关的只有一句重要的话"教育行政部门要对高中教育质量进行监测",尽管与课程评价有关,但这并不直接指课程评价。地理学科的课程评价制度就更是空白了,《普通高中地理课程标准(实验)》仅规定了学生学业成绩评价的要求。由此可见,地理新课程评价制度的模糊甚至缺失,使得新课程的教学活动缺乏参照标准和指向目标,使得教学评价体系的滞后性非常明显,而且已经成为制约课程改革的瓶颈。

(三)发展性评价理论的实践需求

从教育目的的价值取向看,促进人的全面发展、培养社会所需要的人是教育追求的根本目标。信息化时代,社会对人才的需求多种多样,富有创新性、探索性、协作性与个性化的人才培养目标的确立已成为必然追求。《普通高中地理课程标准(实验)》指出地理教育是为了"引导学生关注全球问题以及我国改革开放和现代化建设中的重大地理问题,弘扬科学精神和人文精神，培养创新意识和实践能力，增强社会责任感，强化人口、资源、环境、社会相互协调的可持续发展观念"。但是，课程改革初期扬州市传统的地理课程评价方式显然不能促进以上教育目标的达成。

发达国家非常关注评价理论的建构，其中以发展性评价的影响较为显著。发展性评价(developmental evaluation)起源于 20 世纪 80 年代中期英国的发展性教师评价，是指评价者和被评价者双方，在没有奖惩的条件下，依据一定的教育目标和发展的价值观，制定双方认可的发展目标并共同承担职责，运用质性的评价技术和方法，对评价对象的综合素质及工作绩效进行价值判断，促进评价对象不断认识自我、发展自我，实现综合发展目标的过程。此后，发展性评价理念在美国等发达国家得到迅速响应。但是，国外关于发展性评价的实践方案差异极大，至今未能形成值得推广应用的操作方案，且与我国教学实际的差距较大。

发展性评价理论于 21 世纪初传入我国，成为我国新课程改革中评价改革的主要理论依据。我国 2001 年颁布的《基础教育课程改革纲要(试行)》明确指出，课程改革的目的之一就是"改变课程评价过分强调甄别与选拔的功能，发挥评价促进学生发展、教师提高和改进教学实践的功能"。伴随着我国第八次课程改革的推进，关于发展性课程评价的研究日趋增多。很多学者对发展性课程评价的概念、原则、特征、方法等进行了深入探讨。例如，河南大学刘志军教授指出发展性课程评价中的"发展性"除了有改进特征的功能性内涵外，更重要的是指通过评价促进人的发展。在这里，通过课程评价促进人的发展首先是指学生的发展，同时还包括教师的发展。发展性课程评价对学生发展来说，既指促使学生知识、技能的提高，也指促使学生情感、意志、个性和价值观的养成。对教师发展来说，发展性课程评价既体现促使教师的专业提高，也指通过课程评价拓展教师的生命意识，促使教师生命质量的提高。发展性课程评价促进学生和教师作为"人"的发展，体现了当前我国课程改革内在的价值追求，它理所当然地应当成为我们确立发展性课程评价体系

的价值依据。① 以上这些研究成果为实施评价改革提供了理论基础。但是，这些研究多停留在理论层面，多为专家、学者的构想。直接为学科服务的可操作性强的评价方案还不完善，特别是有关发展性评价理论在地理学科方面的应用研究还极少。这说明地理教学评价方案还有待在课程改革实验中进一步探索，而且这种探索注定是一个长期而艰巨的过程。

鉴于以上认识，我们认为亟须建构一套符合区域实际情况且具备科学性、前瞻性、可操作性的地理教学评价体系，作为改进本市地理教科研工作的载体，以促进地理教师的专业发展与学生地理素养的提升。这是当时地理学科教学改革最紧迫的任务，是对专家型理论研究的必要补充。

总体来看，本成果致力于解决以下三大问题。一是评价者与评价对象相对立的问题。传统评价主体单一，评价者与评价对象长期缺少沟通与交流，评价结论存在着片面性、独断性，因此评价者与评价对象常处于对立状态。二是评价手段与评价理念相脱节的问题。尽管新课程提出了发展性评价理念，但现实中唯分数现象严重，评价方式依然以测试成绩为主，体现激励性的质性评价方式少有应用，评价标准与评价工具严重缺乏。三是评价路径与教学过程相游离的问题。有教无评、重结果轻过程、重知识检测轻能力评鉴的现象普遍，实际上评价并未真正进入学与教的过程。

在评价改革方案提出之前，我们首先思考评价观念层面的问题："针对教学而评价"还是"为了教学而评价"？"知识技能的评价"还是"多元智能的评价"？"感性的评价"还是"理性的评价"？"基于经验的评价"还是"基于标准的评价"？"结果取向的评价"还是"过程取向的评价"？"甄别性的评价"还是"发展性的评价"？同时，我们思考评价实践层面的八大问题：评价主体是谁？评价场域在哪里？评价目标与标准如何确定？评价内容包括哪些项目？评价路径如何创新？评价方法如何整合应

---

① 刘志军：《发展性课程评价体系初探》，载《课程·教材·教法》，2004(8)。

用？评价结果如何呈现与解释？评价保障条件如何落实？正是以上这些问题的"解"与"解的过程"推动扬州市地理教育走向了发展的快车道。

二、解决问题的过程回顾

我们的地理教学评价改革工作从提出问题，到课题研究、成果总结、推广应用，再到成果获奖，历经近9年时间。其间，我带领部分地理教师完成3项省级重点课题的研究工作；全市共有100多名一线教师参与研究，他们完成了27项子课题研究。我们的研究工作主要包括：研制《扬州市普通高中地理发展性教学评价方案》《扬州市普通高中地理课堂教学评价手册》《扬州市普通高中地理学生学业成绩评价手册》，并进行过4次修订；研发各类地理教学观察评价量表20多份；命制扬州市各类地理学业调研测试原创试卷108套；举办地理教学评价专项研讨活动与培训活动33次；开设市级以上地理课堂教学研究公开课500多节；2009年为核心期刊《中学地理教学参考》杂志开辟"课堂行动研究"专栏，对11节课例进行循环跟进式评价研究，撰写论文11篇；走遍全市42所高中及20多所初中，听、评课达到1500多节，完成课例分析报告200多份；面向校长、教师、学生、家长进行评价问题与效果调研15次；累计约为14万名学生开展了全程跟踪的档案袋评价；跟踪3年的学生学业成绩评价手册通过"高中地理学习与评价"丛书在全省推广，使用量累计达到101.4万册；与技术人员合作开发了课堂观察软件平台；利用Moddle平台与Nvivo工具对教学过程及观察信息进行分析；组织全市地理教师专业技能及教学竞赛36次，组织学生地理竞赛活动17次，使"奋进杯"地理竞赛成为区域性的品牌赛事；曾承办江苏省"教学新时空"教学主题研讨网络直播活动3次，并参与首播活动。

对研究工作的过程进行总结，本教学成果的理论探索与实践活动大致可分为三大阶段。

（一）问题诊断与顶层设计阶段：2005年3月至8月

这一阶段主要进行研究的准备，主要调研区域地理教学、教研的现

状，确定了以评促改思路，主要工作如下。

①提出需要解决的三大核心问题，即如何破解评价者与评价对象相对立的问题、评价手段与评价理念相脱节的问题、评价路径与教学过程相游离的问题。

②研制了《扬州市普通高中地理发展性教学评价方案》《扬州市普通高中地理课堂教学评价手册》《扬州市高中地理学生学业成绩评价手册》，后来进行过4次全面修订。

③2005年8月，确定教学评价改革的实验学校与研究成员，开展了应用培训活动。

（二）两轮实践与初步总结阶段：2005年9月至2011年8月

此阶段是本成果研究的主体环节，我们在高中学段完成了两轮评价改革实验，依据理论探索与实践检验并重的双轮驱动原则开展了扎实的研究活动，先后开展了3项省级重点课题的研究。标志性的研究事件与成果统计如下。

①2005年9月，在全市范围内23所高中开始地理教学评价改革实验，应用《扬州市普通高中地理课堂教学评价手册》《扬州市普通高中地理学生学业成绩评价手册》开展课堂教学评价研究与学生学业成绩评价改革实验。

②2005年9月，"新课程框架下的高中地理发展性评价模型的构建与应用"申报江苏省教研室第六期课题，获批重点课题；2006年9月举办开题论证活动。

③2006年6月，"新课程改革背景下高中地理发展性教学评价模式的研究"申报江苏省教育科学"十一五"规划课题，获批立项；2007年9月举办开题论证活动；2010年9月中期检查后升格为重点课题。

④2007年5月，完成教育部基础教育课程教材发展中心高中地理新课程远程研修项目"高中地理发展性学业成绩评价的设计与实施"专题的研发任务；2010年始被列为"国培计划"课程，在20多个省级行政区应用。

⑤2007年9月，课题组成员编写的"高中地理学习与评价"丛书正式出版，该丛书渗透了"教—学—评"一体化的评价理念，通过贯穿高中阶段的各类过程性评价量表对学业成绩进行定量与定性相结合的综合性评定。

⑥2008年9月，正式提出"多元交互式"发展性地理教学评价体系，在扬州市所有普通高中开展新一轮实证研究。学生的地理档案袋评价方法被广泛应用。扬州大学附属中学及其东部分校运用网络平台对学生学业成绩开展教师、同学、家长三位一体的过程性评价。

⑦2008年10月，江苏省教研室第六期重点课题"新课程框架下的高中地理发展性评价模型的构建与应用"通过结题论证；2009年被评为省教研课题研究成果一等奖。

⑧2009年核心期刊《中学地理教学参考》开辟了由我担任特约撰稿人与主持人的"课堂行动研究"专栏，向全国推广扬州市关于课堂教学评价改革的成果，共发表课例研究论文11篇，约10万字，其中第11期论文被人大复印资料《中学历史地理教与学》全文转载。

⑨2009年9月，"地理课堂教学行为偏差与矫正的案例研究"申报江苏省教研室第八期课题，获批重点课题；2010年5月举办开题论证活动。

⑩2010年2月，"'多元交互式'高中地理发展性教学评价模型"申报江苏省首届基础教育教学成果奖；2013年获二等奖。

⑪2010年6月，江苏省教育科学"十一五"规划重点课题"新课程改革背景下高中地理发展性教学评价模式的研究"通过结题论证；2011年被评为江苏省首届教育科学规划精品课题。

⑫2010年10月，中国教育学会地理教学研究会学术年会在首都师范大学举行；24日下午我主持分会场活动，围绕《中学地理教学参考》2009年"课堂行动研究"专栏组织专题研讨；韦志榕、夏志芳、张桂兰等学者参加研讨会，并给予高度评价。

⑬2011年8月，完成教育部"国培计划"远程培训"初中地理新课程标准解读"项目中"模块六 初中地理教学评价建议和课程资源的开发与

利用"专题课程的研发任务；该课程在 20 多个省级行政区应用。

（三）理论深化与拓展研究阶段： 2011 年 9 月至 2014 年 9 月

此阶段，高中进入第三轮实验，初中开始实验。在研究过程中，我们注重进行成果的理论提炼，接待了大量来扬州市考察交流的团队，为"国培计划"开设了相关专题培训讲座。同时，研究领域不断拓宽拓深：地理课堂教学评价的研究成果向其他学科辐射；数字化课堂观察平台的应用拓展至全学科；评价理念与方式用于扬州市校本教研星级学校的评估工作中。标志性的研究事件与成果统计如下。

①2011 年 9 月，"多元交互式"发展性评价方案在扬州市所有普通高中与部分初中学校地理学科实施；部分学校在全校各学科推广应用该方案。

②2011 年 12 月，江苏省教研室第八期重点课题"地理课堂教学行为偏差与矫正的案例研究"在竹西中学接受中期现场专家组检查，陈澍人开设公开课"降水和降水的分布"；课题研究思路与课堂教学观察工具获得全省各市专家的高度评价，后被泰州、连云港等市广泛引用。

③2012 年 4 月，江苏省教研室在徐州举办中学地理"课堂观察"观摩研讨活动；我与陈桂珍、陈茜、程志华、徐飞组成研究小组，以徐飞开设的"农业的区位选择"为课例，展示扬州市地理教学"课堂观察"的研究过程与成果，省"教学新时空"进行网络直播。

④2012 年 7 月，江苏省教研室第八期重点课题"地理课堂教学行为偏差与矫正的案例研究"通过结题论证；2013 年被评为省教研课题研究成果一等奖。

⑤2013 年 12 月，"地理课堂教学偏差行为及其矫正探索"获得江苏省第二届基础教育教学成果一等奖。

⑥2014 年 9 月，"'多元交互式'教学评价体系的建构与实践"获得基础教育国家级教学成果一等奖。

三、解决问题的主要方法

（一）顶层设计的方法

地理教学评价改革是一项巨大的系统工程。基于大量调研结果，我们在2005年上半年研制了《扬州市普通高中地理新课程评价方案(试行)》，从指导思想、评价内容、评价方法、实施路径等方面提出评价改革意见。同年秋季我们推出《扬州市普通高中地理课堂教学评价手册(试行)》《扬州市普通高中地理学生学业成绩评价手册(试行)》《扬州市普通高中地理教学指导意见(试行)》实施方案，后经过4次修订，并向初中学校推行。2007年秋季起，学业成绩评价手册分解到"高中地理学习与评价"丛书中，在全省使用累计达到101.4万册。2007年我们研制了《扬州市中学地理课堂有效教学的基本要求》，2011年修订。2011年我们研制了《扬州市中学地理课堂教学行为标准》。

（二）数据采集与分析的方法

研究过程中，我们开发了20多个地理教学观察工具量表，研发了拥有自主知识产权的课堂观察软件平台，建立了4个维度17项指标的教学行为观察体系，通过网络平台采集数据。部分学校开发了网络评价平台对学生学业成绩进行动态评估。我们创建了测试命题规划表，使命题工作从经验走向科学。我们尝试利用Moddle平台与Nvivo等工具对教学过程及观察信息进行数理分析，为科学评价提供充分证据。

（三）课堂行动研究的方法

我们的研究倡导扎根课堂的行动研究，注重充分利用各种评价工具，以课例为载体，以问题解决为中心，采用连环跟进式研究方法，通过课前会议、课堂观察、课后会议，依照"四结合四诊断"的观察范式对地理课堂教学行为进行追踪、反思研究，诊断出低效的或错误的教学行为，探究问题产生的原因，提出矫正方案与措施，并重返课堂，重塑教

"多元交互式"教学评价

学行为，从而不断提升教学效能。我们还指导学生建立地理档案袋，对学习过程进行全程观察，实现表现性评价与测试性评价的结合。

（四）理论与实践比照的方法

为发挥理论与实践相互契合的作用，我们以3项省级重点课题的研究为评价实践提供理论支持，依次是江苏省教研室第六期课题"新课程框架下的高中地理发展性评价模型的构建与应用"江西省教育科学"十一五"规划课题"新课程改革背景下高中地理发展性教学评价模式的研究"、江西省教研室第八期课题"地理课堂教学行为偏差与矫正的案例研究"。研究过程扎根课堂，接轨教学实际需求。在成果的研究实践中，我们制定了培训制度、例会制度、沙龙制度、奖励制度、交流制度，并精心预设研究的问题、内容、方法与过程，做到"六定"，即定主题、定人员、定时间、定地点、定内容、定主讲。我们在改革实践中运用的档案袋评价法、学业评价手册、课堂观察法、网络评价平台、e学习、微格课堂研讨等方法，以及评价平台与工具在全市各学科中首开先河。大量的实践活动也为提炼"多元交互式"教学评价体系的理论奠定了坚实基础。

第三章

"多元交互式"教学评价的理论建构

"多元交互式"教学评价体系的形成是一个评价认知在实践过程中由模糊走向清晰、由模仿走向自主建构的过程。在这个过程中,我们认真剖析了传统教学评价存在的问题及其成因,努力描绘发展性教学评价的图景,并在评价改革的实践中不断加以修正。

一、关于评价的几个概念辨析

在教育领域,教学评价概念的界定比较模糊,不同的学者赋予其不同的内涵。比较准确地理解"多元交互式"教学评价的含义,我们还需要从评价、教学评价、课程评价、发展性评价等概念分别说起。

(一)评价与教学评价、课程评价的概念

1. 评价的概念

评价,在辞海中的解释如下。①评定货物价格。《宋史·戚同文传》:"市物不评价,市人知而不欺。"②评论价值高低。在此,评价可以定义为根据一定的评价目标和评价内容,运用一定的方法,收集与评价相关的数据和资料,并对此进行分析和判断。美国学者斯克里文(Scriven)指出:评价具有典型的比较性质,现在评价方面的知识越来越多地被用于改进工作中,评价在促进自我理解方面的作用也已开始受到重视,且潜力很大。可见,现在我们经常使用的"评价"概念,不仅具有判断的作用,还具有反思与矫正的功能。

2. 教学评价的概念

教学评价,就是衡量教学所起的作用或产生的价值。教学评价是一个众说纷纭的概念。例如,崔允漷认为教学评价是以教学目标为依据,运用可操作的科学手段,通过系统收集有关教学信息,对教学活动的过程和结果做出价值上的判断,并为被评价者的自我完善和有关部门的科学决策提供依据的过程。①

---

① 崔允漷:《有效教学》,27页,上海,华东师范大学出版社,2009。

一般而言，教学评价包括学生评价和教师评价两个方面。其中，学生评价主要是指学生的学业成绩评价，教师评价主要是指对教师教学工作尤其是课堂教学质量的评价。

3. 课程评价的概念

课程评价，就是对课程的价值进行衡量，即判断课程能否满足学生和社会发展的需要。课程评价源远流长，在我国可以追溯到春秋时期，发展于隋唐，蔚为大观于古代的科举制度；在西方最早可以追溯到古希腊时期。柏拉图在与其哥哥格劳康的对话中，对知识的本质和层次进行研究时，提出"没有经过检验的课程是不值得学习的"。这是西方最早的有关课程评价的思想。但是真正的课程评价研究是在教育心理学的研究有了相当进展之后才逐渐兴起的。泰勒被誉为"现代课程理论之父"。1950年泰勒在《课程和教学的基本原理》一书中认为："课程评价是决定学生实际发生变化、实际达到何种程度的过程。"泰勒的评价思想可用图 3-1 表示。

图 3-1　泰勒的评价思想

我国关于课程评价的研究历时不长，始于 20 世纪 80 年代，可以说课程评价研究是我国课程研究领域的一个薄弱环节，其定义也是众说纷纭。本书将课程评价定义为"依据一定的评价标准和评价工具，采用定性和定量相结合的评价方法，对课程的组成要素和活动过程做出价值判断，并提出改进课程途径的活动"。实质上，课程评价有广义和狭义之分。狭义的课程评价是特指对课程计划、课程标准、教材在改进学生学习方面的价值做出判断的活动或过程，其实施一般是由受过专门培训的评价人员借助专门的评价方法和技术而进行的。广义的课程评价即教育评价，是指评价者按照一定的价值标准，通过系统地收集有关信息，对教育活动中受教育者的发展变化以及构成其变化的诸种因素满足社会与个体发展需要的程度做出判断，并为评价对象的自我完善和有关部门的科学决策提供依据。

（二）学业评价与课程评价的关系

无论政府的文件、学者的论著还是一线教师的表述，把学业评价等同于课程评价的屡见不鲜。这两个概念的混淆，也许始于我们对于泰勒目标评价模式的理解。表面上看，泰勒模式谈的是学业评价，但其实质是通过评价课程最重要的效果之一的学生学业成就，从而间接地评价整个课程方案。泰勒认为评价过程实质上是一个确定课程与教学计划实际达到教育目标的程度的过程。然而，由于教育目标实质上是指人的行为变化，也就是说，教育力求达到的目标是要使学生行为方式产生人们所期望的某种变化，因此，评价是一个确定实际发生的行为变化的程度的过程。泰勒进一步指出，通过上述评价，我们就可以清晰地描述学生的长处和短处，推测其中的缘由，并加以检验论证，从而达到改善课程教学方案这一重要的目的。可见，泰勒本人非常清楚课程评价和学业评价之间的异同。只是由于在泰勒的目标评价模式下，课程评价、目标达成评价与学业评价三者容易招致误会而已。如果运用泰勒目标评价模式评价课程，我们应将学业评价作为手段和跳板，目的在于清晰地描述学生的优劣之后，推测课程的种种缘由，从而发挥评价改善课程的功能。当然，我们更应当超越泰勒目标模式，对课程做出更全面深入的评价。

如果评价只针对学生的学业成绩进行，只是为了评判教和学，不涉及对课程整体的评价和反思，那么评价就只能称为学业评价。例如，教育部颁布的《普通高中地理课程标准(实验)》所涉及的评价就是学生的学业评价。但是，有许多人却将纯粹的学业评价冠以课程评价的称谓，这并不妥当。香港学者莫礼士在其课程理论的专著中，特辟两章分别阐述"如何评价学生的学业"和"我们如何评价课程"两大主题，从而说明课程评价与学业评价的区别。

（三）教学评价与课程评价的关系

教学评价与课程评价的概念更是经常被混淆。要阐述这两者的关系，我们首先须明晰教学与课程的关系。此处主要呈现三种观点：把两

者视为彼此独立、互不依赖的二元独立观；认为两者是相互交叉的交叉观；认为或是课程包含教学，或是教学包含课程的包含观。

独立观下，课程与教学都取狭义，两者有着质的不同。黄政杰指出教学评鉴时，科目内容被视为已知的，评鉴者将现有的内容作为评鉴的依据，很少批判那些内容。因此，独立观下的课程评价，主要对教学之前的课程活动做出评价。独立观也假定教师以忠实执行课程内容为主，所以教学评价只需要评价教师落实内容的情况，并予以施教即可。

交叉观下，教学与课程、教学评价与课程评价，互有交集。教学评价需要对教师的施教内容与应用资源等做出评价。课程评价需要对课程标准、教材等文本中或明示或暗示的教法做出评价。

包含观又分两类。若依据大教学论的观点，教学包含课程，则教学评价包含课程评价。的确，从广义上理解教学是中国教育界由来已久的传统。而且由于教学为动词，教学评价的概念容易把各项有关的动态活动纳入评价对象。若依据大课程论的观点，课程包含教学，教学是课程实施的一部分，是整个课程动态过程的一个组成部分，那么课程评价包含了教学评价。本书认同大课程论的观点，认为教学评价是课程评价的组成部分。

总之，单纯的学业评价是为了了解每个学生的学业成就，关注学生个体，提高每个学生的发展水平。单纯的教学评价的目的是促进每位教师教学活动的改善。而课程评价活动则包含很多部分，如学生的学业成绩评价、课堂教学行为评价、教师评价、课程方案评价、课程资源评价、学校评价等。

（四）发展性评价与发展性地理教学评价

在我国，发展性评价是个较新的概念。2001年教育部颁布的《基础教育课程改革纲要(试行)》，在"课程评价"的标题之下指出要"建立促进学生全面发展的评价体系"，要"建立促进教师不断提高的评价体系"，要"建立促进课程不断发展的评价体系"，即要求建立发展性课程评价体系，并进一步指出"周期性地对学校课程执行的情况、课程实施中的问题进行分析评估，调整课程内容、改进教学管理，形成课程不断革新的机制"。同时，该文件对小学升初中、初中升高中以及高校招生考试制度等问题也做了原则性的规定。2002年，《教育部关于积极推进中小学评价与考试制度改革的通知》对学生、教师、学校的发展性评价又提出了更加具体的要求。这说明，我国新一轮基础教育改革中的课程评价内涵是非常丰富的，是"为了中华民族的复兴，为了每位学生的发展"。由此可见，发展性评价从评价的目的与功能出发对评价做出了界定，是指以促进学生、教师、课程及学校发展为目的的评价。本书将发展性评价定义为通过系统地搜集评价信息和进行分析，对评价者和评价对象双方的教育活动进行价值判断，实现评价者和评价对象共同商定发展目标的过程。

地理发展性教学评价则是指依照新课程评价理念和课程标准的要求，设计相关的评价标准或评价量表，采用定性和定量相结合的评价方法，对中学地理教与学的实施过程，以及对地理课程方案、课程资源做出多元化的价值判断，并促进学生、地理教师和地理课程共同发展的活动。

二、对传统教学评价的理性反思

新课程的实施应该是继承与创新并举的。我们享受和传承传统课程实施过程中教学评价的经验时，更有责任反思和创新教学评价的理论。对比新课程所提出的发展性评价理念，我国传统教学评价存在很多问题，主要表现有：过分强调甄别与选拔的功能，忽视改进与激励的功能；过分关注对结果的评价，忽视对过程的评价；过分关注评价的结果，忽视评价过程本身的意义；评价内容过于注重学业成绩，忽视综合素质的评价和全面发展的评价；评价方法单一，过于注重量化和传统的纸笔测验法，缺少体现新评价思想和观念的新方法；评价主体多为单一

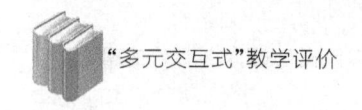

源，忽视评价主体多源、多向的价值等。① 同样，以上这些问题也存在于地理学科教学评价中。

（一）地理教师眼中的教学评价

在地理新课程实施后，我曾走访多位高中地理教师，了解他们所理解的地理教学评价理念及主要做法。

江苏省靖江高级中学特级教师严侠华谈地理教学评价

就我所在的学校来看，地理教学评价主要就是学生的学业成绩评价。20多年来，我们一直采用"三三四"评价模式：平时成绩占30%，期中考试成绩占30%，期末考试成绩占40%。平时成绩包括阶段性的笔试成绩、学习态度和作业质量、回答问题的情况、地理观察事件、探究活动的表现以及小论文观察报告等，这些均由教师在平时记录备案并加以评定。但事实上，多数教师对于平时学习的评定是比较随意而简单化的，普遍以阶段性的书面考试成绩作为平时学习的评价依据。特别是近若干年来，高考升学率成为全社会关注的焦点。迫于巨大的社会和行政考核的压力，地理学业成绩评价的方式日趋简单化，书面考试分数普遍成为领导考核教师、教师考核学生的唯一指标，而其他的评价方式则被迅速弱化，甚至被置之不理。

简析： 严侠华老师是一位资深的高中地理特级教师，她对地理教学评价有着较深的理解。她注意到教学评价不仅包括学业成绩评价，还有对教师的评价，而且重视学习过程中学生的表现型评价。但她也无奈地看到分数在评价中的控制性地位，这样的评价方式过于关注知识结果、甄别与测量，忽视对学生发展过程的关注和评价的反馈作用。

我曾经这样评价学生

现在回顾我的从教历程，自1990年秋走上高中地理教学岗位，我与学生共同度过了14个春夏秋冬。其间，我在地理教学中对学生的评价

---

① 钟启泉、崔允漷、张华：《〈基础教育课程改革纲要（试行）〉解读》，302页，上海，华东师范大学出版社，2001。

从单一的分数评价开始不断发生转变，最后到迷上评价这个领域，大致经历了三个阶段。

一是考试决定阶段，这是我从教后的最初五年，属于地理教育生涯中的适应阶段。我从一个懵懵懂懂的书生突然转变成为人师表的教师，纵然有许多教育的理想与书本知识，但面临现实似乎根本用不上这些，因为学校领导、班主任、家长似乎只关心一点：考试成绩！我所有的努力也只有一个目的，就是如何让学生在有限的地理学习时间内提高效率，以提高考试成绩。当然，受这种指导思想的影响，我对学生的地理学习情况评价也只有一张成绩记录单。我按"三三四"原则计算每个学生的总评成绩，每学期期末上交班主任，这样对学生的评定工作便告一段落了。这期间，我也不清楚作为一名地理教师，自己的工作得到了什么样的评价，只记得任教的第一届高中毕业生在江苏省地理会考中取得了优异的成绩，优秀率达到96％。老校长一边翻看着成绩统计表，一边说："小朱，教得不错，继续努力！"

二是过程参与阶段，这大概是从教后的第二个五年吧，我正在向经验型教师过渡。有件事对我的影响很大：一个地理成绩只能及格的男生酷爱天文，对各种天文现象与活动如数家珍，常与我探讨天文知识，应该说在此方面他是我的老师。1994年秋，著名的苏梅克-列维9号彗星与木星相撞。我就开玩笑地对他说："你如果能就'彗木相撞'事件成功地出一期黑板报，并在年级中开一次讲座，我就给你期末考试成绩加10分。"结果他成功了。同年11月，他又带地理兴趣班的学生开展了观测狮子座流星雨现象。我也信守诺言，最后奖励他15分，这样，地理学科成为他成绩册上唯一能达到优秀的学科。更重要的是，他在学校找到了自信，他的总体成绩不断进步，最后顺利考入重点本科院校学习。这个学生的成长使我深刻地反思，我能否给学生提供充分展示地理兴趣爱好与能力的机会？能否将平时学习地理的表现也作为总评成绩的组成部分？后来，我就向学生公布了地理期末总评成绩的加分规则，具体条目有：①如果你在课堂上提出一个有思考价值的问题或有创意地解答问题，期末成绩加1分；②如果你结合地理学习内容撰写一篇小论文并在班级演讲，期末成绩加 2 分；③如果你给班级出一期地理黑板报或墙报，期末成绩加 2 分；④如果你策划并组织一次地理班会，期末成绩加 2 分；⑤如果你在全校范围内组织一次地理课外兴趣活动，期末成绩加 5 分。这个评价规则的改变，缩短了我与学生之间的距离。课前、课后我的身边常常围满学生。学生学习地理的热情高涨，课堂上常有开心的笑声与激烈的争辩声。回顾这段历程，我很庆幸：没有任何领导与同事批评我这一擅自做主的另类行径，因为我所在的学校有着充分民主、自由的土壤。老校长曾说："只要有想法，就去行动。"

三是关注质评阶段，这是 21 世纪到来的阶段。读着《全日制普通高级中学地理教学大纲》，我开始对评价有了理性的思考，而不只是不断记录给学生加分的理由与分值。我想学生平时的表现与成绩不应只是我说了算，还应该让学生之间相互交流、相互评判地理学习的态度与能力，还应该按照新大纲、新教材的要求，结合地理研究性学习活动，开展形式多样的成绩评价工作。于是，我将全班分成若干个研究性学习小组，让每个学习小组除完成课堂的地理学习任务外，都承担起地理小专题的研究性学习任务。我给每个小组发一个文件袋，让他们存放自己的研究性学习成果。我们不定期举行各小组研究成果展览，让大家一起评说优点与缺点。当然优秀的成果依然能够获取期末加分，重要的是"地理学习喜报"诞生了。每半个学期，我给那些在地理学习方面有突出表现与成果的学生发一张贺卡，这张贺卡就是反馈给学生、家长的喜报，实际上就是一份表示个人努力程度与地理学习成就的"告家长书"。2004 年秋，当我调离学校岗位清理物品时，我最不舍得抛弃的就是厚达一米多的地理研究性学习文件袋。现在看来这就是新课程所谓的地理档案袋吧，这里面不仅装载着学生学习过程的材料，还见证着我与学生共同奋斗、共同成长的美好回忆。

简析：回顾自己在教学岗位上对教学评价的认识，首先就是概念理解的错误，我错将学生的地理学业成绩评价当作地理课程评价，殊不知学业成绩评价仅仅是高中地理课程评价中的一个重要部分。再看自己对学生评价所施行的方法，尽管跳出了"唯考试成绩论成败"的单一评价思路，关注了过程，也渗透了质性评价的思想，但关注的重心一直是考试测量，一切行为最终仍归结于总评分数。

（二）传统教学评价的主要问题

结合以上评价案例我们可以看出，传统教学评价是分数主义、升学主义长期作用下的结果，与现代评价要求相比，存在着许多制约性的问题。

1. 评价主体单一化

教学评价主体即评价权力的拥有者。在传统评价活动中，学生的评价主体往往只有任课教师，教师的评价主体主要是学校领导与教研员，这就是评价主体的单一化。单一主体参与的评价，使评价对象始终处于一种消极的被动地位。什么时候评、评什么、怎么评，往往都由评价者来决定。由于评价对象被动地接受评价，他们没有表达自己意愿的机会，有时不得不接受与自己的认识差距很大的评价结论。教学评价成为片面、独断甚至武断的评价。

2. 评价内容知识化

从理论上讲，完整的教学评价应该是对教与学的全程评价。但我国传统的教学评价，常局限于教学效果评价和学生学业成绩评价。而学生学业成绩评价又常局限于学科知识评价，常窄化为检测作业和考试分数，最终都是通过考试鉴定学生掌握知识的水平，并以考分高低评定学生的素质和教师的教学水平、学校的办学水平。这种局限于学生学业成绩的教学评价，虽然能使学生在知识方面有较为扎实的基本功，但忽视了对学生知识应用能力的评价。考试特别是高考，已成为学生学习、教师教学、课程设置的"指挥棒"，这使学生为考试内容而学，教师为考试内容而教，课程为考试内容而设置，这些显然是不正常的，也是极为有害的。从长远来看，这不仅不利于学生的终身发展，而且以传授知识为主要责任的教师的教育素养也难以得到真实提高，更不用说教师与学生作为课程知识内容忠实的执行者，对整个课程的促进能够发挥多少作用了。

3. 评价功能甄别化

很显然，传统教学评价过分强调甄别和选拔功能，而忽视评价的导向与激励功能。长期以来的基础教学评价，一直是"唯升学论"的，是选拔性的、鉴定性的。有人指出其问题是"选拔适合教育的儿童"而不是"创造适合儿童的教育"。以分数决定一切的传统评价注重甄别、选拔而忽视对学生的形成性评价；学校与教师总是欣赏优秀的"尖子生"，关注升学有望的"临界生"，而将学习困难的学生看作影响升学率的累赘。

4. 评价手段数量化

传统教学评价过于注重量化的考试评价，而忽视质性评价；过于注重相对评价，而忽视绝对评价和个体差异评价。考试作为一种选拔人才的手段，的确有着不可替代的作用，但是把考试作为评价学生及教师教学效果的唯一手段，显然是不合理的。因为教学活动中有许多现象是无法用量化的方式来表示的。如果学生活泼的个性变成抽象或量化的数字，学生的进步也简化为数字，教学的复杂性和学生的品质也就湮灭在数字中了，这不仅不能全面反映学生的真实水平，而且可能扼杀学生的创造性，限制学生全面健康的发展。

（三）传统教学评价的问题归因

由于教学评价在课程改革中起着导向与质量监控的重要作用，是关乎课程改革成败的关键环节，所以众多学者认为传统评价存在的问题已经成为制约课程改革的瓶颈。要突破这个瓶颈，必须弄清其形成的原因，以便对症下药，找到解决问题的可行性措施。

1. 评价理论研究的滞后

尽管我国教育评价源远流长，但有现代教育评价意义的理论研究则时间很短。大家比较公认的我国教育评价理论研究大致起步时间是20世纪80年代。由于有着当今内涵的"教育评价""教学评价"概念实际上属于舶来品，所以在一定程度上可以说我国之前的评价理论主要是对国外评价理论的翻译与介绍。与我国的基础教育课程改革的实践相比，评价的理论研究缺少重大突破，引进的理论脱离教育改革的实际需求，未能对新课程改革起到积极推动作用。同时，有限的评价理论研究也侧重于考试改革方面，涉及价值观、认识论、伦理学等方面的内容很少。

以地理学科的教学评价为例，直至20世纪末，地理教育领域才正式引入评价的概念，其标志是国家教委在1996年颁布的《全日制普通高级中学地理教学大纲(供试验用)》中首次规定了有关"考试与评估"的要求，摘录如下：

◇ 本学科的考试与评估应以教学大纲为依据。
◇ 可采用检查性听课、问卷调查、座谈会等方式，对任课教师的教学思想、教学质量、教学态度诸方面进行全面评估。
◇ 对学生学业成绩的考查要注重基础知识的掌握和应用，可采取笔试、口试和作业检查等方式。
◇ 考评后，教师要及时向学生进行讲评。

2. 评价实践方案的缺失

如果说20世纪末以来，我国关于教学评价的研究引进了国外发展性评价的理念，理论研究有了进展的话，那么进展还主要停留在认识层面。直接为学科服务的可操作性强的评价方案还仅停留在少数专家模糊的设想中，甚至可以说是缺失的状态；有关课程实施过程的系统性评价方案更是还在众人的企望之中。我们知道，一线教师是学科评价的主要践行者，但我们不可能要求一线教师都成为评价的专业人员。面对发展性评价的要求，广大教师缺少进行评价改革的行动指南，于是在课程实施中存在着较大的认知冲突。

评价实践方案缺失的另一个表现是，面对直接引进的国外的先进评价方案，学校、教师、学生只能"望洋兴叹"，因为任何评价方法都有它产生的土壤和条件，也有它的使用前提和适用对象，绝非任何地区或国家都能够使用且产生同样的效果。

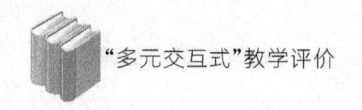

3. 应试评价思想的束缚

我国现代教育评价研究的时间很短，但如果从科举制度算起，我国考试评价制度却有1000多年的历史。受这种制度的影响，人们普遍认为评价就是测验或考试。鉴于此，大部分学校对学生学业成绩的评价依然沿用传统方法，对学分的认定重结果轻过程，终结性考试成绩仍然是评价的主要依据。另外，受传统评价思想的影响，教育行政部门对学校的评价，以及学校对教师教学效果的评价也依然以统一测试分数作为最主要的指标。在追求升学率的背景下，这确实是难以突破的藩篱。当一切都仍然向学生考试分数看齐的话，新课程所要求的评价体系就难以建立，评价改革就难以深入。

总之，传统教学评价是一种目标取向的评价，是将教学计划或教学结果与预定教学目标相对照的过程，它追求评价客观性和科学化，而忽略人文关怀。评价者是主体，评价对象是客体，考试、测量是其最经常使用的方法，评价目的就是获得教学是否"达标"的数据。这种评价是理性的、客观的，具有简便易行、好操作的特点，长期以来在实践中处于支配地位，从而推进了教学评价科学化的进程。但这种评价最大的缺点是把人客体化、简单化了，它忽略了人在发展过程中的价值，忽略了人的行为的主体性、创造性和不可预测性。

三、"多元交互式"教学评价的基本内涵

为破解传统教学评价存在的问题，我们于2008年秋季正式提出"多元交互式"教学评价体系。它具有主体多元、标准明确、证据充分、方式多样、过程扎实的特点，其核心思想如下：评价即教学，是评价者与评价对象之间相互学习、彼此促进、共同建构、共同发展的过程；评价是教学体系不可分割的部分，是"教—学—评"的一体化过程；评价的根本目的是促进师生与课程的共同发展。

（一）"多元交互式"教学评价的概念

1. 核心概念

"多元交互式"教学评价体系是依据标准与教学观察，对地理学与教的过程及成效进行交互共建的结构化价值判断的系统。其中，"多元"指评价主体、评价目标、评价内容、评价方式都是多样的；"交互"指评价者与评价对象、过程与结果、教与学之间的互动交往，如图3-2所示；"体系"是由以标准为中心的教学设计评价、以过程为中心的教学实施评价和以结果为中心的教学效果评价等子系统组成的，这三个子系统具有密切联系、相辅相成的关系，以地理学科为例，其体系构成如图3-3所示。

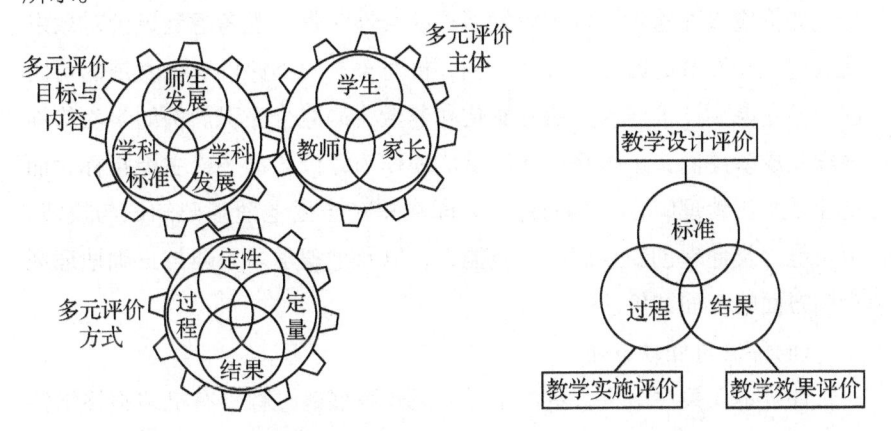

图 3-2 "多元交互式"教学评价的内涵

图 3-3 "多元交互式"地理教学评价体系

我们可以认为，教学评价实践活动就是围绕三大子系统而开展的多元化互动交往的过程，这是一个发展的过程，也是一个科学与人文相融合的过程。

2. 基本特征

"多元交互式"教学评价直接针对评价无法改进教学和促进学生发展等弊端而提出，强调有效发挥评价的改进和促进功能。它的基本特征如下。

(1)评价目标发展化

评价不是选拔和甄别,而是以人的发展为本的,是为了促进学生、教师、课程的共同发展,即对评价对象发展特征的描述、发展水平的认定以及必要的选拔的目的都是促使评价对象采取自我调节、自我发展的手段发展自我优势,克服自身弱点,明确发展方向,增强发展动力。

(2)评价主体互动化

评价要求改变单一评价主体的现状,加强自评、互评,使评价成为管理者、教师、学生、家长共同积极参与的交互活动。同时,它强调各评价主体相互沟通和协商,并关注评价结果的认同问题,即如何使评价对象最大限度地理解评价结果的问题。

(3)评价内容多元化

评价应该注重对评价对象发展的综合性考量,既考虑到评价对象发展的起点和发展的区域,又考虑到评价对象与同类评价对象发展的可比性,还考虑到评价对象发展的量化和非量化的综合表现。例如学生的地理学业成绩评价,不再将历次考试成绩作为评价的唯一或主要指标,而是注重学生地理综合素养的评价,即注重对学生地理基础知识与技能、学习能力及地理创新意识和实践能力,以及地理学习兴趣与正确地理观念等方面的全面评价。

(4)评价过程动态化

评价不仅关注结果,更注重师生成长发展的过程,有机地将终结性评价与形成性评价结合起来;给予多次评价机会,其目的在于促进评价对象的转变与发展;鼓励将评价贯穿于日常的教育教学行为中,使评价日常化、全程化,加强定性评价方式的运用,如使用口头评价、作业评价、成长记录袋等评价方式关注学生的发展过程。

(5)评价结论开放化

评价强调在评价过程中通过评价者与评价对象的互动对话,不断生成新的开放性的质性评定建议,以便评价对象明确今后的发展方向。

3. 主要功能

"多元交互式"教学评价的根本目的在于促进发展,而绝不是简单地进行优劣高下的区分，它除了具备基本的检查和固有的选拔、筛选功能以外，更重要的是具有以下功能。

(1)反馈调节的功能

"多元交互式"教学评价倡导评价结果不停留在评价者一方，更为重要的是要将评价结果以科学的、恰当的、具有建设性的方式反馈给评价对象。

(2)展示激励的功能

"多元交互式"教学评价，更多地将评价活动当作为评价对象提供的自我展示的平台和机会，鼓励评价对象展示自己的努力和成绩；同时该种评价所提供的恰当、积极的评比方式和反馈方式，也应该是一种积极有效的激励手段。

(3)反思总结的功能

"多元交互式"教学评价更看重评价对象的参与。参与评价有助于调动评价对象的内在动机，使评价成为评价对象自觉的内省与反思的开始，将有可能促使评价对象认真总结评价行为，并思考下一步计划。

(4)记录成长的功能

"多元交互式"教学评价倡导多元化的评价内容，以及灵活使用不同的评价方法和手段，尤其重视质性评价方法，如成长记录袋的使用等，而且强调评价的日常化，所以"多元交互式"教学评价可以清晰、全面地记录下个体成长中的点点滴滴，这是发展性课程评价理论的具体体现。

(5)积极导向的功能

"多元交互式"教学评价重视评价过程，它的评价思想将随着评价具体的实施过程渗透到课程实施的其他各个环节，从而有助于建构促进教师、学生、学校发展的框架与模式。

（二）"多元交互式"课堂教学评价体系

1. 基本概念

"多元交互式"课堂教学评价是指包括学生在内的观察者与执教者对课堂教学过程中体现出来的教学目标、教学内容、教学环节以及课堂环

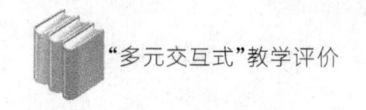

境、双边活动等运行状态，进行定性与定量相结合的分析与评估，在多元主体的互动交往中肯定优点，探讨偏差性教学行为的成因及改进措施，以提高教学质量，促进师生素养的发展。

2. 评价模型

"多元交互式"课堂教学评价是多元评价主体参与的"即时整体性课堂教学评价"与"阶段系统性课堂教学评价"相辅相成的课堂教学评价运作模式，其模型框架如图 3-4 所示。"即时整体性课堂教学评价"是针对某一课时的课堂教学状况的评价，听课、评课是此评价过程必不可少的环节，并强调对教学设计、教学过程、教学反思等阶段进行整体性评价。"阶段系统性课堂教学评价"是指在某一学段结束时对课堂教学质量进行全面系统的评价，其目的在于了解教学任务的完成情况、已定教学方案的落实情况及教师个人发展目标的达成情况，并以此为依据对教师课堂教学水平做出全面鉴定，属于行为跟进式评价。比较两种评价的层次，"即时整体性课堂教学评价"是过程性评价中的个案，其变数较大，侧重反映具体课时的教学效果；"阶段系统性课堂教学评价"则是对教师教学发展的全过程评价，其评价结果更加客观，更有利于促进教师教学能力的提高。根据评价主体进行分类，这两个层次的评价都需要使用学生习得性评价、教师反思性评价、同行研究性评价、专家诊断性评价的方法。

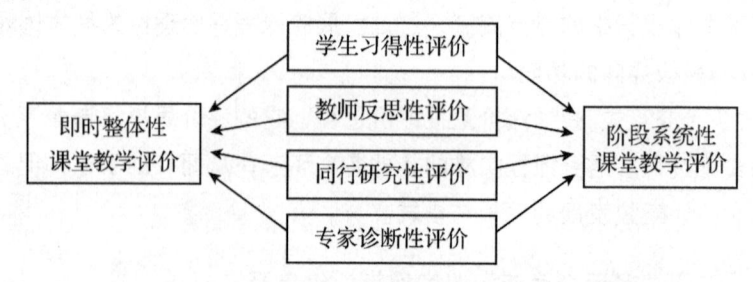

图 3-4 "多元交互式"课堂教学评价模型框架

(1) 学生习得性评价

由于学生是教学过程的主体，他们对教学目标是否达成、师生关系是否良好，都有较深刻的了解，对学习环境的描述与界定也较客观；而且由于学生直接受到教师教学效能因素的影响，他们的观察比其他"突然出现"的评价人员可能更为细致周全，对课堂教学评价应有充分的发言权，这种评价可称为学生习得性评价。学生评价的内容应该立足于学生学习的感受，评价形式应该简洁易操作。实践通常采用问卷调查的形式，问卷内容可以包括学生对自己掌握情况的反馈、对教师教学行为的评价和建议等。

需要指出的是，学生的意见是课堂教学评价的重要信息来源，但不能作为评价的决定性因素，因为学生的是非观具有片面性且情感具有不稳定性，可能使其不会客观地反映一节课的教学水平与教学效果。

(2)教师反思性评价

基于"内部动机比外部压力具有更大的激励作用"的评价思想，发展性课堂教学评价强调自我反思的作用。通过自我评价，教师可以发现自身的长处和不足，以便为进一步发展确定努力的方向，使评价过程成为一个连续的自我激励、自我提高的过程，从而达到促进教师专业发展的目的。教师自评内容可以包括基本教学能力、教学过程的创新性、对教学内容的熟悉程度、学法培养、课堂气氛、学生参与的积极性等。教师自评形式应以质性评价为主，也可结合定量的等级评价。在注重过程的阶段性评价中，教师应该写好教学后记，及时总结教学过程中的得与失，并注意评价材料的积累，制作教学档案袋。教师可选择有代表性的课进行总结，并编写课堂教学自我反思评价表，如表3-1所示。

表3-1 课堂教学自我反思评价表

学校		班级		课型		授课时间	
授课教师			课题				
评价项目			反思性自评意见				自评等级
教学准备	教学设计思想						
	教学资源建设						
	教学目标制定						
	学习情境营造						

续表

教学过程	学习方法指导		
	教学媒体使用		
	师生交互活动		
	学生情绪状态		
	学生思维状态		
教学效果	知识生成状况		
	学习能力状况		
	态度与价值观		
综合评价			

注：评价等级采用A、B、C、D四级制，其中A为优秀，B为良好，C为合格，D为不合格。

(3) 同行研究性评价

同行评价是同学科的教师在听课后对课堂教学进行的评价，其评价过程是教学思想、教学方法的研讨过程，因此本书称之为同行研究性评价。由于同行对本学科课程标准所规定的教学目标、教学内容、教学方法等要求都较为熟悉，能对执教者素质的提高与工作的改进提出有价值的建议，所以这种评价是最常见和最被重视的一种评价方式。同行研究性评价也应采取定性评价和定量评价相结合的思路，其中交互研讨法是其最重要的评价方法。

同行研究性评价的基础是要做好听课记录。评价者应在上课开始前就进入教室，坐在学生旁边，而不是远离学生。课一开始，评价者就进入记录状态，将教师和学生的语言、行为、活动过程记录下来。记录的内容必须根据评价的重点有所侧重和选择，可重点记录教师的导入语和过渡语、教师的问题、教师独特的见解、教师对学生回答问题或完成情况的反馈以及学生的问题、学生独特的见解、学生的典型错误、学生在听课时的表现、学生在小组活动中的表现、各项教学活动所用的时间等。通过对这些内容的记录，评价者可以分析教师的教学设计、教学方法和教学效果。

在听取了授课教师的反思性看法后,评价者要依据课程标准的要求及教学行为标准,分析课堂教学过程中的种种现象,看哪些行为有益于学生的发展,哪些行为违背教育的规律。评价者评课时要把提高课堂教学质量作为评课的出发点与归宿,既要指出该课的成功之处,也要有敢于"挑刺"的意识,要诚恳地说明教学需改进的地方。一般地说,同行之间的评课结束后,会提交课堂教学质量评价表。

(4)专家诊断性评价

学校或教育主管部门常会聘请专家对教师的课堂教学质量进行评定,这种评价是自上而下的评价,其目的是对教师的教学效能进行诊断,并提出改进教学模式的建议。在我国的国情下,专家的评价结果具有较强的权威性,有诊断功能,因此我们称之为专家诊断性评价。专家诊断性评价的形式也是多元的,且适用于多门学科。许多专家有随堂听课的习惯,他们往往是教学领域的行家里手,对课程理念的领会更加深刻,对课堂教学模式的研究更加深入,也熟知学生的需求,所以专家直接走进课堂听课,能够获得大量的有关课堂教学质态的第一手资料。当然,专家对某位教师课堂教学能力和教学效果的评价,更需要综合学生、教师本人及其他教师的意见,才能做出客观、全面、准确的评价。

专家诊断性评价不应该仅仅给被评教师的课堂教学状况一种定性的界定、一个定量的等级,而应真实地分析教师课堂教学方面的优缺点,提出合理化建议,为教师提高教学效果提供帮助。

3. 评价体系

课堂教学评价应该评价什么是一个众说纷纭的问题。从系统论的观点看,课堂教学是一个复杂、动态的系统,这个系统可以分为物质子系统、观念子系统与行为子系统。物质子系统包括教室中的所有物化的设备及书本、音像等资料;观念子系统包括渗透于教学过程中的教育教学理念、学校制度、班级文化等因素;行为子系统是指教学过程中教师与学生所表现出来的行为。显然,行为是教学系统中最活

跃、最有力的因素，因为物质手段必须通过行为才能起作用，观念只有借助行为才能发挥作用。所以本成果主要针对教学行为子系统确立教学评价的维度。

迄今，人们对教学行为概念的理解并未形成共识。《辞海》对行为的定义是"心理学上泛指有机体对所处情境的所有反应的总和。包括所有内在的和外在的、生理性的和心理性的反应"。这说明行为可以分为显性行为与隐性行为。隐性行为难以观察，所以教学行为一般是指可察觉的显性行为。傅道春对教学行为的定义得到认同，他指出教学行为是"教师在教学过程中，依据教学经验和教学内部关系，对实施中的可操作因素的选择、组合、运用和控制的工作行为。它包括对各种教学要素的专业化理解与教学运行中的设计、程序、手段、方式和方法"[1]。那么，我们可以简约地认为课堂教学行为是指课堂上由教师引起、维持以及促进学生学习的所有技能，既包括教师"教"的行为，也包括学生"学"的行为。

教师的课堂教学行为，既包含完成教学活动所必需的普适性的教师职业行为，还包括区别于其他学科的专业化的表达行为。本成果从专业表达、媒体应用、课堂评价、课堂组织四大维度将课堂教学行为系统搭建成一个框架，如图3-5所示。在这个系统中，专业表达行为主要指专业知识与技能在教学过程中的呈现方式，具有鲜明的学科特征。各学科的评价指标不尽相同，以地理学科为例，一级行为指标可分为原理讲解行为，板书、板图与板画行为，图像解读行为，课堂实验行为，思维结构表达行为，地理信息技术应用行为。媒体应用行为主要是指教师对课堂教学所运用的资源、媒体设备等所采取的应用行为，包括纸媒教材应用行为、多媒体课件应用行为、电子白板应用行为。课堂评价行为主要是指教师在课堂上对学生学习成效开展评价的行为，其中课堂提问行为、课堂理答行为、课堂检测行为、课堂反馈行为是最常见的教学行为。课堂组织行为主要是指教师为顺利开展课

---

[1] 傅道春：《教学行为的原理与技术》，前言，北京，教育科学出版社，2001。

堂教与学活动而采取的管理行为，是师生交往的重要表现，主要有维持学习规则行为、课堂时间管理行为、合作讨论指导行为、突出事件处理行为等。在课堂评价研究中，如果研究者根据系统中行为要素的构成分别展开分类观察，则有利于形成更理性、更全面的观察结论。

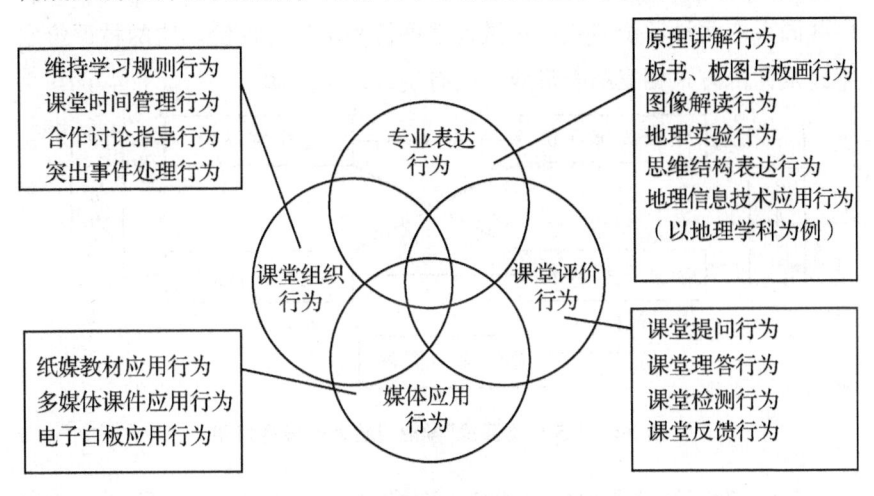

图 3-5　课堂教学行为评价体系构成

（三）"多元交互式"学业成绩评价体系

1. 基本概念

"多元交互式"学业成绩评价是指依照课程标准的要求，设计相关的评价标准或评价量表，采用定性和定量相结合的评价方法，对学生学习过程中的行为表现、思维品质与学习结果进行多主体互动交往的多元化价值判断，以促进学生学科素养与实际应用能力的发展。

2. 评价模型

"多元交互式"学业成绩评价模型的核心内涵是强调评价的过程性，并实现评价目标的多元化、评价手段的多样化。对学生单元、模块的学习成绩及整个学段学业成绩的评价都应该是多种评价方式的结合，其中档案袋评价、研究性学习评价等重视质性评定和过程性评定，而终结性的测验评价则依然偏向量化评定。"多元交互式"学业成绩评价操作模式

为"2×2"的学业成绩评价框架，如图 3-6 所示，即两种不同的评价水平、两种不同的评价方式相结合。两种不同的评价水平是指第一层次的模块成绩评价和第二层次的毕业成绩评价，且毕业成绩评价同时包括选拔性的升学成绩测评；两种不同的评价方式是指在两个不同层次的评价中共同采取两种评价方式——过程性评价和测试性评价。这两种评价水平以及评价方式相互结合形成一个有机的评价整体。

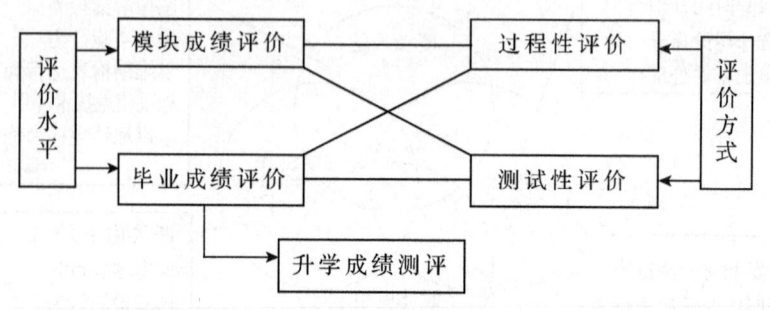

图 3-6 "多元交互式"学业成绩评价模型框架

《义务教育地理课程标准(2011 年版)》指出："评价时，既要关注学生的学习结果，更要关注学生的学习过程，强化评价的诊断和发展功能，弱化评价的甄别和选拔功能。"这强调了评价要遵循过程性评价与终结性测试评价相结合的原则。关注学习结果的终结性学业成绩评价，是指在学期末或某一阶段结束时通过测试的方式对学生的学习成绩进行诊断，它能够很好地考查学生对知识技能的理解和掌握情况，但是对学生智能发展的过程性成果则无法很好地反映。而过程性学业成绩评价，主要是指在课程实施过程中对学生的学习动机、学习效果、学习过程以及与学习密切相关的非智力心理因素进行全面的评价，其目的在于了解学生已有的水平、取得的进步及存在的问题，这是一种关注过程、面向发展的评价，但对知识与技能的掌握情况难以进行客观的量化诊断。

3. 评价体系

"建立促进学生全面发展的评价体系"是新课程所要求的发展性评价体系中最核心的任务，也是评价改革中任务最艰巨的领域。按照《基础教育课程改革纲要(试行)》的要求，评价不仅要关注学生的学业成绩，而且要发现和发展学生多方面的潜能，了解学生发展中的需求，帮助学生认识自我、建立自信，要发挥评价的教育功能，促进学生在原有水平上实现发展。

相对于传统的学业成绩评价，发展性评价体系显然要复杂得多，对教师也提出了更高的实施要求。本成果以地理学科为例，说明学业成绩评价的基本要求。《普通高中地理课程标准(实验)》指出："地理学习评价，要在知识与技能评价的基础上，关注对学生价值判断能力、批判性思考能力、社会责任感、人生规划能力形成状况的评价。"这是对评价内容体系提出的要求。《义务教育地理课程标准(2011年版)》指出："评价应以本标准中的课程目标和课程内容标准为依据，体现课程基本理念，全面评价学生在知识与技能、过程与方法、情感态度与价值观等方面的发展与变化。"这说明地理学习评价与学生地理素养养成具有高度的趋同性，可以从知识与技能、过程与方法、情感态度与价值观这三大维度进行考量。

(1)对地理知识与技能的评价

对地理知识的评价，要依据课程标准的要求来确定学生所应达到的水平。例如，对于要求描述、说出的内容，评价标准应定位在评价学生的表述状况上；对于要求学会、运用、举例、用实例说明、用图说明的内容，评价标准应重在评价学生对地理知识的理解与运用的水平和进步状况，即评价学生对地理概念、原理、规律的理解质量以及学生能否将相关地理知识迁移到具体情境之中。

对地理技能的评价，主要考查学生对地理技能的方法和要领的了解程度、选择应用地理技能的合理程度和运用地理技能的熟练程度。

(2)对地理过程与方法的评价

过程与方法的评价，应以评价学生参与地理学习活动过程的表现以及地理方法掌握与运用的情况为基本目标。

在评价学生参与探究性活动过程的表现时，应重点评价：①学生能否提出地理问题；②能否通过阅读地图、图表等及通过实地观测与调查等方式或用其他方式收集资料、获得资料；③能否将地理信息资料恰当

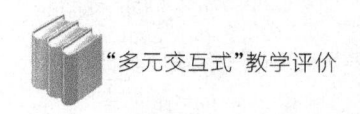

归类和将地理信息资料绘制成地理图表及简单的地图；④能否通过分析地理信息资料得出结论并进行检验；⑤参与地理观察与观测、调查、实验、讨论等活动的质量。

在评价学生地理方法的掌握与运用情况时，应注重对学生地理观察、区域分析与综合、地理比较、地理实验等常用地理方法的领悟、掌握状况和运用水平进行评价。

(3)对地理情感态度与价值观的评价

评价学生在情感态度与价值观方面的真实表现和发展状况，应着重评价：①学生是否具有浓厚的地理学习兴趣，是否对地理事物、地理现象具有好奇心；②是否积极主动地与同伴配合参与探究活动，是否在探究过程中有发现问题的意识并能大胆质疑；③是否善于提出自己的意见，乐于听取同伴的建议，修正、发展自己的观点；④是否关注地理学与现实生活的密切联系和地理学的应用价值；⑤是否形成初步的人地协调、因地制宜等地理观点；⑥是否关心家乡的环境与发展，是否关心我国的基本地理国情；⑦是否形成有关环境、资源的保护意识和法制意识及关心和爱护地理环境的行为习惯等。

表3-2 "气候"学习评价表[①]

评价项目	评价指标
知识技能	描述天气和气候的区别；掌握有关气温和降水的概念
	说出气温和降水的分布规律、世界主要气候类型的分布及特征
	综合分析影响气候的主要因素
	了解气候和人类活动的相互影响
探究方法	使用测量仪器观测、记录当地的天气状况
	收听(看)广播、电视的天气预报；参观当地的气象台
	使用气温和降水的资料绘制气温曲线图和降水柱状图
	调查当地大气污染状况；设计收集飘尘的实验

---

① 周慧：《有效的地理课堂教学》，101页，广州，暨南大学出版社，2010。

续表

评价项目	评价指标
实践能力	识别常用的天气符号和能看懂简单的天气图
	阅读相关的气温和降水图表
	运用所学的知识和方法尝试解决生活中的大气污染问题
情感态度	懂得保护大气环境的重要性
	在生活中能从自己做起,用行动自觉地保护大气环境

简析:上述案例从知识技能、探究方法、实践能力与情感态度四个方面给出世界地理中"气候"内容的评价标准。这一评价标准符合课程标准提出的两项要求:一是以课程目标和内容标准为依据;二是全面评价学生在知识与技能、过程与方法、情感态度与价值观等方面的发展与变化。案例中评价的四个项目是相互联系和相互影响的有机整体,其中,知识与技能的学习是探究方法、实践能力和情感态度发展的基础,而探究方法、实践能力和情感态度的发展则有利于知识技能的深层次学习。这四个评价项目与三维目标的要求相一致,探究方法与实践能力体现了过程与方法目标的要求,情感态度的评价指标实际上指出了对学生价值观的要求。

总之,学业成绩评价应重在评价学生在三维学习目标方面的达成度,关注学科核心素养方面的达成度。我们分项评述的目的并不在于划等分类,而在于检测学生达到课程标准所规定的内容标准的程度。确定评价标准时,我们建议将每个单元中的知识与技能、过程与方法、情感态度与价值观三个维度的学习要点列举出来,再对每个要点的学习行为表现进行描述,尽量做到对每个要点的描述是可以观察和可测的。这样,我们通过对照学生的行为表现与学业评价标准的接近性或在多大程度上存在差距,从而对学生的学习质量做出相应的价值判断。

四、"多元交互式"学业质量评价的范式转型

回望新课程改革的历程,发展性评价理念已经渐入人心,许多有价

值的评价方式也付诸实践。但是，相比较课程内容与教学方式的变革，学业成绩评价改革却呈现一定的滞后性。在当前课程改革进入深化发展阶段，在《中国学生发展核心素养》总体框架发布后，我们希望"多元交互式"教学评价体系的建构与实践能够实现评价范式的转型，以学业成绩评价为例，主要体现为以下几点。

（一）从单向甄别式评价转向多元交互式评价

对学业质量评价而言，任何单一的评价方式都不可能全面反映学生的发展水平和发展过程，都不可能对学生的学习情况做出全面的评价，不可能解决教学过程中的所有问题。但是，一句流行的戏谑语"分、分、分，学生的命根；考、考、考，老师的法宝"，充分说明我国长期以来形成的单向甄别式评价的阴影难以在短时间内消除。

1. 学业质量评价需要突出多元化的特征取向

走出传统学业质量评价方式单一、粗放的困境的关键是我们首先需要树立以学生发展为本的评价理念，将学业质量评价作为一个复杂的系统加以解构与重构，实现"多元交互式"评价。展望未来，有效的学业质量评价应该越来越关注学生的全面发展。与人的多元智能理论相照应，促进学生智能发展的学业质量评价需要突出多元化的设计特征，包括评价目标、评价形式、评价主体、评价内容、评价成果等维度都应具有多元化特征。

2. 学业质量评价应该是多元主体互动交往的过程

从某种程度上看，教学就是师生的交往活动；评价就应当渗透于师生交往活动中，即评价应该是教与学过程中的持续跟进式活动。或者说，学业质量评价就是一个发展的过程，而且应该是一个多元主体协商共建、良性互动的过程。

我们应该认识到评价不是教学的最终环节，而是镶嵌于教学体系中不可或缺的部分，是"教—学—评"的一体化过程，是师生之间、生生之间相互学习、彼此促进、共同建构的过程。简言之，评价即教学。此理念指导下的评价过程，能够为学生提供自我展示的平台和机会，鼓励学生在交流成果中学会评判,从而有助于维持学生学习的内驱力,强化学生的学习动机,激发学生以更加有效的方法探索新知识,以获取更好的评价结果。

世界地理"大洲和大洋"的教学设计①

一、教学目标

①运用数字星球和数据说出地球表面海陆面积的比例、海洋和陆地分布的特点。

②观察数字星球,掌握世界七大洲、四大洋的名称及空间分布。

③初步学会用简单的几何图形绘制七大洲、四大洋的轮廓,了解各大洲、大洋之间的位置关系。

④借助数字星球,激发求知欲望,培养观察力和空间建构能力以及主动探究能力。

二、教学过程设计

(一)导预疑学环节

表3-3 导预疑学环节

内容	教师活动	学生活动	设计意图
导课	1. 展示杨利伟拍摄的地球照片,提问:地球为什么是蓝色的呢? 2. 追问:蓝色代表什么?除了海洋,地球表面还由什么构成?	回答问题。	激发学生的求知欲和民族自豪感。
目标确定	1. 鼓励学生大胆质疑:通过预习,相信大家对大洲和大洋已经有所了解,请问你们有什么疑问?或者说你们还想知道哪些相关知识? 2. 展示学习目标。	提出想解决的问题。	1. 检验预习效果,培养学生提出地理问题的能力。 2. 激发学生热爱地球的情感。
学法指导	说明学习要求,进行小组分工,公布课堂学习效果评价方案。	倾听,各小组进行分工。	制定课堂学习规则。

---

① 此案例由扬州市文津中学蒋献珍老师提供。

(二)导问研学环节

表 3-4　导问研学环节

内容	教师活动	学生活动	设计意图
海陆分布概况	1. 演示数字星球，指导学生看地图、读数据、说出地球的海陆分布，并描述分布特点。提出以下问题： (1)地球表面的海洋和陆地，谁的面积大？谁的面积小？各占多少？ (2)分别从南北半球和东西半球角度看，陆地和海洋有什么分布特点？ 追问：北极地区和南极地区分别是海洋还是陆地？ (3)地球还可以分为陆半球和水半球，这两个半球中海洋和陆地分别占多少比例？ 2. 组织辩论赛：我们所在的星球究竟应该称为"地球"还是"水球"？ 3. 小结提升：若把地球分成任意两个相等的半球，总是陆地面积小于海洋面积，说明地球表面海洋和陆地的分布是不平衡的。	1. 通过课件看地图、读数据，得出结论：地球表面三分陆地、七分海洋。 2. 通过观看数字星球回答问题。 3. 通过看水半球和陆半球图得出答案。 4. 小组辩论：我们所在的星球是"地球"还是"水球"？	1. 充分利用地图、数字星球等学习工具，给学生充分的空间和时间，培养学生的自主学习能力。 2. 通过小组辩论，提高学生的质疑能力和语言表达能力。
七大洲	1. 指图讲解大洲、大陆、岛屿、海、洋的概念，拓展介绍半岛、群岛、海峡和海湾的含义。 2. 组织课堂抢答竞赛活动： (1)读课本(人教版七年级上册，下同)第32页第一段，在图2.5"大陆、半岛、岛屿与海洋"上，你能指出哪儿是海、洋，哪儿是大陆、岛屿吗？大陆和附近的岛屿合称什么？ 追问：全球共有几个大洲？ (2)读地图册第16~17页，找出地球上的七大洲；结合图2.11"七大洲的轮廓和面积"，观察它们的形状，看哪个大洲面积最大，哪个最小。 3. 利用数字星球演示七大洲的轮廓和位置，展示南极洲时需转换角度。	1. 阅读平面地图，观察数字星球。 2. 观察图片后上讲台指图说出各大洲的名称。	1. 培养学生的空间分布概念。

续表

内容	教师活动	学生活动	设计意图
七大洲	4. 讲解记忆口诀：亚非北南美，南极欧大洋。 5. 组织课堂抢答竞赛活动： (1)看大洲轮廓，说大洲名称。看谁答得既对又快！ 追问：你们有什么好方法能快速有效地记住七大洲的相对位置？ (2)地球上有些大洲的陆地部分是相连的，是哪几个？如何分界？你能说出各大洲的分界线吗？	3. 竞赛抢答，分小组记分。 4. 读世界地图，指出各大洲的分界线。	2. 利用口诀等帮助学生识记七大洲的名称，帮助学生寻找适合自己的记忆方法。
四大洋	1. 导问：全球陆地不完全相连，而海水却是相通的，它们被陆地分割成四大洋，分别是哪四大洋？ 2. 数字星球演示，展示北冰洋时需转换角度。 3. 组织课堂抢答竞赛活动： (1)四大洋中面积最大的是哪个？面积最小的是哪个？形状如"S"形的是哪个？ (2)四大洋分别被哪些大洲包围？	1. 指图说出四大洋的名称。 2. 竞赛抢答，分小组记分。	1. 培养学生的空间分布概念。 2. 帮助学生熟练识记四大洋的名称。

(三)导法慧学环节

表 3-5　导法慧学环节

内容	教师活动	学生活动	设计意图
课堂总结	通过今天的学习，你有哪些收获？你觉得学习地理需要哪些方法？	讨论、思考后回答。	使学生了解学习地理的基本方法，知道地图的重要性。

(四)导评促学环节

表 3-6　导评促学环节

内容	教师活动	学生活动	设计意图
学习效果检测	1. 利用课件、数字星球展示全球七大洲、四大洋分布图,以及郑和下西洋与哥伦布航海路线。 2. 组织课堂抢答竞赛活动: (1)东半球主要有哪几大洲?西半球呢? (2)赤道横穿哪四大洲?全部位于北半球的大洲有哪几个?全部位于南半球的大洲是哪个? (3)世界上纬度最高的大洲和大洋分别是哪个? (4)跨经度最多的大洲和大洋分别是哪个? (5)世界上面积最大的大洲和大洋分别是?面积最小的大洲和大洋分别是哪个? (6)郑和下西洋,经过了哪些大洋?最后到达了哪个大洲? (7)哥伦布是从哪个大洲出发的?跨过哪个大洋?到达了哪两个大洲? (8)在课件的"大洲和大洋拼图"中将各大洲拖动到正确的位置。	1. 阅读地图、观察数字星球。 2. 利用计算机进行拼图游戏。 3. 竞赛抢答,分小组记分。	1. 巩固课堂学习的知识,检查学习目标达成率。 2. 进一步培养学生分析地图、提取图像信息的能力。 3. 培养学生的动手能力与地理兴趣。

三、学习效果评价方案设计

(一)以小组为单位进行评价

把全班学生分为4个大组,每组均有组长、记录员、发言人、资料查找员。分工要求如下:

组长(巡视员):协调组内各成员的活动,组织分工,观察他组的研究动态;

记录员:记录整理组内讨论的结论;

发言人:小组讨论后代表本组发表见解;

资料查找员:搜集有效的地理信息。

(二)合作学习要求

小组成员互相交流,互相倾听,各尽所能,互帮互助,优势互补,注意发现及弥补自己的不足。

(三)课堂竞赛评分规则

①在平面地图(投影屏幕)上指图,正确得1分;在停止的数字星球上指图,正确得2分;在旋转的数字星球上指图正确得3分。

②以小组竞赛抢答的方式,谁先举手谁获得回答加分的机会。

③最终统计小组分数时,在小组竞赛抢答得分的基础上再采取加减法,即参与回答且得分的每人加1分;未参与回答的,每人减1分。

简析:本案例有关课堂教学评价思路的设计是一大亮点。一方面,教师在导问研学环节,通过预设的海陆分布概况、七大洲、四大洋这三大系列的问题链条组织小组竞赛活动,对学生新知掌握与地图应用能力、空间知觉能力进行了多维度的评价;另一方面,贯穿全课的竞赛型学习评价规则的制定体现了过程性评价的要求。第①条规则能够使不同水平的学生均有参与课堂竞赛得分的机会,从而调动学生参与的积极性,也体现分层教学的要求;第②条规则有利于培养学生上课认真听讲、积极参与的良好习惯;第③条规则有利于培养学生的集体荣誉感和团结协作精神。本课在导评促学环节设计的学习效果检测可以认为是对学习结果的评价。本环节借助多媒体课件与数字星球,通过8道形成性的检测试题全面检查了学生对新课知识与技能的掌握情况,起到较好的学习巩固作用。从评价主体参与情况看,课堂中学生的自我评价比较充分,主要表现为对自我认知的反思与经验提炼。课堂总结环节,以"通过今天的学习,你有哪些收获?你觉得学习地理需要哪些方法?"展开学习效果评价。此问题亦是一石激起千浪,引发了学生对自我学习成效的定性思考。本课中的他人评价主要表现为教师对学生学习反馈的正误判定。各个学生的交流,包括课堂辩论赛,均以教师为裁判,说明教师充当了课堂教学中的评价主角,而同学间的互评较少出现,教学设计中几乎未涉及,这是本课的一大遗憾。

"多元交互式"教学评价

(二) 从基于经验的评价转向基于标准的评价

相比西方国家的教学评价体系，我国的教学评价要求比较笼统，评价方式比较单一，对学生学习效果的评价往往窄化为测试分值，测试工具的制定常以经验判断为主，缺乏可操作的评价标准。笔者以为，评价改革的当务之急是要建立一套能真正用于指导实践中课堂教学行为的中小学生核心素养标准，以及测试题分级评分制度与各类测评工具，这应该成为广大学者与一线教师潜心研究的课题。

1. 学业质量评价标准应基于课程标准研制

学业质量评价应该评定学生是否达到课程标准所规定的目标、能力与内容标准。我国现行的课程标准虽然从知识与技能、过程与方法、情感态度与价值观三个维度对课程进行了说明，其中对学什么知识说明得比较细致，但对学到什么程度要求不明确。目标难以量化、分级，缺乏可操作性，导致各地各校评判教学有效性的标准不一致。因此，我们需要努力研制中小学生核心素养评价指标体系。该体系必定建立在课程标准基础之上，为学业质量评价提供目标、内容和手段，成为学习评价的实践性标准。或者说，学生学业质量评价标准应该将学习内容要求和质量要求有机结合在一起，使评价标准与教学的三维目标保持一致，实现标准、教学与评价的一体化。

美国国家地理课程标准简介[①]

美国国家地理课程标准以六大要素和十八大标准(如表3-7)为主线，阐述学生从幼儿园到四年级、五年级到八年级、九年级到十二年级三个不同阶段应具备的知识与能力要求。其中，第一条地理标准对八年级水平的要求如下文所示。

---

① 案例来源：《生活化的地理：美国国家地理课程标准(第二版)》(2012年)，笔者翻译。

表 3-7　美国国家地理课程标准的要素与标准

六大要素	十八大标准
空间术语中的世界	1. 如何使用地图、地理技能、空间思维及其他地理表达方式，理解并交流地理信息。
	2. 在一个空间结构中如何使用思维地图来构建关于人口、地域以及环境的信息。
	3. 如何分析地球表层中的人口、地域以及环境的空间组织。
地区与区域	4. 地区间的自然与人文特征。
	5. 人类对地区的改造说明了地球的复杂性。
	6. 文化和经历是如何影响人们对某一地区的看法的。
自然系统	7. 自然过程塑造地表形态。
	8. 地球表面生态系统的特点以及空间分布。
人类系统	9. 地表人口的特点、分布和迁移。
	10. 人类文明嵌合的特点、分布和复杂性。
	11. 地球表面的经济模式和网络之间相互依赖的关系。
	12. 人类聚落的形成过程、模式和功能。
	13. 人们之间合作与冲突的力量是如何影响人们对地表的划分与调控的。
环境与社会	14. 人类的行为是怎样改变自然环境的。
	15. 自然系统是如何影响人类系统的。
	16. 利用资源的分布和重要性进行合理的改造。
地理学的用途	17. 如何将地理学知识运用到解释过去的事物中去。
	18. 如何将地理学知识运用到解释当前以及规划未来中去。

地理标准 1：如何使用地图、地理技能、空间思维及其他地理表达方式，理解并交流地理信息。

八年级结束后，学生应该知道并懂得：

①地图、地球仪、航空照片的特征与功能，以及其他照片、卫星遥感影像、模型的使用；

②制作和使用地图、地球仪、图表、模型以及数据库来分析空间分布和空间模型；

③使用地图、地球仪、航空照片以及其他照片、卫星遥感影像、模型在解决地理问题时相关的优势和弊端。

为此，学生应能够达到如下水平。

①描述地图、地理表达方式、工具以及科技手段的基本特征与功能，通过学习案例学生能够达到：

描述选择地图类型、地球仪、航空照片以及卫星遥感影像时的目的及其各自的特征；

解释地图的各要素(例如比例尺、指示方向和图示)；

解释地理信息数据库的特点与用途(例如，数据库内容包括人口普查信息、土地利用类型信息以及地形信息)。

②发展并使用不同类型的地图、地球仪、图表、数据库以及模型等，通过学习案例学生能够达到：

使用数据和一系列的符号以及颜色制作学生当地社区的、州的、国家的以及世界的多个方面的主题地图和表格(例如人口类型、疾病、经济特征、降水以及植被)；

使用数据来发展地图以及使用流程图来显示人口和日用品流动的主要模型(例如石油、小麦和可可的国际贸易)；

创建一个模型用来描述日地关系并运用它来解释诸如地轴、季节、自转、公转以及经纬线中的主要线条等概念。

③评价地图以及其他地理表达方式、工具以及科技等在解决地理问题时所起作用的相对优势，通过学习案例学生能够达到：

在一本地图册中选择最合适的地图和绘图来回答关于地理事物的特定问题(例如地形与交通路线的选择)；

评价使用一幅地图来解释一个数据设置的优点与不足(例如关于人口分布的数据、语言使用类型、一年中不同时段的能源消费情况)；

评价为达到特定目的而使用特定地图类型时的优势(例如，在航行时对于墨卡托地图的使用以及在描述地区分布情况时对罗宾逊地图的使用)。

④使用地理工具和科技手段来形成并回答关于地球上空间分布和类型的问题,通过学习案例学生能够达到:

通过制定标准在不同地图上绘制出区域性的服务边界(例如,将学生分派到一所位于快速发展的郊区地带的学校中去);

使用地图去理解空间上与时间上的运动发展模式(例如,运用地图说明几个季节以来飓风的路径,运用地图说明世界范围内流感的传播);

利用地图对公共设施的最合理定位做出决定并予以证明(例如,选择一个地方用来建造饭馆、回收站或者选择一个工厂地址)。

简析:美国国家地理课程标准中的六大要素、十八大标准在三个不同阶段是一致的,具有连贯性;但对不同阶段的具体地理知识与能力的要求做出了很详尽的分解和规定。每一条标准都展示了一个有地理素养的人需要掌握的知识与技能,并举例说明应用这些知识与技能解决实际问题的能力要求。每一条标准还划分了"达不到标准要求""达到标准要求"和"超过标准要求"三个等级,分别列出了学生地理学习能力的判断依据,以供教师在教学活动中对学生情况加以鉴别和区别对待,并进行有针对性的指导。由此可见,美国国家地理课程标准详细、具体,特别是行为动词的运用比较适切、可操作,从而能够成为学生学习成就评价的主要依据。这是非常值得我们学习借鉴的一大优点。

2. 学业质量评价标准要嵌入教学全过程

学业质量评价标准的设计不能只停留在计划层面,而必须转化为实践行为,才能体现"为了学习的评价"这一理念。因此,教师在教学过程中应该合理运用评价标准,将评价紧密地融合在师生的整个教学活动当中,使评价随时成为教学的有效调节器,以实现"教—学—评"一体化的追求,从而真正促进学生的发展。实际上,学业质量评价标准只是一种方案,而评价的证据只有在教学过程中才能获得,所以评价与教学具有相辅相成的关系。

在教学与评价相互整合的模式下,我们需要将评价渗透到教学过程的各个环节之中,克服"一张考卷定终身"的弊端,建议对学生的答问、演讲、演示、绘图、实验、观察与观测、调查、制作等各种活动都进行评价，使评价过程变为教育过程。笔者在前文已阐述过"评价即教学"的观点，即评价不是教学的最终环节，而是镶嵌于教学体系中不可分割的部分。

当前，注重评价过程性的观点尽管已被广泛接受，但学业质量评价标准与教学过程的匹配程度并不高。我们的教学设计通常不重视评价标准的设计，这导致教与学的效果评价常缺少明确的标尺，从而影响评价的效度与信度。解决此问题的举措，应该是将评价标准嵌入教学过程并先于教学设计，使评价有据可依，由此才能实现评价从经验导向型转向标准导向型。

表3-8 课堂参与评分细则[①]

评价等级	A(优秀)	B(良好)	C(中等)	D(不及格)
频率和质量	按时上课，课上讨论时能提出有见解的问题，能分析相关问题，经常参考别人的意见，能将文献阅读和讨论内容相结合，能拓宽课堂讨论视角，能恰当地质疑别人的假设和观点。	按时上课，有时以前述方式参与课堂讨论。	按时上课，极少以前述方式参与课堂讨论。	按时上课，从不参与课堂讨论。

简析：本案例是评价学生课堂学习参与度的标准。如果在学生入学初学校就将标准作为一条课堂学习规则进行颁布，并持续运用于所有地理课堂教学过程中，那么学校就能够通过课堂观察对学生的学习态度做出比较客观的评判，而不是凭直觉或经验进行判断。

（三）从问题诊断式评价转向问题解决式评价

问题诊断式评价的主要目的是发现学生在学习过程中存在的问题及其根源，可以通过课堂提问、学业测试、问卷调查、课堂观察等方式判

[①] 苏珊·A. 安布罗斯：《聪明教学7原理》，145页，上海，华东师范大学出版社，2012。

断学生的不足。而问题解决式评价的主要目的则是在诊断的基础上，分析问题存在的原因，提出有针对性的改进措施，以提升学生解决问题的能力。

问题诊断式评价与问题解决式评价不是相对立的关系，而具有层级关系。问题解决式评价的起点是诊断学生学习过程中存在的问题。我们可以认为问题诊断式评价是问题解决式评价的首要环节。

1. 问题解决式评价的基点是科学诊断

问题诊断式评价不是凭经验的主观臆断，而是基于标准与工具的科学评估。纸笔测验是最传统、最常用的诊断性评价，因为测试的量化分值或等级就是对学习效果的诊断。一般认为，测试中的高分值代表学生学习效果良好，对知识、技能的掌握程度高，学习目标的达成率高；反之亦然。当然，这样的诊断结论并不是绝对准确的，因为测试分数的高低还受其他非确定因素的影响，如学生的心理素质、临场发挥状况、试题的熟悉程度等。

测试结束后的分析，实际上就是问题解决式评价中的成因判断。我们应该在数据诊断的基础上，从结果出现的问题中找出过程中相应的问题产生点。例如，学生对概念认识不清则表明在理解层面上的学习存在问题；解题能力较差，则说明应用层面的学习存在不足。

2. 问题解决式评价的重点是自我反思

当前的学业质量评价标准往往由外部主体制定，较少考虑学生内心的需求。这种外在评价为主的制度能够规范学习行为、明确学习目标，对学生素养的发展有一定的促进作用。但是，外在评价忽略学生自我内驱力的激发。实际上，学生的成长应该是在不断学习中内省、反思，及时发现自己在地理学习中存在的问题，自觉地改正错误或寻求必要的帮助的过程，这正是问题解决式评价的重要路径之一。

问题解决式评价中的自我反思是一种元认知活动，是学生对自己的思维过程进行反省与指导的活动。我们应该让学生意识到自我反思是贯穿于整个学习过程中的思维活动。这种思维活动的触角是多向度的，不仅需要学生学会检视学习过程中的得与失、成与败、疑惑与困难，更要

"多元交互式"教学评价

学会分析问题的症结所在，学会提出解决问题的初步方案。表 3-9 所示的反思记录单就是问题解决式评价的一种工具，用于测试后引导学生自我反思错题背后的信息，包括错误特征及其原因、考试准备的充分程度、自己学习方式的优势与劣势、对后继学习的规划等。它能够帮助学生发现问题、解决问题。

表 3-9　学业水平测试后的反思记录单

学习态度反思	1. 为准备本次测试，我在下列各项活动中投入的时间大约是多少？ 　A. 复习教科书与笔记本的时间是_____。 　B. 阅读课外辅导资料的时间是_____。 　C. 课外练习与解决错题的时间是_____。 　D. 其他复习的时间是_____（具体项目是_____）。 2. 我在本次测试复习过程中的学习专注程度如何？_____。 　A. 非常专注，精力集中　　　B. 大部分时间精力集中 　C. 注意力易受外界影响　　　D. 注意力很难集中
学习方式反思	3. 为准备本次测试，我运用频率最高的学习方式是_____，运用频率最低的方式是_____。 　A. 阅读与识记　　B. 做练习　　C. 与同学讨论　　D. 课堂听讲 　E. 请教老师　　　F. 绘制地图　G. 绘制思维导图　H. 浏览网页 4. 除以上学习方式外，我在本次测试复习过程中还运用到的方式有_____。
学习效果反思	5. 通过本次测试，我的收获主要有以下几个方面。 　A. 我发现最有意义的知识是_____。 　B. 我掌握了最有用的技能是_____。 　C. 我认为需要树立的观念是_____。 　D. 我形成了比较有效的学习方式是_____。 　E. 其他_____。

续表

学习 效果 反思	6. 认真阅读老师批阅过的试卷，请评估一下可能造成自己失分的因素所占的比例。（请确保下列各项百分比的总和为100%） A. 对概念的理解不够准确_____ B. 对图像的信息解读不够准确_____ C. 对原理的运用不够熟练_____ D. 在课堂上的听课效率不高_____ E. 不知道如何解答地理问题_____ F. 粗心导致审题不清_____ G. 错别字与书写马虎_____ H. 其他_____ （具体原因是_____）
未来 改进 计划	7. 基于对以上问题的回答，面对未来的学习，我将会在哪些方面改进？ A. _____ B. _____ C. _____ D. _____

3. 问题解决式评价的落脚点是矫正策略

问题解决式评价具有较强的探究性，其最终目标是解决学生学习过程中的问题，所以评价过程更重视对问题的前因后果进行有逻辑性、整体性的分析，其落脚点便是针对具体问题探索出怎么办的措施。这既要重视学生自我反思方式的运用，也要鼓励同伴之间出谋划策，更需要教师的即时性点拨。多元主体的协作性评估，容易找到解决问题的突破口，逐渐形成矫正问题的具体思路。

（四）从鉴定问责制评价转向鉴赏分析性评价

学业质量评价会通过影响学生的信心、兴趣和动机等情绪动力因素而影响学生的学习。我们当然期望通过评价激发学生的动机来促进学生学习，但是从学生视角看，评价可能使动机加强，也可能使动机削弱。陈玉琨曾指出传统的教育评价，注重的是对评价对象的分等鉴定，主要服务于学生选拔、教师考核与奖惩以及对学校进行分等鉴定等管理目

"多元交互式"教学评价

的，是一种判断优劣的总结性评价活动。[①] 笔者将此评价观念下的地理学业质量评价称为鉴定问责制评价，这种评价注重结果而忽略过程，注重结论的唯一性而忽略学生发展的差异性，注重定量测试而忽略质性评估。它的主要目的是对学生进行认证、甄别、选拔，在问责教学质量方面往往发挥重要作用，而对学生的发展缺少激励作用。

针对鉴定问责制评价长期造成的学生学习动机减弱的负面影响，我们亟须构建一种具有反馈调节、展示激励、促进成长、积极导向等功能的评价体系，不妨称之为鉴赏分析性评价。这种评价的目的主要是激励学生，使学生懂得在学习过程中客观地评估自己与同学的进步，经常运用课堂讨论、口头报告、地图制作、课外调查、模拟实验等评价手段获取"增值"信息，使学生在一个阶段内获得地理素养与道德品质的提升。可以说，学生"增值"的多少，就是学校、教师、地理课程等协同作用的效果。鉴赏分析性评价的结论是多元的、开放的、包容的，这对培养学生的批判性思维、创造性思维有着非常积极的意义。

"科学课——岩石的前世今生"听课笔记[②]

首先，老师要求学生命名地球的三个圈层并画一张图来说明答案。绘图表达在美国教学中是再平常不过的事了，作文课如此，生物课如此，化学课也如此……绘画创造无处不在。

接下来，老师让学生给体育明星分类，进而从这个环节过渡到让学生按照岩石的形成环境给地壳中的岩石分类。

老师展示了一系列岩石图片，要求学生观察岩石、了解岩石的成分。

得出结论：岩石是矿物的集合体。

助教老师分发沉积岩样本，让学生观察、讨论以下内容：

①什么是沉积？

②沉积岩可能形成于什么样的地理环境中？

[①] 陈玉琨：《教育评价学》，12页，北京，人民教育出版社，1999。
[②] 王晶华：《美国学堂记》，295～296页，济南，山东教育出版社，2013。

③化石一般存在于什么岩石中?

为了演示沉积岩的形成,老师给每个学生发了一张纸、一块饼干,让学生用饼干代替岩石,演示在地内压力下岩石可能会怎样。

学生用手边能拿到的东西把饼干弄碎,得出结论:岩石在流水、风、光照、重力等作用下碎裂成各种形状的风化物。

接下来,老师用一段录像让学生体会风化物的侵蚀、搬运过程,让学生感知岩石和矿物碎片在流水中沉积下来,通过种种复杂的过程(压固、重结晶、生物的胶结等)形成沉积岩。

老师让学生观察大屏幕上的岩石图片,问:该岩石可能来自哪里?

一名学生说:"应该来自海里。"另一名学生说:"可能来自河边。"因为学生发现了岩石里有水生生物的化石。

学生不管得出什么结论,都会得到老师的鼓励。在美国,学生从来不怕出错,问题也没有唯一的标准答案。

简析:本案例是笔者在美国访学期间的一则听课叙事故事。从记叙中可知,老师运用到了多种方式对学生的学习效果进行评估,如"绘图表示地球的三个圈层""观察岩石标本,讨论并回答问题""进行沉积岩的模拟实验"等,这些评价渗透于整个学习过程中,是多元主体共同参与的活动,有助于对学生知识的形成、能力的提升做出较全面的评价。笔者特别指出"学生不管得出什么结论,都会得到老师的鼓励",说明老师对学生的评价有利于激发学生的自信心。所以本案例呈现的课堂教学评价就是富有激励性的鉴赏分析性评价。

1. 通过自主探究学习,让学生学会自我赏析

笔者在前面已表明了问题解决式评价的重点是自我反思的观点,这与此处"让学生学会自我赏析"的观点有异曲同工之处。学生自我反思性评价的开展,最主要的积极意义是有利于内部驱动力的激发。通过自我评价,学生可发现自身在地理学习过程中的长处和不足,以便进一步确定努力的方向,使评价过程成为一个连续的自我激励、自我发展、自我完善的过程。

学生自我赏析评估能力的提升来自对自身学习的价值认同,其有效

的途径是指导学生开展自主探究性学习，让学生在研究过程中正确评估自己获得的知识与技能、经验与不足。笔者以为，辩证思维、头脑风暴、绘制概念地图、撰写论文或报告均是行之有效的自我评估方式。有人说"学习是一种自组织行为"，这也充分说明学生的自我评价一定附着于学习过程中。因此，设计引导学生开展自主学习、自主评估的驱动任务理应成为教师的核心素养之一。这些任务能够成为开展鉴赏分析性评价的引擎。

2. 通过合作探究学习，让学生学会互助评析

从评价主体看，当前的学业质量评价最缺乏的就是同伴之间的互助协商，这种生生互评正是人的社会属性所需要的一种活动，它有利于人与人之间形成相互尊重、相互协作的关系。因为学习过程中同伴之间用欣赏的眼光、中肯的态度互相评价，能够增进双方的了解和理解，易于形成积极、友好、平等和民主的评价关系。同时，对于学生来说，参与评价也是一次好的学习机会，能在评价别人的同时修正自己的错误，弥补自己的不足。

学生与学生之间的互助评析最容易在合作学习的过程中实现。合作学习已经成为新课程改革的一大标志，因为它是对现行知识本位、以教师为中心的传授式课堂教学模式的革新，其最大意义在于对学生人格的尊重和塑造，培育了群体的合作精神。

3. 通过检测任务与即时反馈，让学生感受教师的激励

在班级授课制下，教师主导的评价依然是学业质量评价中最常见、最普遍的现象，这更需要我们科学、准确地用好评价这个杠杆。

首先，我们应该运用检测任务评估学生的学业质量。检测任务是教师导向的外部驱动。教师要努力设计多元化的检测形式，如常规的课堂测试、课外作业。当然鉴赏分析性的评价任务需要运用激励性的检测形式，如演讲、实验设计、社会调查、绘制思维导图等，以引导学生调动多种地理思维能力与方法，分析、研究驱动任务。

其次，我们应该运用艺术性的口头评语激励学生。高超的评价是一种艺术。不管学生的理解是正、是谬，展示的成果是真、是伪，学生都

能够感到被鼓舞和被信任,并能产生更高的自我期待,这正是鉴赏分析性评价的本质追求。从教师的质性课堂评语看,精准而恰如其分的教师反馈用语能够自然地承上启下,引导学生拾级而上。学生的课堂学习实际上是一个不断展现自我成就的过程。从教师的质性课堂评语看,比如"你的回答很有见地,令老师都觉得新奇",就是对学生创新意识的鼓励。再如,当学生理解有偏差时,教师不妨说"你的见解与众不同、很有个性,但我认为其科学性还得推敲一下",就能对学生自信心起到保护作用。相反,类似"我刚刚才讲过,怎么还没明白"的评价用语,会挫伤学生的积性,抑制新知生成。

(五)从传统纸笔记录评价转向信息数字化评价

长期以来,学业质量评价的过程与结论主要是通过传统的纸笔记录进行呈现的。这种评价往往是经验式的分析,缺少对数据的深度挖掘和分析,也未形成定期、持续采集评价数据的机制和方法。如今,传统纸媒评价在信息化和大数据时代背景下,已经迎来了前所未有的挑战与机遇。我们可以断言,如果传统纸笔记录评价拒绝信息技术对教学评价的应用,不充分利用信息技术优势变革评价理念与评价方式,是注定要被时代淘汰的。

1. 基于信息技术的数字化评价思路

在云计算、移动互联网和大数据时代背景下,未来的教学评价究竟具有什么样的图景?首先,我们应该认识到信息不仅仅是一种感官的东西,更是可捕捉、可量化、可传递的数字。诸如情境的创设、教学方式的运用、学习行为的体现,这些过去靠理念加经验的设计,在未来将变成一种数据支撑的行为科学。其次,我们应该注意运用网络平台收集学生学习成长过程中的结构性、非结构性数据,如每一次考试的成绩、学习的速度、在哪方面有特长、曾经获得过哪些奖励、参加过哪些社会活动等,包括学生的微博、微信、QQ等网络社交活动中的信息。这些信息与数据实际上构成了学生的电子成长档案袋。我们可以通过科学的数据评估模型,对学生的学业质量进行定期评估,提出更具针对性的发展

建议，如判断学生未来是更适合做医生还是工程师，更应该向哪个方向努力、从事什么样的工作等。为此我们需要设计界面友好、交互性强、能按需推送的可视化评价平台，这应该成为未来教学评价改革的重要工具。

2. 积极探索数字化评价的应用方式

如今，一个生产、分享和应用数字化数据，积极探索数字化评价应用方式的时代正在开启。数字化评价的应用已经在许多方面推进。

(1)利用数字化观课平台对学习行为进行评估

课堂永远充满着无穷的未知。对课堂教学的评价，我们最容易、最直接观察到的是教的行为与学的行为，这些行为背后隐含着非常丰富的信息，需要进一步推理、判断。我们能够利用科学的课堂观察工具从课堂教学情境中收集资料，并在此基础上进行诊断与分析，从而得出评估结论。在信息技术支撑下，这样的课堂观察活动可以依托网络平台开展。相比较大数据分析，我们可以将一节课上获取的信息看作"小数据"，对这些"小数据"的计算、分析使得学业质量评价更加客观、精确。

笔者在此方面有较长时期的探索，目前已经开发出基于网络技术的课堂观察平台。此内容将在下一章进行详细介绍，在此举两例说明。图3-7是笔者对一位教师在高中地理必修2"资源的跨区域调配"一课中"学生探究活动行为"进行观察的一个窗口，表示在"资源的地区分布"这一学习活动过程中，点击单元格中的方形"按钮"对观察小组成员做出判断。

学生探究活动行为——资源的地区分布											
	可观察学生	倾听	阅读	思考	讨论	书写	绘图	发言	提问	实验	计算	评议
1	1行1列	✓		✓		✓		✓				
2	1行2列	✓	✓	✓			✓					
3	1行3列											
4	1行4列	✓	✓	✓								
5	2行1列	✓										✓
6	2行2列	✓	✓			✓		✓				
7	2行3列	✓	✓									
8	2行4列	✓										

图3-7　学生学习行为观察

图 3-8、图 3-9 是一节七年级地理"地球的自转意义"课例中关于"课堂提问行为"的页面,其中图 3-8 是教师提问、学生应答与教师理答的观察过程记录,图 3-9 表示观察记录经过信息化处理后的数据统计及评估结论。

执教者:张恒月					学校:竹西中学		教龄:1年			科目:地理				时间:2014-09-23			
教师提问						学生应答							教师理答				
提问内容（原问题记录）	问题指向性		问题类型				学生回答（原答案记录）	获得答案途径			应答形式			应答水平		教师评析（原理答语记录）	理答方式			
	明确	模糊	描述性问题	判断性问题	论证性问题	归纳性问题	操作性问题		读书	思考	讨论	无应答	集体回答	个人回答	合作交流	错误	基本正确有逻辑		打断或代答	不理睬批评	追问或补问	直接评判	组织评议
假设:地球自转周期变长或变短会发生什么现象?	▲				▲			如果变短,睡觉时间会很短		▲				▲			▲						
假设:如果地球不自转会发生什么现象?	▲							一半总是白天,一半总是黑夜;有些地方水会全被晒干,后面的植物会枯萎						▲			▲	有没有道理?					▲
假设:地球是透明的会发生什么现象?	▲			▲				没有黑夜(演示)							▲			▲						
现在是下午3点,与我们正对的地方是几点?他们在干什么?	▲							夜里3点,睡觉							▲								▲	
地球自转对我们的生活有什么影响?	▲				▲			我们这儿是白天时美国是黑夜;植物需要阳光,如果地球不自转,植物就会死亡							▲			▲	回答正确吗?					
从南极上空看地球自转的方向?	▲			▲				(演示)是顺时针的						▲				▲						▲
从北极上空看地球自转的方向?				▲				是这样的……(演示)其他同学补充:是逆时针							▲							▲		
地球自转的方向?	▲							由西向东(演示)																
地球自转的周期?	▲	▲						转一圈,一天(学生演示)								▲			正确					▲
地球自转的旋转中心是什么?	▲							学生用地球仪演示,逆时针旋转											你们都同意?					
地球是怎么运动的?		▲	▲					360度运动、围绕地轴运动等						▲					同学们有自己的看法				▲	
观察结论	所提问题非常明确,注重小组合作获取结论,能够适当追问,让不同小组表达观点,利用自转演示并创设情境,让学生发现问题成为亮点,集体评议是简单的对与错的判断,教师评价缺少激励性与针对性。																						

图 3-8 课堂提问行为观察记录

"多元交互式"教学评价

图 3-9 课堂提问行为观察信息统计

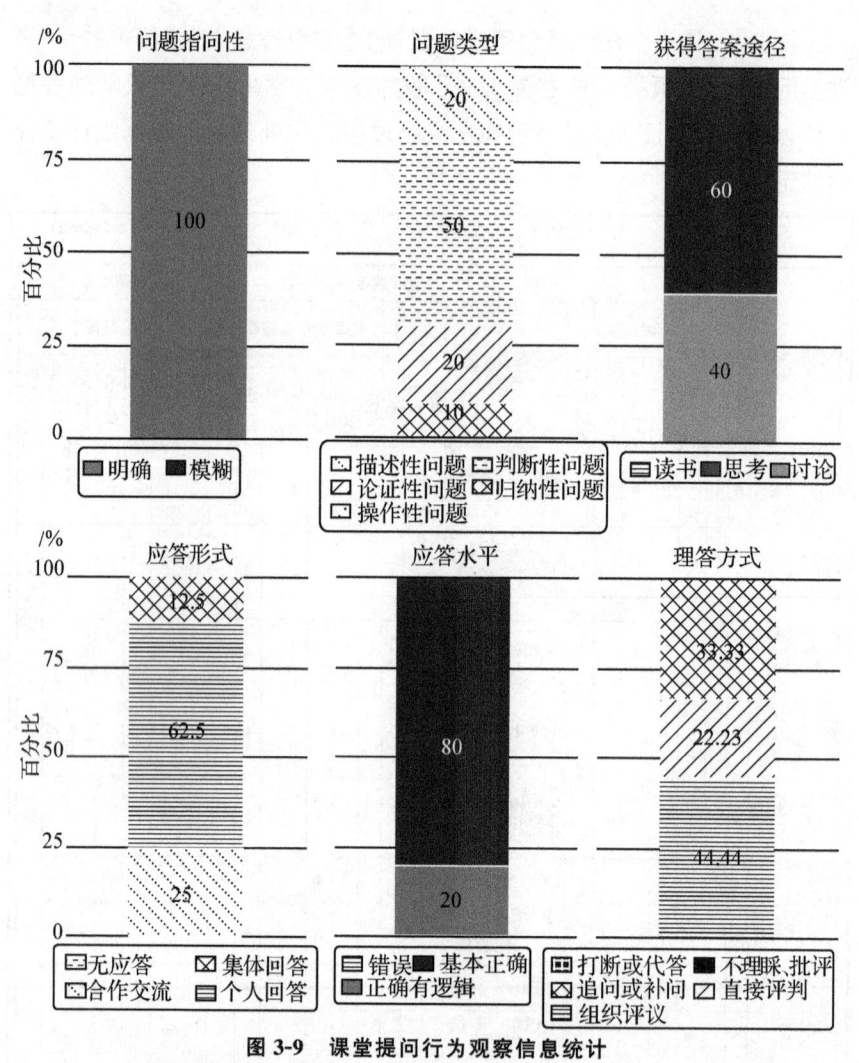

(2)利用网络学习平台检测并反馈学习效果

由于信息技术的飞速发展,不受时间与空间限制的在线学习已拥有越来越多的成员。与此相伴生的在线检测能够更便捷地检查学生的学习效果。一般而言,在线学习检测能够根据学生需求自动组合试卷,并能即时训练、即时提供反馈信息,如图 3-10 所示。当前,与评价相关的在线平台虽然还较少,但可以预测,其发展前景非常广阔,一定可以成为学校课堂教学的延伸。

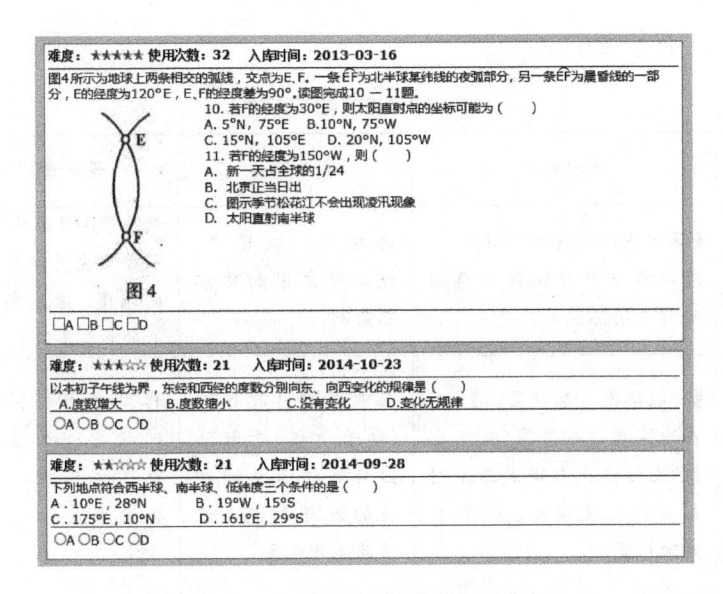

图 3-10 "地球和地球仪"在线测试界面

(3)基于平板电脑的 e 学习平台开展检测反馈

近年来，随着国家数字化学习工程的推进，少数教师已经开始探索 e 学习平台的建设与教学实践。学生利用平板电脑中的学习程序，可以提交在线检测作业，发布绘制的思维导图，并能够进行互动评价。教师则可以利用平台进行评定，及时将评判结果反馈给学生。更有意义的是，这样的学习评价不再受时间与空间的限制，在移动互联网的支持下可以随时随地进行。

"面向海洋的开放地区——珠江三角洲"的教学设计[①]

一、课前准备

教师将全班学生分为若干小组，组内异质。每组有明确分工，设组长、资料搜集员、记录员、发言员、评价员等，明确各自职责。

学生通过网络了解珠江三角洲的工业产品及其品牌，搜集家中产自珠江三角洲的日常用品，拍摄照片并上传至竹西中学优教 e 学习平台学习社区。

---

① 此案例由扬州市竹西中学马进老师提供。

"多元交互式"教学评价

二、课堂教学

表 3-10 课堂教学环节

教学流程	教学内容	学生活动	设计意图
导课活动	【课前展示 情境创设】展示家中产自珠江三角洲的日常用品照片。	边观看，边思考，说说印象中的珠江三角洲。	利用学生身边的事物，引导学生关注生活中的地理，激发学生强烈的参与意识。
讲授新课	【白板绘图 明确区域】在中国空白政区图（电子白板）上标注出与珠江三角洲相关的地理信息，说明其地理位置。	在中国空白政区图（电子白板）上标注出与珠江三角洲相关的地理信息，说明其地理位置。	利用电子白板，通过指图、画图，明确区域位置，并掌握认识区域位置的方法。
	【阅读资料 设疑思考】阅读课本 51 页上的"阅读资料"，思考：人们说面向海洋的开放地区珠江三角洲是我国对外开放的前沿地带，那么它为什么能成为我国对外开放的前沿地带（有利因素）？	1. 阅读课本 51 页上的"阅读资料"，思考问题，圈出关键词。2. 利用 e 学习平台，将关键词上传。3. 根据同学们上传的关键词，归纳总结珠江三角洲对外开放的有利因素。	区域地理教学强调地理因素之间的相互作用，引导学生理解地理事物的空间差异和空间联系，进而从地理的视角看待地理现象和地理问题；锻炼学生搜集地理信息、归纳整理的能力。
	【思维建模 组间评价】总结珠江三角洲对外开放的有利因素，绘制思维导图。各组对思维导图进行评价。	1. 以小组为单位，绘制思维导图，并上传至 e 学习平台。2. 组间评价，并利用平台对别组作品打分。	

续表

教学流程	教学内容	学生活动	设计意图
讲授新课	【小组合作　共同探究】 阅读课本 52～54 页，小组合作探究下列问题： 1. 改革开放初期，珠江三角洲的企业有何特点？ 2. 什么是外向型经济？ 3. 为什么称这一地区的区域分工合作模式为"前店后厂"？ 4. 你认为"前店后厂"模式还对哪些地区具有借鉴意义？	阅读地图，小组内分析、归纳，在 e 学习平台上建立讨论帖，并跟帖讨论。	一方面，通过不断读图，加强学生的读图分析能力；另一方面，教师设置的问题层层深入，让学生深刻体会外向型经济对珠江三角洲经济发展的重要作用。
	【知识迁移　活学活用】 比较珠江三角洲地区和辽中南地区的经济特色和条件的差异。	结合珠江三角洲和辽中南地区的经济特色，小组讨论、比较二者产业部门的异同，并思考原因。	让学生通过对已学知识进行迁移、比较，从而了解影响地区工业发展的重要因素，巩固新知。
	【情感提升　树立观念】 课本 54 页活动题 2：外向型经济可以在短时间内促进经济的快速发展，但同时也会带来一些问题。学生结合材料谈看法。	1. 阅读课本 54 页上的材料，思考问题。 2. 上网搜索相关新闻等信息。 3. 在 e 学习平台上发表观点。	让学生意识到环境保护对区域经济可持续发展的重要意义。

续表

教学流程	教学内容	学生活动	设计意图
讲授新课	【信息传递 过渡承转】 新闻链接:"民工潮"VS"民工荒"。	根据资料,思考问题。	从感性到理性,学生会对珠江三角洲城镇化发展有明确的认识。结合家乡的城镇化问题,体现学习"生活中的地理"的新课程理念,同时培养学生的发散思维。
	【提炼信息 问题探究】 阅读课本 55~56 页,思考: 1.比一比改革开放以来珠江三角洲地区的城镇分布有何变化? 2.城镇化有什么表现?会带来哪些影响?	1.阅读课本资料,思考问题。 2.以小组为单位,结合家乡的实际情况,说明城镇化带来的影响,并说明本组的解决办法。 3.填写教师课前发送至e学习平台的汇报单,并以小组为单位上传。	
课堂反馈	【及时反馈 研学拓展】 用课件呈现检测题。	1.学生做课堂练习,检测学习效果。 2.e学习平台打分系统即时反馈。	突出重点的掌握;先进的信息技术,将学生学习成果快速传递给教师。
总结	【提升主题 说"获"解"疑"】 学习本课后, 我的收获:_____。 我的疑惑:_____。	回顾本节课的学习情况。	升华主题,培养学生的综合分析能力。

三、课后拓展

拍摄微视频或录制音频,从不同侧面采访生活在珠江三角洲或在此工作过的人员,了解他们对该地区发展的独特感受,并整理上传至e学习平台。

简析:本案例基于e学习平台的教学设计,是先进教学理念与信息技术的有机结合。课前、课中、课后的学习任务都充分体现了以学生为主体的理念，充分提升了学生的自主学习、合作学习、探究学习的能力。平板电脑作为重要的学习工具，其运用贯穿学习全程。e学习平台上的学习社区、资源中心、学习论坛、测评中心等网络功能区使评价与学习相互融合、相互促进。

(4)利用网上阅卷系统进行评分与数据分析

当前，网上阅卷系统已经得到广泛应用，与传统的教师笔批试卷相比，有着无可比拟的优势：自动屏蔽考生信息确保阅卷过程的客观公正；自动登分、加分与统计分析，避免了人工操作可能存在的误差，确保统计分析的质量；实时掌握评卷进度与评卷质量。在评卷结束后，该系统还可以通过预设的计算模型，针对个人、班级、年级、科目、题目、小题(知识点)提供详细的统计数据，并对考试的难度、信度、区分度、效度等进行综合判断。

总之，随着教育硬件的不断革新和软件的高度智能化，数字化的学业质量评价已经成为时代的必然选择。因此，改变传统的教学评价理念，充分利用信息化评价技术，建立评价工具与平台，才能使学生核心素养的评价改革落到实处。

第四章

"多元交互式"教学评价的技术创新

/ 第四章 / "多元交互式"教学评价的技术创新

"多元交互式"教学评价的理念即使再美好，也只有落实到行动中才有意义。而这种落实，需要在教学实践活动中采集包含结果在内的全过程性有效数据和事实信息，然后用多元的方法进行分析。这对传统评价技术是巨大的挑战。首先，我们必须要建立可观可察的教学评价标准，为开展多元化评价活动提供客观的依据。其次，我们需要采用多样化的教学评价方法，遵循定性评价与定量评价相结合的原则对评价信息进行诊断、分析、鉴赏。因此，研制行之有效的"多元交互式"评价工具成为推进评价改革的关键任务，因为它是评价活动的载体，决定着评价理念的落实程度。

一、"多元交互式"教学评价的参照标准

我们认为，实施"多元交互式"教学评价，要根据课程改革方案及课程标准研制各类符合区域教学需求的评价标准，将标准嵌入教学流程并先于教学设计，使评价有据可依，并从经验导向型转为标准导向性。

（一）课堂有效教学的基本要求

当前，有效教学理念正实实在在地引领着教育实践界的行为变革。对于一线教师而言，行为准则可能比理论内涵更具有操作价值。因此，我们剖析了课堂教学的结构，按课堂教学的基本流程与环节，试图构建一种有效教学的分析框架，即从课堂教学中提取15个组成元素，并对每一个教学元素的有效性行为提出具体要求，作为衡量课堂教学是否有效的参照依据，以期帮助广大教师更好地理解有效教学的内涵，帮助教师更好地掌握有效教学活动的客观规律。

1. 目标定位

准确把握课程标准，设定科学合理的教学目标。教师应进一步增强目标意识，整合知识与技能、过程与方法、情感态度与价值观三维目标的学科要义，既要体现统一的要求和标准，又要切合学生实际，依据学科特点，进一步厘清学年、单元、课时目标的层级关系，明确学段要求，把握教学梯度，准确定位，设计具体、明确、可观察、可测量的课

时目标。

2. 预习检查

用心设计预习任务，认真检查预习效果。教师应引导学生找到已会点和疑难点，依据自身经验进行预习，帮助学生形成自己独特的体验和感受，为掌握新知识做好充分的准备。教师应依据检查情况"以学定教"，及时调整教学方案，准确把握教学起点，使教学更具针对性。

3. 课堂导入

精心设计课堂导入，有效激发学生兴趣。课堂导入的设计要能够引起注意，使学生迅速集中注意力；铺设桥梁，衔接新知与旧知；揭示课题，体现教学意图；沟通感情，创设学习情境。教师应在教学实践中，根据不同课型与内容，灵活运用导入方法，坚持既有创意又切合学情；用时恰当，不占据过多的教学时间；坚持课堂导入是课堂教学的一个有机组成部分，不游离于教学内容。

4. 资源选用

积极开发教学资源，围绕教学目标合理选用资源。教师要准确解读教材，创造性地使用教材，把教材作为最主要的课程资源之一，并结合实际进行有效拓展；体现教师的资源价值，尊重学生的生活经验，充分挖掘地方和校本特色资源、学科优势资源；在了解学生需求的基础上，把握资源选取的方向，确定资源选取的范围，突破资源选取的难点，确定资源呈现的方式，获取资源利用的实效。

5. 提问设计

明确问题的指向，整体设计富有思维含量的问题。教师要在深刻理解教学内容，充分了解学生已有知识和生活经验的基础上设问；要问教学重点难点、教学突破口、新旧知识连接处、教学概念易混淆处、内容归纳总结处；要问得有技巧，问出学生的问题意识、质疑能力、探索及解决问题的方法；要引导与鼓励学生大胆提问，鼓励学生提出有价值的问题；要把握提问时机与频度，根据问题的难易度，给不同学习程度的学生回答的机会。

6. 理答策略

针对学生回答问题的质态，及时做出判断与点拨。教师提问后要给学生留出思考的时间和空间，适度等待，耐心候答，专心倾听；根据学生在回答问题的程度，迅速分析学生在回答中暴露的问题，适时、适度进行补问、追问、梳理、纠偏、订正；帮助学生厘清思路，教给他们思维方法与回答问题的技巧。

7. 重点难点

根据教学目标与内容确定教学重点，根据学生的知识基础与理解能力确定教学难点。教师应在教学过程中不失时机地引导学生感知、辨析重点与难点知识，并依据学生的学习状况灵活地调整教学重难点；要突出重点，将重点作为核心内容展开教学活动，注重讲练结合，提升巩固率；对教学难点要讲清、讲明、讲透，要善于利用感性材料，引导学生采用类比、归纳等方法突破难点。

8. 学习方式

根据具体的教学要求，选择自主、合作、探究的有效方式。教师应尊重学生个体差异，强化学生自我更新、自我指导、自我监控的意识；要对讨论、竞赛、辩论、案例研究等合作学习加强管理与调控，及时处理合作过程中生成的问题，正确评价合作学习的成果；要善于创设问题情境，注意将现实生活中的真实问题引入课堂，激发学生探究的兴趣，鼓励学生质疑、提问、猜想，以培养学生的创新意识；要通过准确的讲解、示范、演示等方法引导学生进行有意义的接受式学习。

9. 媒体应用

恰当选用教学媒体，适时有效地辅助教学。教师根据教学目的、教学内容、学生特点与教学条件，既要熟练掌握投影仪、计算机等现代媒体的应用技术，也要重视纸质文本、挂图、标本、模型等传统媒体的应用。教学课件要体现新课程理念，要有利于教学重难点的突破，要有良好的交互性能；注重演示与讲解结合，提高学科利用媒体辅助教学的实效，积极探索网络教学模式，尝试将信息技术作为课堂教学获取素材、

讨论交流、表达成果的平台。

10. 评价反馈

即时反馈课堂学习效果，突出诊断、导向与激励评价功能。教师要遵循定量与定性评价相结合、自评与他评相结合的原则，对学生在学习过程中的观察、实验、讨论等活动以及从中表现出来的学习习惯、学习品质等给予恰如其分的评价。评价反馈既要肯定学生的思维优势与进步，也要有智慧地指出学生在学习进程中表现出来的不足与问题，并提出改进建议。

11. 板书呈现

注重设计板书的内容与形式，有效体现教学思路与结构。板书内容要科学地概括教学要点、突出重点与难点；板书字体要醒目、清晰、美观；板书过程要动态地展示学生学习认知的逻辑顺序。教师应根据教学需求与自身特长，合理采用纲目式、表格式、图解式等板书形式；要规范正板书与副板书的版面位置，尽可能保留正板书内容；要适当安排学生板书的时间与空间，并给予准确的点评。

12. 时间分配

合理安排教学时间，优化教学流程。教师应根据教育心理规律和学科知识特点，整体规划教学流程，准确把握最佳授课时机，充分利用学生的有效学习时间。教师的"讲"要讲在重点处、难点处、疑点处、易错处，给学生留有足够的阅读、思考、质疑、讨论、练习和展示的机会。导入、讲授、讨论、活动、练习、总结、作业布置等各教学环节占用的时间要恰当、适宜，杜绝拖堂现象。

13. 学生状态

激活学生主体，提高课堂学习的参与度。教师应营造良好的学习氛围，充分调动学生学习的积极性，关注学生参与课堂学习的广度、深度与自觉性，引领学生在课堂上精神饱满、情趣盎然、积极主动地进行实践、思考、探索、交流，帮助学生获得知识、形成技能、发展思维，帮助学生始终保持良好的学习状态：有强烈的学习动机，有适切的学习方法，有浓厚的学习兴趣。

14. 作业训练

整体规划作业方案，有效巩固课堂教学。教师应根据教学内容精心设计作业题，准确把握内容的科学性、难度的层次性、题目的趣味性、用时的合理性，注重举一反三，有效促使学生掌握知识、形成技能、发展智力、培养能力、养成良好的学习习惯，坚决杜绝牺牲学生身心健康、扼杀学生学习兴趣的"题海战术"；先做题后布置作业，做到有作业、有检查、有批阅、有记录，及时分析学生作业中存在的问题，并针对存在的问题制定相应的矫正或补救措施，通过作业批改与分析，掌握教学情况，反馈教学效果，调整教学措施。

15. 目标达成

自觉反观预设目标，及时反思教学成效。新课程强调教师施行反思性教学。教师要反思教学目标、教学方法、课堂结构、教学设计、时间安排及其对学生学习方法的指导是否有效。教师通过在课堂上听学生答问，查学生练习，看学生操作等途径，获取学生真正理解、掌握、运用知识的程度和判定学生获得基本技能的实际水平，看不同层次的学生是否在原有水平上得到不同程度、不同方面的收获和提高，看认知、过程、体验的目标达成率。

（二）课堂教学行为的基本标准

课堂教学行为是课堂教学过程中显性的、可观察的活动形式，它直接影响教学质量的高低。如前所述，基于系统论原理进行课堂行为解构分析，以地理学科为例，课堂教学行为体系由4个维度17项指标构成。以此体系为框架，我们研制了每一项指标的具体标准作为教学行为的评价依据。

1. 地理原理讲解行为标准

(1) 语义准确，语词流畅

语音以普通话为准，保证学生听清楚每个字。要准确使用地理专业

术语，避免用日常生活词汇误导学生，防止使用笼统和容易引起歧义的词汇。为表达连贯流畅，要将书面语言转换为适合自己个性的口头语言，尽量使用短句子，切忌带"口头禅"讲课。讲述语速应稍慢于日常生活中的讲话速度，每分钟200字左右。

(2)运用"规则—例证—规则"程式讲解

在讲述过程中，尤其是讲述新概念、新原理时，运用"规则—例证—规则"程式向学生提供足够的肯定例证和否定例证，即先给出一个规则，然后给出规则的例子，紧接着重复规则。所谓肯定例证，是指包含关键特征的例证，其中隐含着最利于概括的信息；而否定例证是指不包含关键特征的例证，它隐含了最利于辨别的信息。

(3)有意识地使用连接词

连接词可以恰当表述各部分思想之间、句子之间、短语之间的关系。使用连接词还可以适时提醒学生信息中哪些部分或方面是重要的。

(4)适当运用肢体语言

讲述时应该运用身体各个部位的配合动作，生动地对学生"说话"。运用眼神与学生交流，直视学生会让他们感觉认真听讲的重要性，注视一个学生的时间通常以3~5秒为宜。运用面部表情向学生传达情绪，渲染积极的学习氛围。运用身体动作强调重要观点或引入新话题。运用富有表现力的手势，使讲述更富有感染力。

2. 地理板书、板图与板画行为标准

(1)板书行为标准

①精心构思，逻辑清晰：板书设计要求科学、醒目、易记，能够使整节课的教学思路和知识的逻辑联系完整地呈现出来，这样的板书才能真正成为提高课堂教学效率的有效工具。②语句简明，重点突出：课堂教学的时间有限，所以板书提倡语句简明扼要。有些知识点只要写出关键词即可，这样既能节约时间，也能突出重点。③字迹工整，美观大方：板书的书写过程中文字要紧凑，字体要匀称、协调，避免字体过草、过小。好的板书必然是完整的、美观的、大方的。④板面干净，布

局合理：充分利用黑板的有限空间，使整个教学板书内容的条理性强，清晰度高。板书过程注意保持板面干净，避免乱涂乱画，这样有助于培养学生的审美能力。

(2)板图行为标准

①化繁为简，切中要点：大胆剪裁与教学无关的内容，详略得当，突出教学要点；客观地反映地理事物，从而揭示本质和规律，便于学生对所学知识的掌握。②层次渐进，呈现有序：一般的地图总是把知识全貌一下子呈现出来致使学生无所适从。板图行为通过逐步讲绘使教学内容渐次出现，以利于由浅入深、由简到繁传授知识，要避免全盘托出而分散学生注意力。③化静为动，讲绘协调：板图可以将地图由静变动，吸引学生的注意力。讲绘协调更使"哑图"变为"活图"，利于学生多方面感知知识。在绘图的同时要注意引导和启发，不要为了板图而板图。④力求准确，科学规范：虽然板图以简略为先，但离开了科学性和准确性就将失去意义；图例注记的规范要与教材统一，避免误导学生。

(3)板画行为标准

①高度概括，简要明了：板画多以简笔画的形式呈现，要具有高度的概括性，不但要求所画的图在短时间内能完成，而且能够说明问题。②强化重点，突破难点：教师在认真钻研教材和大纲，切实掌握教材的重点、难点及知识的内在联系、因果关系的前提下，有目的地设计板画来突破重难点才能保证板画教学的有效性。③化文为图，清晰悦目：图形与文字相比，具有很强的表现力。学生对图形的记忆较对文字的记忆更快。教师若将地理知识的文字内容通过图画的形式表现出来，能有效减轻学生的学习负担。④形象生动，富有趣味：板画形象生动，有利于调动学生学习的积极性，给学生以趣味性和艺术美感享受，从而消除听课疲劳感，提高学习效率。

3. 地理图像解读行为标准

(1)环节要有序

地理图像解读可按照"呈图—指图—读图—析图"的程序依次展开，

重点是培养学生的读图技能，引导学生充分利用图像建构知识。

（2）选图要合适

教师要能够选择与地理教学目标相匹配的地理图文资料，选取的地理图表在具有科学性、区域性等的前提下，要生动有趣，使主题表达更鲜明。

（3）指图要规范

教师要结合课堂教学内容确定恰当的呈图顺序，培养学生读取比例尺、方向、图例和注记等地图要素的习惯。

（4）读图要准确

教师要能够准确指导分布图、原理图、统计图、景观图、等值线图、思维导图等不同图像的读图程序；要结合学生的认知水平对地理图像中的点、线、面信息准确指示，从地理图像中获取有效的显性信息，挖掘必要的隐形信息。

（5）析图要深入

教师要结合探究问题，通过讨论、练习等活动，引导学生对获取的图像信息进行图文转换，揭示图像信息的时间变化特征和空间差异特征，归纳地理原理和规律，或者用地理原理和规律加以解析。

4. 地理思维结构表达行为标准

（1）地理认识方式的思维结构

教师运用"五W"原则进行地理思维认知，如图1-5所示，阐述地理事件与现象的"具体特征"，可从表象与本质两方面加以说明；"地域分布"则要在了解分布范围的基础上，总结其分布规律；关于"形成原因"的分析，则应该从自然原因与人文原因两方面加以探讨；对"解决措施"的思考，是指在分析地理事象产生利弊影响的基础上，再提出可持续发展的措施。

（2）地理知识系统的思维结构

思维建模的学习不是将注意力集中在单个知识点上，而是将内容作为一个系统来学习，这样学生才能形成对学习内容更为整体的认识，并关注到系统以及系统内部的相互关系。

(3)地理问题解决的思维结构

如果将问题空间描绘成可视化的模型，则问题解决的过程就是一个思维建模的过程，其基本流程如图1-7所示。为了成功地解决问题，教师必须引导学生在心里构造一个问题空间。问题空间的建立需要对问题相关因素及其特定关系进行分析、筛选、推理而完成。学生要将中心问题分解成各个层次的子问题，并通过系统建模厘清中心问题及其子问题之间的逻辑关系。

(4)地理思维建模工具

学生使用不同的思维工具建构思维模型，有助于对自己的思维过程进行显化与协调。教师要帮助学生掌握常用的思维工具，如思维导图、概念图、地图、统计图表等。

5. 地理实验行为标准

(1)实验目的具有明确性

教师要在恰当的时机明确告知学生实验设计的目的。实验应该是为突破教学重难点而设计的，或者是为了向学生模拟难以观察到的地理形成过程而设计的。

(2)实验内容具有启发性

教师要引导学生在实验过程中发现问题，并能够对现象、结果进行分析，从而获得地理概念和原理，也就是能够让学生通过实验从感性认识上升到理性认识。

(3)实验设计具有可操作性

实验设计应从实际出发，考虑学校、学生的条件，尽量选择日常生活中可找到的简易器材做实验，而且难度不宜过大，不能为了做实验而设计高难度的复杂实验，以免弄巧成拙。

(4)实验过程具有条理性

实验的准备工作要充分。教师指导学生的演示实验要展示操作步骤，要让学生理解每一步骤的意图，要指导学生认真观察实验现象，及时记录实验数据。

6. 地理信息技术应用行为标准

遥感(RS)技术的应用要结合实例，通过遥感图片的展示，引导学生了解遥感技术在资源普查、环境和灾害监测中的应用，加深学生对遥感技术的感性认识。

全球定位(GPS、BDS)技术的应用要运用定位仪。教师应结合具体实例，如车载导航仪等，重点介绍贴近学生生活实际的应用功能。

地理信息系统(GIS)的应用要指导学生浏览和操作电子地图，查询城镇、交通、旅游等信息，结合实例展示其在城市管理中的功能。

数字地球的应用要收集与人们日常生活相关的有关数字地球的材料，帮助学生知道数字地球建设的意义及可能带来的影响。

7. 纸媒教材应用行为标准

(1) 准备教材

教科书等教材是教师课堂教学的重要资源。课前教师应检查学生的教科书、导学案等教材是否准备齐全，引导学生做好学习准备。

(2) 使用教材

教师应将教科书等教材视为教学的主要载体，提醒学生本节课的内容在教材的第几单元第几节第几页，分析本课教材在整个课程体系中的作用和地位，弄清各教学要点之间的逻辑关系。

(3) 解读教材

教师应提示学生有目的地阅读或朗读教材，重视教材中的重要图片和文字介绍；对教材中的重要文本、图像进行解读，有选择性地使用教材中的各种活动项目；提醒学生重视教科书上的重点知识，指导学生圈画重点内容。

(4) 处理教材

教师应根据学生的认知特点、心理特点和教学的实际情况，对教材内容进行选取、拓展和整合，改进教材中受时效性、地域性影响的素材，对不同版本教材以及其他材料进行有机整合。

8. 多媒体课件应用行为标准

(1) 熟练操作

教师应能熟练操作多媒体设备，掌握基本的使用方法和故障排除方法，恰当运用多媒体课件。

(2) 辅助教学

多媒体课件只能起到辅助教学的作用，不能取代教师的作用，只能辅助教师的教，辅助学生的学。因此，教师不能省略板书、板图和板画等传统媒体，忽略教师与学生之间的互动交流。

(3) 运用适宜

教师应适当运用多媒体课件创设情境，使学生通过多个感觉器官获取相关信息，提高教学信息的传播效率，增强教学的积极性、生动性和创造性，给学生留有一定的时间和空间去理解、思考、交流和质疑。

(4) 运用适时

课件的图像、声音、文字等的呈现要恰到好处，把握好时机。一般来说，教材中难以用言语表达、学生缺少感性认识而难以领悟的知识，利用多媒体演示能起到画龙点睛的作用，能够激活学生的思维。

9. 电子白板应用行为标准

(1) 准确定位

教师首次使用电子白板时应进行定位操作，保证指尖或笔尖与光标点一致。

(2) 灵活运用

教师应熟练使用手势或光笔，掌握交互模式、标注模式、白板模式下的各工具的使用方法。

(3) 开发课件

教师应借助白板内的资源库与网络资源，整合文字、图片、音频、视频、动画，巧用各种工具，制作美观、醒目、可叠加图层、交互性强的课件。

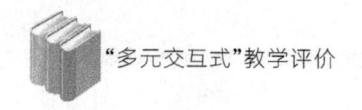

(4)及时储存

生成性页面与课件适时储存，丰富资源库。

(5)细心维护

避免让磁铁与锐物接触白板，清洁板面时要退出程序，避免用干布擦洗，要使用白板清洁剂擦拭污渍。

10. 课堂提问行为标准

(1)遵循规律

遵循认知规律，难易适中，有一定坡度和层次。

(2)指向明确

提问必须明确、具体，没有歧义，不能空泛。

(3)频数合理

每节课以平均2～3分钟提出一个问题为宜；低年级问题可多于高年级。

(4)措辞恰当

营造平等、民主的课堂气氛；用语可简洁明快，或充满哲理，或诗情画意，或幽默风趣等。

(5)时机适宜

在"不愤不启，不悱不发"时提问，或在课堂环节转换之时提问。

(6)内容系统

提问内容有逻辑性，形成问题链；应多追问与补问，多提出激发思维活力的开放性问题。

11. 课堂理答行为标准

(1)耐心倾听

教师不随意打断学生的发言，尽可能让学生将话讲完，尤其是当学生的回答与教师所想的标准答案不吻合时，更要认真听学生所讲，从中发现学生智慧的火花。当学生思维受阻，一时反映不出时教师要耐心等待，不能随意更换发言的学生，否则会挫伤学生参与课堂活动的积极性。教师应在倾听中敏锐判断答案的正误优劣，梳理学生的思维脉络并及时回应。

(2)杜绝错误

对学生发言进行评价、分析时不犯科学性错误,尤其是学生的发言超出教师应对能力时,更不能草率肯定或否定,也不能置之不理。

(3)评价中肯

评价措辞要恰当,以激励为主,不夸大其词,不空泛;尽可能用委婉、风趣的方式纠正学生的错误,或引导学生重新思考。

(4)引领思维

理答过程中可以用追问、补问方法促进学生深入、全面地思考问题;用转问法发动更多学生参与问题的思考;用反问方法引导学生自我反思、走出误区、积极寻找正确答案。反问还可以培养学生的批判性思维。

(5)掌握方法

当学生有精彩回答时,应巧妙引导其反思得到答案的思维过程,让其阐述思维过程,使其他同学从中受益,领会其方法。

(6)多元理答

教师理答方式要多样化,还要引导学生相互进行多向交互评议和分析。

12. 课堂检测行为标准

(1)时机恰当

依据学生的学情和学习内容,教师可以在课前进行学前诊断,可以在课中进行讲练结合,也可以在新授课结束后进行当堂反馈。

(2)方法多元

检测形式可以是试题式,也可以是口头提问、默写、图表绘制、动手演示或实验,或者是给出材料让学生命题等方式。

(3)要求明确

检测时教师应对学生提出明确的答题要求,包括检测的时长、答题方式等。检测内容和检测手段必须有一定的信度、效度、难度。

(4)加强监控

在学生答题时,教师应进行巡视,及时监控学生的答题情况,及时发现学生的典型错误。教师可以进行错题统计和分析,并做好补偿教学

的准备。

13. 课堂反馈行为标准

(1)及时反馈

在课堂交流中，教师对讨论的问题和学生的回答要及时进行修正或肯定；作业或检测之后，应及时认真批改，及时反馈；在认真分析错题、错因的基础上趁热打铁，在全班评讲共性问题，对个性问题进行个别辅导。

(2)科学诊断

教师应发挥课堂反馈的科学诊断作用，如让答题中表现出色的学生回顾思考过程，让答题中出现错误的学生暴露思维误区。对于典型错误，教师应让学生主动再现答题的思路，然后师生共同点评其思维误区，必要时可以发动学生进行讨论，激励学生勇于发表自己的观点，积极参与争辩，使纠错在互动中进行。

(3)举一反三

教师要善于"借题发挥"，注意同类事物的比较和归纳，运用正迁移法，进行变式训练，促使学生由此及彼，进行自我纠错。

14. 维持学习规则行为标准

(1)明确要求

教师在课前明确提出课堂纪律与学习规则，引导学生认识到良好的学习环境对每一个人都十分重要，在制订学习规则时形成共识。

(2)严格执行

教师督查学生的学习规范，并让学生参与纪律的执行、组织和检查，持之以恒，用心引导，逐步让学生在教师指导下学会自我控制、自我评价、自我改进，使学生做到自律与他律的统一。

(3)加强沟通

教师对于违反课堂纪律和学习规则的学生应当堂矫正、及时沟通并加强教育，分析其违规行为对本人和集体的危害，杜绝此类错误的发生。

15. 课堂时间管理行为标准

(1) 十分珍惜教学时间

准时上课，不迟到，不早退，不在上课过程中接打电话、会客、处理私事，不占用教学时间批评学生。

(2) 合理分配教学时间

合理分配教师主导的活动时间和学生独立探究的活动时间。教师的"讲"要讲在重点处、难点处、疑点处、易错处，给学生留出足够的阅读、思考、质疑、讨论、练习和展示的时间。以教师为主的活动所占时间一般不应超过 25 分钟。

(3) 优化课堂管理时间

准确把握最佳授课时机，充分利用学生的有效学习时间。导入、讲授、讨论、活动、练习、总结、作业布置等各教学环节占用的时间恰当、适宜，杜绝拖堂现象。

16. 合作讨论指导行为标准

(1) 协助建组

教师应在综合考虑学生学习能力、性格爱好、性别组成等因素的基础上，按照"组间同质、组内异质"的原则进行分组，即不同小组的总体构成特征具有相似性，而同一小组内部成员之间具有个性差异，每小组以 4~6 人为宜。

(2) 分配角色

小组建成后，教师协助大家进行分工，确定小组长、记录员、观察员、纪律管理员、汇报员等角色。每一成员都应发挥自身特长，充当数个角色，并明确自己的责任。

(3) 商定合作规则

教师需要与学生共同商量，制定一份合作学习章程，让大家共同遵守。

(4) 处理生成问题

教师要走到学生中，密切关注每个小组的活动状况，做到全程监控、及时指导、适时干预；当学生学习遇到障碍时，要及时点拨和指

导，使其沿着讨论轨道运转，而不是直接给出标准答案；当学生在合作中出现冲突时，要讲清道理，引导学生学会倾听，学会尊重；当学习能力弱的学生不乐于表达观点或逃避责任时，要培养其自信心，可采取轮流说、轮流写的技术鼓励其参与活动；当小组喧哗、吵闹时，要发挥纪律管理员的作用，并利用评价杠杆进行协调，及时表扬守纪高效的小组，对纪律较乱的小组提出中肯的意见。

(5) 评估小组学业成绩

教师应遵循定量评价与定性评价相结合、自评与他评相结合的原则，采用预先设计的评价表，对小组协作的质量、个体对小组的贡献、最终的学习成绩等方面进行评估，并采用等级评分与质性评语相结合的呈现方式。

17. 突出事件处理行为标准

(1) 采取的方法要因人而异

教师要充分了解学生的个性品质、家庭背景。有的学生性格内向，不爱说话，自尊心很强；有的学生属于外向型，活泼开朗；有的学生来自单亲家庭。所以教师的教育方法要因人而异。

(2) 采取的手段要多样化

教师应尽量利用无声的眼神、表情、动作与有声的语言配合，采取多样的方法进行教育，尽量使学生在心理上获得认同感，并要防止学生出现行为上的反复。

(3) 采取的语言要准确恰当

教师对学生出现的问题，判断要准，要做到"一针见血"，使用的语言要恰当准确，不能讽刺挖苦。评价要恰当准确，切合学生的实际，不能伤害学生的自尊心，以免引起学生的逆反心理和全体同学的反感。

(4) 课后处理问题要即时到位

对于课上不能处理的问题，教师可明确说明放在课后处理，但一定要做到及时到位，切不可拖延。

（三）学生学业质量的评价标准

学业质量评价重在评价学生的达标程度，目的不在于划等分类，不在于将某一个学生的成绩与他人成绩或班级平均分比较，而在于检测学生达到课程标准所规定的"内容标准"的程度。下文依然以地理学科为例，说明学业质量评价标准的确立。

1. 地理学业质量"三维"评价标准

学业质量评价标准应与教学的三维目标保持一致，实现标准、教学与评价的一体化。

(1)对地理知识与技能的评价应准确理解各级行为动词的要求

地理知识与技能是构筑整个地理课程的基础，也就是常说的地理"双基"。我们在确定评价标准时要依据课程标准的行为动词来规定学生所应达到的水平。

对地理知识的评价是指对地理基本事实、概念、原理、规律的识记、理解与应用状况进行评定。新课程更强调对学生地理知识理解和应用状况的评价，主要衡量学生的理解能力和在解决实际问题中运用已学知识的能力。理解能力的评价主要看学生对地理概念、原理、规律的表述状况；知识运用能力的评价主要看学生能否激活所储存的已学知识，能否将相关知识迁移到具体情境之中。识记、理解、应用是地理知识评价的三个水平，其评价的具体要求如表 4-1 所示。

表 4-1 地理知识水平的评价

地理知识水平	评价要点
识记	快速、准确地再认或回忆学过的地理基础知识。
理解	1. 用自己的语言正确表达和解释地理概念及地理事象的成因和原理； 2. 利用相关信息概括说明地理事象的变化及特征； 3. 对相关概念、地理事物及区域进行比较； 4. 将一种表达方式变换成另一种表达方式。
应用	1. 准确、恰当地选用地理概念、原理等对新情境进行合理解释、说明、评价； 2. 运用所学知识解决实际问题。

"多元交互式"教学评价

从地理课程的总目标看，地理知识的评价内容包括以下几个方面：①理解地理学科基本、核心的概念或结论；②了解并识别地理事物的空间结构、功能和作用；③根据文字、图表、数据等背景材料，分析并理解地理事物发展变化的过程；④根据文字、图表、数据等背景材料，理解人类赖以生存的自然地理环境的主要特征，以及自然地理环境各要素之间的相互关系；⑤了解人类活动对地理环境的影响，理解人文地理环境的形成和特点，认识可持续发展的意义及主要途径；⑥认识区域差异，了解区域可持续发展面临的主要问题和解决途径。

评价学生地理技能的形成与运用状况，主要考查学生对各种地理技能的功能、方法和要领的了解程度，选择应用地理技能的合理程度，运用地理技能的熟练程度，以及应用地理技能所取得的学习和研究成果的正确程度和实际价值。最基础的地理技能包括阅读、分析和填绘地理图表，进行地理计算等。评价要求如表 4-2 所示。

表 4-2 地理技能水平的评价

地理技能水平	评价要点
阅读、分析地理图表	1. 认识与判读地图上的方向和常用图例、注记； 2. 熟练判读各种比例尺的地图及地形剖面图； 3. 熟练使用和说明有关等值线图、示意图、景观图像、地理统计图表等； 4. 正确理解地理图表所表述的地理信息的含义，并进行逻辑推理和综合判断，找出图中所蕴含的地理事物或现象的原理和规律。
填绘地理图表	1. 掌握填绘地理图表的原则和要求； 2. 在地图上填绘重要地理事物的位置或分布区； 3. 根据地理统计数据选取合适的形式绘制地理图表。
地理计算	1. 根据学习内容合理选用计算公式； 2. 熟练掌握地理运算原理与技巧； 3. 快速、准确地进行运算。

(2)对地理过程与方法的评价应关注思维能力与运用能力的考核

发展性地理学业质量评价特别强调对学习过程的评价,关于这点前文已有阐述,此处主要分析地理学习方法的评价。

对地理学习方法的评价,应重点了解学生对地理观测与调查、区域分析与综合、地理比较、地理实验等常用地理研究方法的领悟、掌握状况和运用水平。评价标准:一是评价学生是否了解地理方法运用的步骤、要领;二是评价学生能否灵活运用正确的地理方法分析和解决问题。总体来看,地理学习方法的评价要求如表4-3所示。

表4-3 地理学习方法的评价

地理学习方法	评价要点
地理观测与调查	1. 掌握一般的地理观测与调查的原则和方法; 2. 制定合理的地理观测与调查的方案和步骤; 3. 根据实际情况选择和使用地理观测仪器; 4. 在地理观测与调查的过程中进行有效记录; 5. 对地理观测与调查的资料进行整理、分析,得出结论; 6. 以恰当的形式表达地理观测与调查的结果。
区域分析与综合	1. 掌握区域自然环境与人文环境的基本组成要素; 2. 根据区域的各组成要素分析区域特征; 3. 认识区域各要素特征之间的关联性与整体性。
地理比较	1. 确定地理比较的项目与标准; 2. 运用"比同"或"比异"的方法比较地理事物间的共同点与不同点; 3. 运用比较的方法说明同一地理事物在不同发展阶段的特点。
地理实验	1. 根据要求利用身边的材料设计地理实验方案; 2. 根据实验目的,选择实验器材,确定实验方法; 3. 熟练使用常见的地理实验器材; 4. 实验步骤有序,认真记录和收集实验信息。

(3)对地理情感态度与价值观的评价应关注学习态度与价值观念的考核

情感态度与价值观是学生全面发展的重要组成部分,它主要体现为

学生解决地理问题时的态度和处理方法。地理教育应把对学生的兴趣、好奇心的培养与地理观念的培养相结合，使学生懂得尊重周围的生态环境，树立实事求是的科学态度和科学精神。实际上，情感态度与价值观目标应该是课程所追求的终极目标。当学生掌握的地理知识与技能、经历的过程、形成的方法，最终都升华为情感态度与价值观，升华为意识、观念、责任、习惯时，学生就具备了终身发展的地理能力。

情感态度与价值观的评价应该渗透在地理学习过程中进行，主要使用观察与调查分析的方法。《普通高中地理课程标准（实验）》指出："要注意观察学生在日常行为和学习活动中的表现，搜集评价信息，为进行有针对性的评价提供依据。"总体上看，评价学生的情感态度与价值观应该从学生对地理学科的认识、地理科学精神与态度、对地理环境与社会的态度与责任感等方面进行。具体评价要求见表4-4。

表4-4　地理情感态度与价值观的评价

地理情感态度与价值观	评价要点
对地理学科的认识	1. 具有强烈的地理学习兴趣与学习动机； 2. 积极参与课堂教学活动，主动回答教师的提问； 3. 认真完成各项地理作业，主动阅读有关的地理课外读物； 4. 体会地理学与现实生活的密切联系和地理学的应用价值。
地理科学精神与态度	1. 获取的观测、实验数据与调查的地理资料准确、有效； 2. 在观察、调查、实验和报告撰写中做到严谨踏实、条理清晰； 3. 善于发现问题、提出问题，提出解决问题的基本方法； 4. 遇到矛盾时具有实事求是、坚持真理、勇于创新的科学精神。
对地理环境与社会的态度与责任感	1. 形成正确的人地观和可持续发展观； 2. 形成环境、资源的保护意识和法制意识； 3. 具有对社会和自然环境的责任感，并转化为自觉行为； 4. 具有热爱家乡、热爱祖国的情感与行为。

此外，我们确定具体学习内容的评价标准时，需要依据课程标准，将知识与技能、过程与方法、情感态度与价值观三个方面的学习要点列

举出来，再对每个要点的学生行为表现进行描述，尽量做到对每个要点的描述是可观察和可测的。这样，通过对照学生的行为表现与学习评价标准的接近性或差距，对学生的学习质量做出相应的价值判断。例如，高中地理必修1第一单元的学业标准如下。

内容标准：①知道地球所处的宇宙环境，理解地球是太阳系中一颗既普通又特殊的行星；②有条理地阐述太阳对地球的有利影响与不利影响；③正确理解地球自转与公转运动的地理意义。

能力标准：①学会观察太阳、月球的视运动现象，说出其运动的时空规律并分析其成因；②运用教具、学具，或通过计算机模拟，演示地球的自转与公转，解释昼夜更替与四季形成的原因；③掌握在地图上和在野外辨别方向的方法。

情感标准：①形成科学的宇宙观；②具有热爱地球、珍爱生命的情感。

2. 基于地理核心素养的学业水平标准

2014年教育部《关于全面深化课程改革　落实立德树人根本任务的意见》首次提出"研究制定学生发展核心素养体系"，并明确要求将学科核心素养写进课程标准。[①] 自此，学生核心素养的确立与标准研究成为一大热点。《普通高中地理课程标准(2017年版)》指出："地理核心素养是指学生经过地理学习后所形成的、具有地理学科特性的必备品格和关键能力。具体来说，就是学生能够从地理学的观点来观察事物和现象，并且运用地理学的技能和方法来解决问题的内在涵养。"地理学科最终确立的四大核心素养为人地协调观、综合思维、区域认知、地理实践力。这四大核心素养的养成是地理课程追求的目标，也是地理学业水平评价的关键指标。该标准将地理核心素养进行不同水平层次的划分是一大创新，是以人为本的差异性教学思想的明显体现。

(1)人地协调观的学科核心素养水平标准

水平1：能够结合简单、熟悉的地理事象，认识人类活动要在一定

[①] 韦志榕：《与老师们谈谈地理核心素养》，载《地理教育》，2016(4)。

的地理环境中开展；能够简单辨识人们生产活动和生活习惯与地理环境之间的联系，说明人类对环境施加影响的方式及其带来的影响。

水平2：能够结合给定的简单地理事象，理解人类影响地理环境的主要方式，阐述人类活动对地理环境的积极与消极影响；认识人类活动要遵循自然规律，与自然和谐相处，理解人地协调发展的重要性。

水平3：能够通过给定的复杂地理事象，认识地理环境对人类活动的影响以及人类活动影响环境的方式和强度；理解自然资源和地理环境满足人类需要的潜力及有限性。

水平4：能够通过对现实中人地关系地域系统的简要分析，理解区域中人口、资源、环境、发展之间的相互关系，理解人地关系是对立统一的；评价分析人地关系中存在的问题。

(2)综合思维的学科核心素养水平标准

水平1：能够说出简单、熟悉的地理事象所包含的相关要素，并能从两个地理要素相互作用的角度进行分析。

水平2：能够对给定的地理事象，从多个地理要素相互影响、相互制约的角度进行分析；能够结合时空变化，对其发生、发展进行分析，给出简要的地域性解释。

水平3：能够结合给定的复杂地理事象，综合各要素，系统分析其相互影响、相互制约的关系，从时空综合维度对其发生、发展和演化进行分析，给出合理的地域性解释。

水平4：能够对现实中地理事象，如自然环境的变化、区域发展、资源环境与国家安全问题等，运用要素综合、时空综合、地方综合的分析思路，对其进行系统性、地域性的解释。

(3)区域认知的学科核心素养水平标准

水平1：能够根据提示，将简单、熟悉的地理现象置于特定区域中加以认识；能够认识和归纳区域特征。

水平2：能够从区域的视角认识给定简单地理事象，收集整理区域重要的信息；能够简单解释区域开发利用方面决策的得失。

水平3：能够结合给定的复杂地理事象，从空间—区域尺度、区域特征、区域联系等认识区域,能够为赞同或质疑某一区域决策提出相关论据。

水平4:能够对现实中的区域地理问题,运用认识区域的方法与工具进行分析;能够较全面地评析某一区域决策的得失,提出较为可行的改进建议。

(4)地理实践力的学科核心素养水平标准

水平1:能够进行初步的观察和调查,获取和处理简单信息,有探索问题的兴趣;能够借助他人的帮助使用地理工具,设计和实施地理实践活动,从体验和反思中学习;能够理解和接受不同的想法,有克服困难的勇气并寻找方法。

水平2:能够进行细微观察和调查,获取和处理信息,有探索问题的兴趣;能够与他人合作使用地理工具,设计和实施较复杂的地理实践活动,主动从体验和反思中学习;能够有自己的想法,有克服困难的勇气和方法。

水平3:能够进行分类观察和调查,获取和处理较复杂的信息,主动发现和探索问题;能够与他人合作设计和实施较复杂的地理实践活动,主动从体验和反思中学习;能够有自己的想法,有克服困难的勇气和方法。

水平4:能够进行较系统的观察和调查,获取和处理的信息。主动发现和探索问题;能够独立设计和实施地理实践活动。主动从体验和反思中学习;能够提出有创造性的想法,有克服困难的勇气和方法。

二、"多元交互式"教学评价的主要方法

(一)课堂教学评价的常用方法

课堂教学评价的方法多种多样,其中经常使用的方法如下所示。

1. 量表评价法

所谓量表评价法就是事先制定一个关于课堂教学评价的量表,在听课过程中,听课教师根据量表上的各项教学要求对所听的课进行打分的评价方法。量表评价法的优点在于评价者必须根据量表提供的各项指标对教学者进行评价,因此评价的视角比较全面、客观。缺点在于教学过

程中的质态有时是很难量化的,或者说数值不能概括课堂发展的所有价值。另外,课堂教学过程中的许多教学因素的优劣,也很难用数量来区分,所以对于课堂教学过程中各个评价指标的划分不宜过分精细。由于量表评价法所确定的数量具有明显的可比性,所以它往往成为各级各类教学评比通用的方法。

量表评价法的定量测算一般用加权求和法,即评价者在参加教学观摩活动之后,根据课堂教学过程的实际情况,按照评价量表的具体要求,给每项评价指标打分。由于各项评价指标的权重不同,所以要先求出各项指标的满分,然后根据各项指标的评价要点及其具体要求,给各项指标直接打出实际得分,最后将各项评价指标的实际得分加总求和,得出总的评价分。

表 4-5 是笔者组织教学竞赛时使用的综合性评价表,以 100 分为满分,将教师"教"的行为与学生"学"的行为分别设立为 50 分,从两个方面共同衡量课堂教学质量。实践表明,此评价表具有 3 个显著的特点:一是从"教"与"学"两方面进行评价,将评价重心放在教师的主导作用和学生的主体地位上;二是评价指标细化,能够诠释新课程的教学理念,对教学设计具有导向作用;三是定性评价与定量评价相结合,为每一项评价指标给出了质性评价要点和满分分值,所以评价者只需确定每项的应得分值,最后计算总分,写出定性的综合评估结论。

表 4-5　课堂教学质量综合效能评价表

执教者		班级		课题		时间	
主导作用评价指标(教师行为)			得分	主体地位评价指标(学生行为)			得分
教学目标(6分)	1. 根据课程标准、教材和学情制定指导性强、利于评价教学效果的三维教学目标。 2. 用恰当方法在适当时间告知学生教学目标。			学习目标(6分)	1. 明白自己的学习任务,知道学什么、怎样学,并具有良好的学习习惯。 2. 根据学习目标确定合理的学习进程、评价自己的学习效果。		

续表

教学内容（10分）	3. 正确把握教材地位，教学重点、难点处理得当，教学内容选取合理，知识和技能科学准确。 4. 自主构建教学资源，适时拓展相关背景材料、国内外时事及生活化资料，支持学生学习。	学习内容（10分）	3. 知道学习的重点和难点，运用已有的知识和技能解决新问题，理解新旧知识间的关联性。 4. 对学习内容有兴趣，有强烈的求知欲，能将学习内容与自身经历、周围世界相联系。	
教学策略（10分）	5. 根据教学内容选用恰当的教法，运用小组交流、竞赛、辩论、游戏等方法吸引学生参与学习。 6. 利用相关资料，精心设计探究活动，为学生创设探讨问题的空间。 7. 利用板书、板图、实验、模型、计算机等高效地辅助教学。	学习策略（10分）	5. 在教师指导下，利用自主、探究、合作等学习方式建构知识。 6. 通过多种形式将搜集、整理、分析出的信息资料用于课堂自学、讨论和解决问题。 7. 利用语言、图表或现代媒体展示学习成果。	
教学过程（16分）	8. 按照教学预设合理地组织教学活动，并根据课堂生成情况及时调整教学计划。 9. 尊重学生，营造积极向上的教学情境，与学生的交互活动民主平等。 10. 课堂提问能激发探究兴趣、促进思维能力发展，能留给学生充分的反思时间和空间，并正确评价学生的学习成果。 11. 体现教师深厚的教学素养、灵活的教学机智、鲜明的教学风格。	学习过程（16分）	8. 能够根据已有的知识和能力，运用有效的学习方法积极探究新的问题，使知识生成水到渠成。 9. 乐于参加学习活动，成功调动手、脑、口等参与学习，与教师、同学之间的关系和谐。 10. 能够质疑问题，大胆提出不同观点，尤其是富有开拓性、创造性的见解。 11. 学习状态表现为思维活跃、兴趣盎然、合作意识强、探究层次深。	

续表

教学效果(8分)	12. 教学预设与生成相得益彰，教学思想与行为有机统一。 13. 进行有效的课堂总结，检测结果表明教学目标达成率高。 14. 教学才能充分施展，享受成功的喜悦。	学习效果(8分)	12. 及时反思认知过程，能够归纳、整理知识结构与思维方法。 13. 形成性测评成绩优良，每一个学生都在原有的基础上得到提高。 14. 享受成功的喜悦，积累学习情感。	
综合评估结论			总分	

2. 交互研讨法

交互研讨法广泛应用于公开教学的评课活动中，是听课者与授课者共同参与的评价活动。

传统的评课忽视授课者的参与，且评课者拥有绝对的话语权。没有授课者对学生情况与教学设计的解释，使得评课者只能通过观察到的课堂活动的表象对教学效果做出诊断，缺少理性的思考和科学的分析。因此，传统评课常出现两种情况：一种是专家的高要求与教学实际之间的反差挫伤教师的自信心，另一种是同行们浮光掠影的赞誉使评价活动缺少深度与效度，以至于所有参与人员获益甚少。

本研究认为评课者与授课者是平等的伙伴关系，应有宽松的和谐氛围、沟通的共享心态。评课过程应建立起一种民主的、建设性的、对话性的伙伴关系，创造能让教师发展的宽松的评课环境，把听课、评课当作一个协商研讨的过程。在这个过程中，大家相互交流、发表观点、互受启发，实现共同提高，这就是交互研讨式的评课要求，其程序如图4-2所示。

教师授课、评课组听课 → 授课者陈述设计思路 → 评课组提问、教学特点研讨 → 评课组合议 → 完成评价表

图 4-2 交互研讨式的评课程序

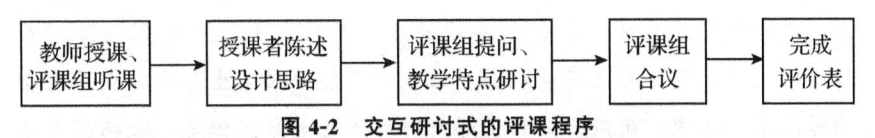

交互研讨法最大的优点是尊重授课者的自我反思，让教师充分阐明自己的设计意图、教学理念、教学方法、教学过程中的得与失。另外，交互研讨法的研讨与对话过程能够充分展现大家的教学思想，使不管授课者还是评课者都能在评议中吸取经验教训，从而用他人之长补己之短。

3. 横向比较法

横向比较法不是针对一节课的教学评价，而是采用比较研究的方法，将多位教师的课堂教学情况进行对比与评价，从而更清晰地看出每节课的优点与缺点，并提出改进问题的建议，以促进教学水平的提高与发展。横向比较法也是教学评价工作中常用的方法。例如，课堂教学竞赛的评比往往预先确定一个相同的课题，然后多位参赛选手分别进行教学设计、现场授课，这也是同课异构的研究过程。接着评审组专家根据听课情况进行评议，决定各选手的等级、名次，这样的评价就运用了同课横向比较法。又如，教育主管部门对学校的教学视导工作，也常使用比较法进行评价、反馈。教学视导是对常态课堂的检查，所以使用的是一种异课横向比较法，主要将课堂教学反映出来的观点、方法等进行归纳，从个性与共性方面提出值得肯定与推介的优点，指出需要改进的问题。

四校高三地理教学专项视导反馈报告（节选，有改动）

本轮教学视导共到达 4 所学校，观察高三专题复习课 9 节。从听课情况看，各校的课堂文化差异显著，且复习课与试题讲评课的教学风格迥异。9 节课中有 3 节课可评为优秀课，这 3 节课的共同特征为教与学的关系融洽，学生主体地位得以体现，学生思维比较活跃。但是，多数课堂上学生学习状态被动，学生基础知识比较薄弱，教学容量小，学生能力提升不明显。下文从 4 个"度"说明课堂教学的质态。

师生交往的和谐度：我认为课堂上师生的地位最能反映教学的理

念，所以将其放在首位分析。各校的课时数比较充足，达到周课时数8~9，这说明复习的主阵地在课堂，我们不能要求学生课后再投入大量的时间学习地理，而应充分利用课堂时间进行学习。但是，除扬州大学附属中学东部分校的课堂外，我们对课堂的总体感觉是"教的课堂"而不是"学的课堂"，教与学的割裂现象严重。我以5位教师的各一节课为例，用一组统计数据(见表4-6)说明师生的关系，发现提出问题与提问人数多的课堂上，学生参与率高，师生关系和谐，学生的中心地位得以彰显。当然这不能绝对说明问题，还要考虑到设问的思维价值，以及学生的回答情况与互动情况。从这两点看，扬州大学附属中学东部分校的学生表现出较好的专业基础与能力，而个别学校的学生基础知识还有大量的缺漏。

表4-6　课堂教学提问情况统计表

教师	甲	乙	丙	丁	戊
提出问题(个)	21	20	16	13	7
提问人数(人)	13	16	10	11	3

教学内容的整合度：从专题复习模式看，教师能够注重知识的整合，并选取典型例题强化解题能力。另外，有经验的教师能注意到前后知识的联系，注意归纳与总结；但年轻教师未能走出一轮复习的套路，使重点与考点不够突出，导致教学进度较慢。从试题讲评模式看，扬州市第一中学的教师有很大进步，注重启发学生分析试题蕴含的考点。但各校都未能彻底摆脱就题讲题的传统思路，个别学校依然采用了教师一讲到底的方式。另外，少数课堂的教学容量过小，浪费了宝贵的学习时间。

教学过程的流畅度：总体看，在认真备课的基础上，各节课的教学过程都比较流畅，都能够利用现代媒体辅助教学，但存在两个问题。一是板书问题：除少数课堂有条理清晰的板书设计外，大多数课堂对板书功能重视不够，个别课堂甚至没有板书，这就导致学生没有做课堂笔记的习惯，使学习过程难以留下痕迹。二是读图问题：地理图片是知识的重要载体，从图片中获取信息是重要的技能。各节课对学生读图能力的培养重视都不够，都以"讲"图为主，而忽略"读"的环节。

教学目标的达成度：课堂教学应始于教学目标的制定，终于教学目标的落实。所有的课都能在上课伊始就明确学习目标，而且目标也与考试说明相吻合，与过去相比这是很明显的进步，说明大家重视了对考试说明的研究。但是，有些课的教学内容与教学过程并没有紧扣目标，特别是难以体现过程与方法目标，存在内容与目标"两张皮"的现象。

简析： 此案例是笔者在扬州任地理教研员期间连续视导4所高中学校后，对当时高三地理课堂教学状况做出的评价报告。报告从师生交往的和谐度、教学内容的整合度、教学过程的流畅度、教学目标的达成度4个方面对9节高三专题复习课进行比较分析，定性说明课堂教学存在的优缺点。这种评价方法在对不同主体进行教学质量评估时被广泛应用。

4. 行为跟进法

行为跟进法是指对个体教师的教学行为进行追踪研究，通过对教师一个阶段的课堂教学情况进行观察、评价，促进其教学水平的提高与发展。行为跟进法常应用于教师专业发展的相关研究活动中。研究者会选定部分教师作为研究对象，长期跟踪听课。每听一节课后，研究者与研究对象共同讨论教学中的成败与得失，并提出修改意见。授课教师在修改的基础上调整自己的教学行为，再进行评价和修改，如此循环进行，使教师的教学思想、教学策略不断得到改进。因此，行为跟进式评价能够迅速提高教师的教学能力，成为培养青年教师的重要途径。

江苏省邗江中学叶慧老师的课堂跟进研究[①]

2013年秋季学期，我们教研组以叶慧老师执教的高三地理一轮复习课"农业生产与地理环境"为课例进行循环跟进式评价研究，共开展3次观课、评课活动，其评价过程如下。

[①] 此案例由南京师范大学数字化教育评价研究中心潘竹娟老师提供。

"多元交互式"教学评价

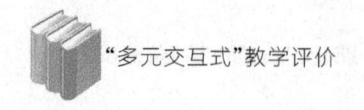

第一次课堂教学评价

在潘竹娟和叶慧两位老师一起依据课程标准、考试说明的要求，根据教材和学情，设计了第一次上课的教学方案后，叶慧老师进行了第一次教学实践。课后教研组立即组织大家研讨，分析课堂教学行为的偏差，并提出修改意见。

第一，本课最突出的问题是问题设计缺乏层次性，未能很好地引导学生由浅入深地主动思考；学生思维活动缺乏深度；课堂层次不清，思路不明。修改建议：课堂问题的预设应与知识体系的构建相结合，在由浅入深地引导学生主动构建知识体系的过程中深入思考一些问题，培养学生的地理思维方法与解题能力。

第二，本课引用了大量图表，较为直观，容量大，综合性强，也便于发散学生思维。但案例太多，重点不突出，令学生眼花缭乱，使学生不能深入思考。修改建议：将农业区位选择与农业地域类型的复习进行整合。教师选择典型地区的农业地域类型进行分析，目的是让学生掌握分析方法，然后让学生自主选择案例，采用小组讨论的方法进行分析与归纳，目的是让学生学会举一反三，并运用所学知识解决实际问题。

第三，教师主导性强，同时学生的主体地位受到忽视。首先，虽然本课紧扣学习目标，教师也在一步步落实，而且设计了很多看似体现学生动脑的问题，但学生是在教师的牵引下被动地接受知识和思考问题的，未能主动积极地发现问题。在学生判断出现失误时，教师用语音语调提示了答案，并不有利于学生自己独立思考。而且在学生发言过程中，教师抢答、插话太多，剥夺了学生的发言权。修改建议：要留有足够的时间让学生自主回顾已学知识，独立完成导学案；鼓励学生提出自学过程中的不懂之处；要引导学生倾听教师和同学的讲话，并从中发现问题；要耐心倾听学生发言，即时记录学生发言的精彩和错误之处，以便恰当评价和即时纠错。

第四，注重与学生互动，鼓励学生积极回答问题，但是评价语言单调。修改建议：教师应根据学生的回答客观、准确、具体地指出学生的长处与不足，语言要简洁明了，不冗长，不含糊；要能抓住时机，引导学生及时反思自己的思维过程，以利学生查找错因和归纳学习方式。

评课活动中，我们还发现一个问题，就是研讨气氛不浓，有"走过场"的味道。整个活动似乎只是执教老师和组长两个人的事情，其他老师只浮在活动的表层。究其原因，一方面是观课教师对叶老师课堂环节不了解，另一方面是课堂上有些老师没有认真观课，造成记录不全面。

第二次课堂教学评价

本次评课活动进行了这样的调整：每位参与者事先做好与执教者互动的准备，并且每一位老师事先都进行备课，先主动思考："假如我来上这样的研究课，我如何预设课堂环节。"同时，我们从教学情境创设、教学问题设计、学生学习活动设计和组织、教学资源利用、教学媒体的应用、学生学习积极性的调动、学生情感的激发、学习方式的改变、思维能力的训练、教学过程的师生互动和生生互动、教师对教育机智的捕捉等方面设计了纸质的课堂观察量表。听课前，我们将量表发给每一位观课教师，让他们在观察量表上记录。

第二次研讨要求所有教师反思两个问题：①这节课成功的教学行为是什么，证据是什么？②所观察的项目存在什么问题，这个问题在整节课中所占比重是多少？结果评课效果大不一样。本次研讨中，观课教师根据观察量表，明确指出执教教师的优秀行为出现多少次，不良行为出现多少次，应该如何改进。大家畅所欲言，有理有据。本次研讨使执教者和评课者双方在这个学习共同体中共同受益，达到了以课例为载体，合作互动、共同对话、共同交流、共同进步的目的。最后研讨活动形成下列修改意见。

①课堂提问的层次性比上节课有明显改进，但还需在创设问题情境，引领学生主动学习、深入思考上下功夫。

②课堂提问类型多样，并且更注重培养学生的分析、论证和归纳能力，但学生运用所学知识解决实际问题的能力和读图、读材料的能力还需进一步提高。

③缺乏相应的变式训练，可以选择经典的高考题培养学生的解题能力。

④与第一次课相比，这节课更加注重评价语言的多样化，注意启发学生相互评价。但教师在指导学生回答问题时不可性急，应杜绝随便打断学生发言的现象，不应随便插话。在学生发言时，教师一定要认真听，并要在黑板的副板书位置随时扼要记录学生发言情况，以便恰当评价学生的答案，即时纠正学生的错误。

⑤可以让学生尝试分析澳大利亚的混合农业模式能否搬到我国温带草原地区，在学生讨论后，再让学生分析农业生产与地理环境的一般规律，使学生深刻理解"因地制宜"的原理。

第三次课堂教学评价

执教教师在第二次教学评价意见的基础上，改进教学设计，改进教学行为，又在另一个班上了同样的课。比起前两次评课活动，本次研修的氛围更加浓厚，取得的效果也更明显。在评课活动中，不仅有同伴议课、骨干评课，还有组长的专题点评。大家在参与过程中提升了研究能力，也使专业素养得到提高，最终形成了以下修改意见。

①备课还需在创设问题情境，在引导学生主动学习、深入思考上下功夫。

②课堂上教师在理答时，除了肯定学生的回答外，还需要加以一定引导。分析阿根廷大牧场放牧业时，一些学生过于热衷于讨论潘帕斯草原的气候类型，此时教师应及时引导学生分析潘帕斯草原的气候特征对大牧场放牧业发展的影响。

③在课堂最后的总结、归纳环节，教师可以引导学生运用思维导图，构建本节课的知识结构，对一些问题如生态农业的意义、如何因地制宜发展生态农业等要能引导学生联系社会实际进行深入思考。

④对学生课堂活动的观察要全面、敏锐，尤其要关注处于边缘位置和边缘状态学生的动向。这些学生往往有一些独到的想法，却因未被教师关注到而归于沉寂，久而久之这些学生的积极性就会丧失，智慧就会消失。

简析：叶慧老师的专业成长非常迅速，这主要得益于教研组同事们长期与她一起开展的课堂行动研究，本案例就是一次典型的证明。在教研组长潘老师的组织下，全组教师一起观课、评课，在第二次、第三次听课活动中还运用了自行设计的观察表获取教学过程中的有效信息，使评估更加客观、理性。三次评估结论既肯定了优点，也指出了存在的偏差性行为问题，并为提出改进教学的措施奠定了基础。

5. 问卷调查法

课堂教学评价离不开评价工具的支撑。常用的评价工具就是评价表与调查问卷，所以问卷调查法在教学评价中也广为应用。一般地说，课堂教学评价的调查问卷分为三种类型。一是教学效果的调查问卷，如在课堂教学结束后教师立即向学生发一份简单的问卷："你对本节课的教学情况感到：A. 很满意　B. 满意　C. 基本满意　D. 不满意。"二是听课者对课堂教学情况的调查问卷，即听课评价表，这是普遍使用的问卷。三是教师自我反思性的调查表，在新课程理念的倡导下，这一调查表已越来越多地被应用于教学评价中。

表 4-7 可以用于课堂教学结束后的学生习得性评价调查，此表易于操作，利于统计，体现了定性评价与定量评价相结合的原则。

表 4-7　课堂教学学生习得性评价调查表

评价项目		习得性评价等级				选项
		A	B	C	D	
学习内容	教材处理的合理性	科学精当	准确有序	有一些合理的加工	照本宣科	
	与实际经验的关联性	密切联系实际，趣味性强	有联系实际的活动	与实际有些许联系	无联系，枯燥	
	重难点的突出程度	很突出	较突出	不够突出	很不突出	

续表

	评价项目	习得性评价等级				选项
		A	B	C	D	
学习过程	课堂情境的激励性	学习兴趣浓厚	感兴趣	平静接受	厌学，气氛沉闷	
	师生关系的和谐程度	非常融洽，双边活动多	融洽，双边活动较多	双边活动较简单	师讲生听，双边交流少	
	教学语言的艺术性	准确，生动，形象	准确，较生动	较准确，较平淡	不准确，平淡	
	学习思维的积极性	主动，活跃，积极	乐于思考，较活跃	思考但不够主动	被动接受	
	学习方法的掌握程度	学法指导科学，效果好	学法指导比较有效	学法指导不够科学	学习不得法，效果差	
	教学媒体的有效性	使用合理，效益好	使用较合理，有效益	使用不太合理有效	媒体单一，效果差	
学习效果	探究问题的达成度	探究中有生成，有成效，有创新	探究中主要问题得以解决	有一些探究内容，解决简单问题	探究内容少，问题解决得少	
	课堂检测题的成绩	优良	良好	一般	较差	
	学习能力的提高程度	提高明显	提高较明显	有一些提高	无明显提高	
质性评语	主要优点					综合等级
	主要缺点					
	我的建议					

注：评价等级采用 A、B、C、D 四级制，其中 A 为优秀，B 为良好，C 为合格，D 为不合格。

需要指出的是，课堂教学评价是一项比较复杂的工作，在实际操作中，一般会运用多种方法对教学情况进行诊断，总体上要体现定性与定量相结合，以及多元化、激励性的评价原则。

（二）学业质量评价的常用方法

评价学生学业质量的方法多种多样，可以从不同视角进行分类。常规的学业质量评价方法包括书面测验法、观察法、谈话法、调查法等。按评价主体划分，学业质量评价法有教师测评（上述的常规评价多属于教师测评）、学生自评、同学互评、家长参评等；按评价过程划分，有诊断性评价、形成性评价、终结性评价等；按学习内容划分，有基本知识与技能评价、研究性学习评价、任务型学习评价、体验型学习评价等；按表现性质划分，有定性评价与定量评价，定性评价如档案袋评价法、表现性评价法、苏格拉底式研讨法等，定量评价如使用量表法、各种考试进行评价等；按地点划分，有课堂学习评价、实地考察评价、网络信息活动评价等。

对学生学业质量评价而言，任何单一的评价方式都不可能全面反映学生的发展水平和发展过程，都不可能对学生学习情况做出全面的评价，不可能解决教学过程中的所有问题。因而，我们要从实际出发，选择和运用恰当的评价方式，以增强评价的针对性，发挥各种评价方式的优势，克服其局限性，以发挥评价的促进作用，体现形成性评价与终结性评价相结合、定性评价与定量评价相结合、反思性评价与激励性评价相结合的基本原则。例如，学习过程评价就需要评价者根据学生所处的不同学习阶段，灵活选用诊断性评价、形成性评价和终结性评价等方式。实践证明，在学生学业质量评价的所有方式中，应用最广泛的依然是量化的测试型评价；质性评价的典范代表则是档案袋评价与观察法评价。

1. 测试型评价

测试型评价是典型的量化评价方式。尽管新课程改革强调质性评价方式的应用，但测试型评价在实际教育教学评价工作中依然是最重要的手段和依据。根据测试的功能，测试可划分为诊断性测试、形成性测试

与终结性测试等类型。

诊断性测试是在新的学习任务开始之前，为了使教学内容适合学生已有的认知水平，对学生的学习基础进行的测试。它常应用于开学初的摸底检测，以及课堂教学初始对上节课的学习效果进行的诊断。

形成性测试是在教学方案实施及课程教学进程中进行的测试，其目的在于及时获取反馈信息，发现存在的问题与缺陷，并以此为依据修改、完善教学计划或帮助学生改进学习，如课堂学习效果检测、单元学习水平检测等。

终结性测试是指为了对已制订好的教育教学方案、计划、课程等整体效果做全面鉴定所进行的测评，如期末测试、毕业会考等。

在测试的各环节中，命题是基础、前提，也是必要条件，它关乎整个测试的质量。苏霍姆林斯基曾经说过评分是教育上最精细的工具之一。为了合理评分，我们必须制作一种符合标准的测量工具，也就是必须编制出科学、客观、公正，具有高效度、高信度、高区分度和适当难度的试卷。试卷的研制，绝不是将一组试题进行简单的拼凑，而应该遵循科学、规范的命题程序，要以课程标准、考试说明为依据，认真研究命题的思想与目的，确定命题标准，精选材料编写试题与答案，并要制作准确、美观的图片，最后将所有试题合理排版。

不同类型的试题在测试功能上存在一定的差别，因而适用于不同的检测目标。一份试卷需要考查学生的多种能力，应设计多种类型的试题，并要确定各类题型的合理数量，以实现检测功能的互补，提高测试的有效性。

试题的题型虽然多种多样，但根据评分的客观程度大致可归纳为两种基本类型，即客观性试题和主观性试题。这两种类型的试题各有所长，应该相互配合，取长补短。

客观性试题包括选择题、是非判断题、匹配题等。有些填空题的答案具有唯一性，也可归于客观题。在同一份试卷中，客观性试题的数量多，知识覆盖面大，在相同时间内能够测查更多的课程内容，对考查学生所应掌握的多个知识点非常有利。客观性试题的答案唯一性强，评分客观、准确、省时、省力，还可以使用计算机评卷，这是其非常显著的优点。客观性试题的缺点是考查的内容比较零碎，且偏重记忆性的知识，考查较高级的思维能力较为困难。此外，学生在作答客观题时，常会进行猜测，或用排除法进行筛选。学生尽管选择了正确答案，但有可能并没有理解，这就降低了测试的信度。

一般地说，选择题是客观性试题中最主要的类型，其命题应遵循以下几条原则：①测试内容要符合课程标准的要求；②题干表述应力求精练准确；③各选项的表达形式应尽可能接近；④正确选项应有一定的隐蔽性；⑤干扰选项应有一定的迷惑性；⑥正确答案出现的位置应随机排列。

<h3 style="text-align:center">以《舌尖上的中国》为素材的一组选择题①</h3>

《舌尖上的中国》是央视纪录频道推出的一部高端美食类系列纪录片，它全方位展示了博大精深的中华美食文化，诠释了美食背后的地理环境。根据片中的有关描述，结合所学知识，完成1~4题。

1."香格里拉，凌晨3点，卓玛和妈妈母女俩步行走进30公里之外的原始森林。在松树和栎树自然杂交林中，卓玛寻找着一种精灵般的食物——松茸(松茸是一种只能在无污染高海拔的山里生存的食用菌)。这样的美味通过航空运输24小时后出现在东京的餐桌上。"卓玛和母亲最有可能生活在(　　)

　　A. 长江中下游平原　　　　B. 横断山脉
　　C. 塔里木盆地　　　　　　D. 黄土高原

2."圣武和茂荣兄弟俩，每年都会从安徽来到嘉鱼县，采挖生长在湖水下面深深的莲藕。他们每天从日出挖到日落，在中国这个遍布淡水湖大省的湖水里，他们度过了每年最寒冷的季节。"嘉鱼县位于(　　)

　　A. 内蒙古自治区　　　　　B. 青海省
　　C. 西藏自治区　　　　　　D. 湖北省

3."兰州人都说自己的早晨是从一碗牛肉拉面开始的。兰州这个有着一千多家拉面馆的城市，每天要消耗一百万碗拉面；而以江南精致细腻生活方式著称的嘉兴人，踏实放心的一天，却是从一个热腾腾的肉粽

---
① 笔者原创。

子开始的;乌珠穆沁草原的奶茶则永远是早餐中的主角;而福建的林仁灼则要将200斤的毛竹架设在海里,种植紫菜。"自然环境的差异造成了我国各地居民饮食等生活差异。下列说法错误的是( )

  A. 黄河流域的粮食作物以小麦、黍子为主

  B. 江南的嘉兴气候温暖湿润,适合水稻生长

  C. 低温缺氧的高原气候有利于紫菜的生长

  D. 内蒙古高原东部的温带草原有利于发展畜牧业

4. "素琼是个成都菜农,去年冬天,她特意推迟了一种辣椒的种植和采摘。果然在寒冬腊月里,辣椒卖出了更好的价格。"四川人爱吃辣椒的原因之一是( )

  A. 冬季气候湿冷　　　　　B. 水源充足

  C. 土壤肥沃　　　　　　　D. 地表崎岖

  简析:此组选择题以著名纪录片《舌尖上的中国》的部分解说词为情境素材,要求学生分析美食背后的地理背景,说明人类的生活方式深深烙印着地理环境的痕迹。试题有较强的综合性,不仅考查学生对中国区域地理环境特征的掌握情况,而且突出能力立意,在充分提取文字信息后,要求学生能够充分调动所学知识进行分析、推理、判断。如对于第1题,答题的关键是对松茸的生长地域进行定位,根据材料,主要信息是松茸"只能在无污染高海拔的山里生存",辅助性的信息有"香格里拉""原始森林""松树和栎树自然杂交林"等文字描述,由此对四个选项的地形区特征进行比较分析发现,显然只有B选项"横断山脉"符合。再如第4题中,情境材料说明四川人吃辣椒是传统的生活习惯,粗看四个选项在四川均能找到对应的空间,但仔细审题发现,试题要求分析四川人爱吃辣椒的原因,而不是辣椒种植的成因。根据生活常识,学生应该知道辣椒有驱寒除湿的食用效果,因此A选项"冬季气候湿冷"是最佳答案。由此可见,良好的选择题不仅能够诊断学生对地理知识与原理的掌握程度,而且能够对学生地理思维的逻辑性、深刻性、严密性等做出评价,还能体现地理知识与生活的关联性。

  主观性试题包括填空题、读图分析题、问答题、论述题等。这些题型由于很难客观评分,所以被统称为主观性试题。主观性试题可以用来

考查学生的高级思维能力，因为这种试题为发挥学生的独创性思维提供了可能，并能较好地洞察学生的认知结构、分析推理水平及解决问题的能力，因而它的效度较好。但是它也有多种弊端，其中最突出的问题是试题覆盖面较小，不能有效地考查学生所应掌握的全部知识内容。此外，这种试题往往没有绝对标准的答案，因而学生的书写习惯、卷面整洁程度，甚至评卷人的情绪都会对准确评分带来影响。

问答题的"分级计分"[①]

试题：图4-3为一幅世界地图。7月，我国处于夏季。此时图中的甲地处于四季中的什么季节？请说明你的理由。

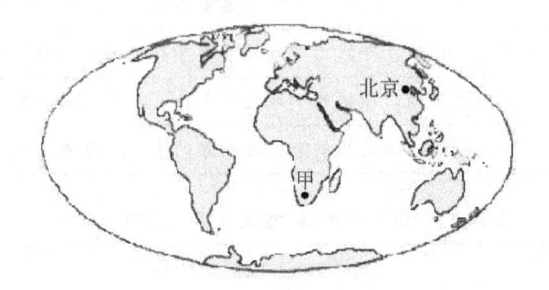

图4-3 世界地图

评分标准见表4-8、表4-9、表4-10、表4-11。

表4-8 较高水平的回答(编码3)

序号	类别	答案描述
1	编码30	认为甲地处于冬季，理由是7月太阳直射北回归线附近，南半球得到的太阳照射热量正是一年中最少的时候。
2	编码31	认为甲地处于冬季，理由是7月"北半球离太阳近，南半球离太阳远"（注：对"地轴倾斜"的非科学表达）。
3	编码32	认为甲地处于冬季，试图从太阳照射方面陈述理由，但没有具体说明南北半球接受太阳热量的不同。

---

① 冯士季、赵光平、罗星凯：《"分级计分"问答题对学生思维的诊断功能及其启示》，载《地理教学》，2013(24)。

表 4-9　中等水平的回答(编码 2)

序号	类别	答案描述
1	编码 20	判断错误(认为甲地处于春季、夏季或秋季);但提到 7 月太阳直射北半球(或北回归线等)。
2	编码 21	认为甲地处于冬季,知道甲地和北京分别处于南、北半球,陈述理由时提到南、北半球在气温、昼夜长短等方面的差异。
3	编码 22	认为甲地处于冬季,理由是甲地和北京分别位于南、北半球,南、北半球季节相反。

表 4-10　较低水平的回答(编码 1)

序号	类别	答案描述
1	编码 10	仅判断正确,即认为甲地处于冬季,但给出的理由不合理。
2	编码 11	仅判断正确,即认为甲地处于冬季,但没有给出理由。
3	编码 12	判断错误,但是提到南、北半球的季节相反或不同。

表 4-11　错误的回答(或未作答)(编码 7 或 9)

序号	类别	答案描述
1	编码 70	认为甲地为夏季,理由是甲地在赤道地区(或热带地区,或离赤道、非洲近),那里平均气温高。
2	编码 71	认为甲地处于春季或秋季,理由是季节变化受地球自转的影响,故甲地的季节比北京的早或者晚。
3	编码 72	认为甲地为夏季,理由是全球季节相同;部分学生同时认为地球上的季节只和其距离太阳的远近(或公转)有关。
4	编码 73	认为甲地为春季或者秋季,理由是季节早晚与纬度高低有关,甲地的季节比北京稍早或者稍晚。
5	编码 74	认为甲地的季节与北京相同或者相近(处于春季、夏季或者秋季),理由是甲地与北京距离近(或者处于同一个半球)。
6	编码 75	判断错误,其他不合理的理由。
7	编码 76	判断错误,没有给出理由。
8	编码 99	空白,没有作答。

赋分办法：较高水平的答案(编码3)得6分；中等水平的答案(编码2)得4分；较低水平的答案(编码1)得2分；错误答案和未作答，得0分。

编码说明：对答案类型进行编码的方法，是国际大型学业测评项目如PISA(国际学生评价项目)、TIMSS(国际数学和科学趋势研究)和NAEP(美国国家教育进展评估)等常用的方法，称为"双位编码"评分方法。所谓"双位编码"，是指用两位数字作为学生的答案类型代号，同时用文字描述对每类答案进行界定的评分方法，见图4-4；在对具体某个学生的答案进行评分时，只要对其进行合适的"编码"即可。把这种方法用于对学生的答案进行分类别、分层次赋分，是非常有效的。

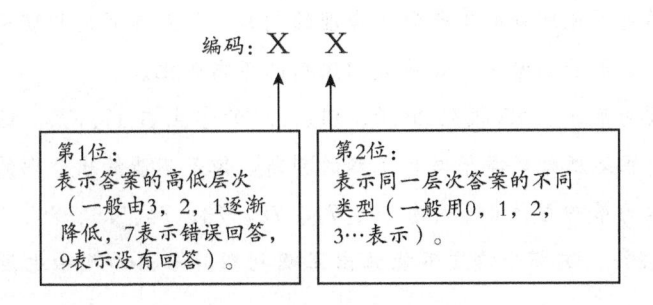

编码：X X

第1位：
表示答案的高低层次
（一般由3，2，1逐渐降低，7表示错误回答，9表示没有回答）。

第2位：
表示同一层次答案的不同类型（一般用0，1，2，3…表示）。

图4-4 "双位编码"的含义

试题及学生答案分析：该题需要考生做出判断并陈述理由，这要求他们对全球范围的大尺度地理事物具有一定的空间概念。题目要求"陈述理由"，对于大多数八年级学生来说，还是有一定难度的。2010年，全国6个参测地区的6.5万余名八年级学生作答该题目的数据统计结果显示，题目难度达到了0.36。但是，试题的区分度高达0.54，从这一点来看，该试题对考生的水平具有非常好的鉴别作用。

从评分标准可以看出，学生的答案被分成了4个层次、17种类型，其中每个学生答案类型所占百分比的情况如表4-12所示。

"多元交互式"教学评价

表 4-12　每个学生答案类型所占百分比

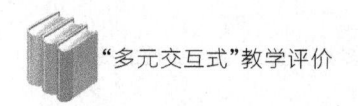

编码	30	31	32	20	21	22	10	11	12
百分比（%）	10.5	0.9	2.5	1.7	0.1	22.1	14.4	2.6	0.7
编码	70	71	72	73	74	75	76	99	
百分比（%）	3.5	8.5	0.6	4.3	3.3	16.0	4.8	3.2	

答案为第一层次（代码为 30、31、32）的学生占 13.9%。这部分学生能够对甲地所处的季节做出合理的判断。他们阐述的理由，表明他们能够基本理解太阳照射的年内变化是导致某地季节更替的主要原因。

答案为第二层次（代码为 20、21、22）的学生占 23.9%。这部分学生也能够对甲地所处的季节做出合理的判断，但是其阐述的理由没有涉及最根本的影响因素——该地太阳照射的年内变化。

答案为第三层次（代码为 10、11、12）的学生占 17.7%。这部分学生只能对甲地所处的季节做出正确的判断，但是不能给出合理的理由。

答案为第四层次（代码为 70、71、72、73、74、75、76、99）的学生占 44.2%。这部分学生不能做出正确判断，给出的理由也没有合理成分。

简析：笔者认为，对于具有情境性和开放性的问答题，可以尝试采用"分级计分"的评分方式。这类试题的评分并不设置唯一正确的标准答案。对学生的答案进行合理的类别和层次划分，是保障这类试题测试效度的关键。由于题目本身给予了学生发挥的空间，这类题目能够对学生的思维能力进行有效的诊断。使用该类试题，可以促进教师更为深入和细致地了解学生的发展程度。笔者还认为，目前考试普遍采用的按知识点给分的方式，很容易导致学生死记硬背答题框架，不利于学生高级思维能力的发展，会忽略学生运用知识的能力水平。国际大规模学业测评项目普遍采用了编码评分的方式，对学生在问答题上的表现进行评分。评分标准制定的依据是学生思维水平的高低，而不是其答案涉及知识点的多少，这是现在学生学业评价理念在考试评分上的具体体现。

2. 档案袋评价

(1)档案袋评价的基本要求

档案袋评价是一种质性评价方式，也是新课程评价改革中的一个亮点。档案袋评价强调评价与学习过程的结合，强调学生的参与，从而表现出强大的生命力。档案袋评价是指评价主体根据教育教学目标，有意识地将学生学习过程中的成果收集起来，通过合理的分析与解释，反映学生在学习与发展过程中的优势与不足，反映学生在达到目标过程中付出的努力与进步，并通过学生的自我反思，激励学生取得更高的成就。档案袋内的材料应该是学生认为最能反映其学习成就的实物材料，可以包括作业本、优秀测试卷、学习日志、自我反省材料、实验报告、调查报告、自创的公告、自己拍摄的照片、学生访谈报告、项目设计方案、实践活动资料、模型照片等。

档案袋评价的主要意义，在于它能够使学生清晰地看到自己的成长足迹，因为档案袋是一个随时间发展而不断生长的活的作品集，是对学生发展过程的一种直观、生动的记录，使学生能够感受到自己的持续进步。传统的纸笔测试评价，从标准的制定、试题的选择直到分数的评判，都将学生隔绝在外；而档案袋评价与此迥然不同，由于它要考查的是学生运用所学知识所取得的成就，由于学生是选择档案袋内容的主要决策者，从而有利于学生自我反思与自我评价能力的提高。另外，纸笔测试评价主要是对部分知识内容的回顾与检查，强调横向比较；而档案袋评价是对学生进步的连续考查，其中学生是评定过程的积极参与者，这就避免了学生为考试而学习、因考试而焦虑等弊端，从而能够更全面地对学生的发展水平进行评定。

开展档案袋评价，需要预先制订好评价方案，并在学生入学初通告学生，让学生初步了解评价的目标、要求与方法等，下例可作参考。

"多元交互式"教学评价

扬州市地理档案袋评价计划公告书[①]

同学们：

新学年快乐！

本学期，大家将要完成一个地理档案袋计划。这个计划是为了培养你的地理学习兴趣，帮助你提高地理素养。具体计划如下。

一、评价目的

①清晰显示你在地理学习中取得的进步；

②以不同的方式展示你的地理学习状况；

③帮助你学以致用；

④使你对自己的地理学习状况有清楚的认识。

二、评价项目

（一）地理测验和考试项目

该项目包括本学期所有的地理测验和考试试卷及订正记录。每次测验和考试结束后，你都要对出错的题目仔细订正。订正应在另一张纸上完成，并附在试卷后面。所有的试卷和订正都要按期提交装入档案袋。

（二）自绘的图表等项目

该项目不仅包括你手绘的一些地图和地理图表，还包括你制作的计算机演示课件。关于演示课件，你要能够提交一份制作过程报告和一份演示操作说明。

（三）地理研究性学习项目

本学期要求你能自己提出问题并进行研究。这将需要你进行推测和假设、收集资料和信息、进行调查或实验，并在此基础上得出结论。最终你必须把一份研究过程报告和研究结果提交并装入档案袋。

（四）其他项目

除了上述三个项目，你还可以把自认为最能代表你的地理学习进步状况的作品提交并装入档案袋，如地理小制作、地理模型、有关地理课

---

① 此案例由笔者设计。

外阅读的书籍和文章的清单等。该清单上的每一本书或文章，都应该附有你对它的介绍或思考。

三、注意事项

①你的档案袋必须包含以上四个项目。关于第四个项目包含的内容，你可以任选一个提交。

②每一项都必须在规定的日期提交。地理教师会在这一日期收齐。

③地理教师会在学期中间适当的时候和学期结束时分两次对档案袋中的项目进行评价，届时会请你的同学和家长一起参与评议。

简析：上述案例是对开展地理档案袋评价的宣传，除了向学生介绍档案袋评价的意义与基本要求外，也指明了建立档案袋的基本思路，实际上这也是一份评价方案。它强调对地理学习的过程性进行跟踪评价，其优点主要有以下几点。

第一，档案袋评价目标具有发展性特征。依照评价方案，学生建立档案袋的过程，就是展示自己地理学习成果的过程，它能够不断促进学生地理素养的提高。

第二，档案袋评价主体具有多元化特征。本案例注重多主体参与评价，使教师不再是唯一的评判者，对每一项目的评价都关注学生的自我反思性和同学之间的相互评价，并且尊重家长的意见，因此评价结论能够更客观地反映学生的地理学业成就。

第三，档案袋评价内容具有多样化特征。方案中的评价内容丰富多彩，大致分为地理作业类、测试类、地图类、模型类、最佳作品类、研究性学习的设计方案及资料类、报告类，能够比较全面地记载学生地理学习的各项收获。

第四，档案袋评价遵循定性评价与定量评价相结合的原则。从档案袋评价表看，档案袋质量将定性的评价项目用A、B、C、D四级制加以评定，这是一种量化的等级评价，同时档案袋整体质量评价要求学生个体、同学、家长、教师分别给予表述性评定，肯定取得的成绩，并指出不足。因此档案袋评价体现定性评价与定量评价相结合的原则。

(2) 档案袋评价面临的困难

作为质性评价的典范，档案袋评价能够很好地记录学生的发展过程，促进学生反思与成长。但是，我们在档案袋评价的实施过程中，发现了一些值得注意的问题，还需要我们寻找解决对策。

第一，加重教师和学生负担的问题。档案袋评价的工作量大，使本已十分忙碌的教师和学生要付出更多的时间和精力，这是一个不容忽视的重要问题。我们认为应用档案袋评价的最大障碍就是时间问题。档案袋评价需要占用教师较多的时间和精力，在教师教学任务繁重的情况下带来过重的负担。档案袋内容的收集、编排、保存等工作可以由学生在教师指导下完成，但档案袋评价会议需要由教师亲自主持。一般来说，教师为每个学生组织一次正规的档案袋评价活动，大约需要15分钟。因此，档案袋评价需要花费教师大量的时间，必然会加重教师的负担。也正因如此，有的教师虽已认识到档案袋评价的潜在优势，但仍然驻足观望，没有主动将其应用于评价实践之中；有的教师虽已创建了档案袋，但没有时间去整理和分析收集的材料，使得本来十分有价值的东西变成了摆设。

产生这个问题的原因，既有档案袋本身固有的局限，也有使用不当的因素。比如，有的档案袋成为包罗万象的容器，涉及内容过于庞杂；有的档案袋为收集而收集，将教学与评价割裂开来；有的档案袋没有充分发挥学生的主动性，没有充分调动学生参与档案袋的设计、收集和评价活动；有的评价活动在实践中走形式，如让学生、同伴、家长和教师把多主体的评价意见全都用笔写下来等。

解决这个问题的难度很大。首先，教师要有足够的心理准备，因为任何一种新的评价方式的应用都有一个从学习到适应再到熟练掌握的过程。作为能够促进学生发展的评价方式，档案袋评价需要师生更多的投入。教师还要引导学生正确认识档案袋评价，充分调动学生积极参与的热情。其次，教师要将档案袋评价与具体的教学目标相结合，做好时间与内容方面的管理，使档案袋评价成为教学过程的一个部分，并形成一种工作习惯，而不是一种负担，由此提高工作效率。另外，随着教育事业的发展，教师编制可能会增多，班级人数可能会减少，教师不必要的劳动可能会减少，这就使得教师能够集中更多的精力致力于学科档案袋的评价工作。

第二，档案袋评价的信度和效度问题。信度和效度是传统评价中衡量评价质量的最重要的两个指标，但档案袋评价很难像传统评价一样判断信度和效度。档案袋评价存在着主观性太强的特点，尤其是学生互评过程易受经验、喜好、情绪波动等因素的影响；同时，档案袋评价还存在档案袋内容太多、标准化程度低、不好整理分析及评价标准难以控制等问题。所以档案袋评价很难做到客观、真实，难以保证评价的信度、效度。

档案袋评价的信度主要应从两个方面考虑：一是档案袋材料的真实性，因为如果材料不真实，一切评价都将失去意义；二是评价者对档案袋评分的一致性程度。

档案袋评价的效度主要是指学生的作品对其能力或思维结构的表征程度。某一学生档案袋中的作业样本可能并不能代表他实际上知道什么和能做什么，也就是说档案袋评价的效度很难保证。和效度问题相关的一个重要问题就是评价标准的制定，即档案袋评价往往缺乏比较明确、一致的评价标准。我们发现学生的档案袋质量与纸笔测试成绩有一定的相关性，但不明显。有些测试成绩优秀的学生，其档案袋质量并不高；有的测试成绩一般的学生，其档案袋得到了很高的评价。

解决档案袋评价信度与效度不高的问题，必须要加强对档案袋评价方式的研究，加强对评价者的培训。为此，我们要做好以下几点工作：一是确保档案袋内容的真实性；二是明确评价的内容，提供可参考的代表性作品；三是认真制定评价标准和规则，包括评定的时间和次数，然后对评价者进行培训，保证各个评价主体对标准理解的趋同性。

总体来看，档案袋评价能够反映学生的进步过程、努力程度、反思能力及发展水平，符合新课程改革的理念和目标，但同时也存有一定的局限性。它必须与其他评价方式结合使用，特别是要与纸笔测试进行有机结合，才能全面衡量学生的学业成就。

3. 观察法评价

观察法评价是评价者根据一定的研究目的，利用自己的感官和观察

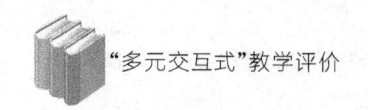

表等工具，对学生在学习中的行为表现进行观察记录，并对照事前准备的标准进行评价的方法。对学生学习的观察一般要在事前确定观察目的、观察范围，并设计好观察记录表，明确学生活动的场景，以获得合乎实际目的的有效信息。科学的观察具有目的性、计划性、系统性和可重复性。

观察法评价的主要优点是可以观察到学生在学习过程中的行为表现，所获的结果比较真实；可以在实地观察到学生学习行为的发生、发展，能够把握当时的全面情况、特殊的气氛和情境。观察法评价的不足之处是观察者处于被动地位，往往只能等待行为的发生，难以预料发展方向与结果；另外，观察可能受到主观因素的影响，使观察者难以做到完全客观公正，对观察的结果也难以进行精确的分析。

观察法评价适用于评价那些在教学中不易被量化的行为表现，如兴趣、爱好、态度、习惯与性格等情感态度与价值观方面的真实表现和发展状况，以及在学习活动中的口头表达、动手实践等方面的能力。唱歌、绘画、体育技巧和手工制作等技能性成绩的评定常用到观察法。

"降水和降水的分布"一课中对部分学生探究活动行为的观察[①]

根据课题组的分工，笔者负责学生探究活动行为的观察。课堂观察采用编码的方式进行，即在每位学生的座位表中填写每项活动的学习行为代码。不同的探究性学习活动项目用数字序号代表，不同的学习行为用字母代表，如"1A"就表示第1项学习活动中学生主要采取的学习行为是倾听。各种学习行为代码如表4-13所示。

表4-13 学生学习行为代码

倾听	阅读思考	讨论	书写绘图	发言	提问	实验操作	开小差
A	B	C	D	E	F	G	H

[①] 陈彩霞：《以"降水和降水的分布"为课例谈教师课堂行为得失》，载《地理教学》，2012(18)。有改动，其中观察方案是笔者设计的。

一、观察活动一

时间：2011年11月19日。

班级：扬州市竹西中学七年级(8)班。

对象：第二组围坐的12位同学。

表4-14 学生学习行为观察编码(1)

1A、3A、4A、6D	2A、2B、4E、6A	2B、3A	1A、5A
1A、5A	第二组		1A、1E、2A、3E、4B、4E、4E、5C、5E、6D、6E
1A、2E、3A、4A、5E、7C、8D、8E、8C、8E、8E			3C、4E、6E
1A、3A	1A、6D	1A、2H、3H、4H	1A、3E、4B

二、观察活动二

时间：2011年11月22日。

班级：扬州市竹西中学七年级(3)班。

对象：第二组围坐的12位同学。

表4-15 学生学习行为观察编码(2)

1A、2E、3E、4A、4C、5C、6B、6D	1A、2H、3A、4A、6E	1A、2C、3B、4E、5C、5E	1A、2A、3C、5E、6A
1A、3E、4B、6E、6C	第二组		2E、3B、4C、4E、5B、6E
1A、3C、4E、5C、6D、6F			3C、4E、4C、5E
2B、2A、3E、4C、5E、6E	1A、1E、2C、3C、4E	1A、3C、5AD、6H	2B、3A、3E、4C、5E、5E

简析：笔者认为，观察活动一中的记录直观反映出第二组12位同

149

"多元交互式"教学评价

学在这节课上的学习发展不平衡。仅仅从发言的统计数据看，整节课第二组共有15人次发言，但发言最主要集中在左3桌和右2桌两位同学，他俩在每一个学习环节都表现得十分活跃，思维敏捷，神采飞扬。而另外几位同学如左2桌、左4桌、前排右2桌等5位学生在整堂课中几乎一直低着头，偶尔探下头朝我们听课的老师张望下，整个课堂上他们没有举手回答问题，似乎精彩离他们很遥远，热闹总是别人的。按照维果茨基的"最近发展区理论"，这里的教学行为没有着眼于学生的最近发展区，产生了偏差，激发不了学生的热情。

笔者在观察活动二中，认为课堂中无所事事、神情落寞的同学少了。老师通过对于同一个问题的连续回答所采取的有效策略，顾及了各个层次学生的需求与尊严。例如，老师在第5、第6的学习任务中，提出以下要求：①先独立思考两分钟，然后互相讨论；②交流时一同学先解说，然后组内其他同学补充、纠正；③各小组做好上讲台（指图）解说、评价他组的准备。5分钟后，老师先请每一组的中等生上讲台解读柱状图，说出自己的思维过程，接着针对解读过程中出现的问题请优等生对中等生回答中的错误进行思考、纠正；最后请学困生上台模仿性地回答解读，强化理解。老师在课堂提问时，尽可能地从学生的实际出发，让各个层次的学生都有机会和老师、同学交流。老师给优等生的问题具有一定的挑战性，给学困生的问题是他们力所能及的。课堂上学生之间发生了实质性互动，不仅为优等生的发展创造了条件，还为学困生提供了更多的机会，切实解决他们的实际困难，使每个学生都在自己原有的基础上获得发展。

最后，需要指出的是，学生学业质量的评价方法是多种多样的，以上所列的三种方法各有所长，在教学评价中应根据实际需要结合起来运用。总体看，测试型评价最适用于对知识与技能目标的掌握情况展开评价；档案袋评价能够从多个领域收集学生的过程性学习成果，能够比较全面地反映学生的进步程度与学习成就；观察法评价着重对学生在学习中的行为表现进行观察记录，更适用于检查学生对过程与方法目标、情感态度与价值观目标的掌握情况。

三、"多元交互式"课堂观察平台

为落实"多元交互式"教学评价理念，笔者在实践过程中研制了一系列评价工具，作为推进评价改革的重要载体。各项评价工具大致分为三大类型。

一是课堂教学行为观察量表，包括课堂教学田野式观察记录表、课堂专业表达行为观察表、课堂师生交往行为观察表、课堂提问及理答行为观察表、课堂媒体应用行为观察表、课堂教学学生习得性评价调查表、课堂教学教师自我反思评价表、课堂观察后的同行研讨记录、课堂教学综合效能评价表等。

二是学生学业成绩观察量表，包括学生学习探究行为观察表、学生学习质量综合评价表、各单元学习测评表、研究性学习评价表、档案袋评价表、模块学业成绩综合评定表、模块学分认定书、学生毕业水平评定表等。

三是信息技术支持的数字化平台，包括基于互联网、云计算的可动态生成数据图表的"多元交互式"课堂观察软件平台、教学评价学业成就评价网络平台、基于平板电脑的 e 学习课堂教学及成绩评定软件等。

基于篇幅，笔者在此着重介绍"多元交互式"课堂观察平台的功能与应用情况。该平台是关于课堂教学质量评价的软件应用平台，于 2013 年开发完成，是 2014 年基础教育国家级教学成果一等奖"'多元交互式'教学评价体系的建构与实践"的支撑性评价工具，于 2015 年获得国家版权局颁发的软件著作权。2016 年，该平台的 App 开发完成，使用户可在手机上操作，使用更加便捷。

（一）课堂观察平台的主要内容

1. 平台简介

"多元交互式"课堂观察平台依循"课堂观察＋互联网＋数据思维＝科学的课堂教学评估"的理念，依托移动互联网、云计算、数据分析等技术，将专业化评价标准与工具嵌入数字化平台，供专家、同行、学生及执教者等

"多元交互式"教学评价

多元主体根据观察需要加以选择，然后利用手机、平板电脑与计算机等终端，采用行为编码方式在听课过程中采集"教"与"学"的表现性数据信息，通过后台计算与图形化处理后，直接为评估结论提供客观的量化证据，从而使教学评价与互联网、大数据技术建立有效联系，使教学评价走向智能化、数字化、标准化、多元化、交互式，成功实现评价范式从经验评价走向科学数据分析，所以说本平台是一种数字化的课堂教学评价应用平台，具有独创性。它开创了"互联网＋课堂教学评价"的新模式。

本平台遵照国家颁布的软件程序通用的标准、规范和协议，采用J2EE体系构建，采用业内成熟的普元EOS Platform开发平台。系统开发前端综合使用了JSP(Java Server Pages)、JS(JavaScript)、JQuery等技术；服务端使用了Java、SpringMVC等技术；数据库则使用了Oracle技术。平台采用B/S多层结构，良好支持Windows、UNIX、Linux等操作系统和多种浏览器。

2. 主要功能

(1)门户入口

该功能支持定制首页信息，自定义栏目和栏目内信息的发布与维护，为观课者提供登录链接。

图4-5 "多元交互式"课堂观察平台首页

(2)课堂观察服务

这是本平台的核心功能，其架构如图4-6所示。

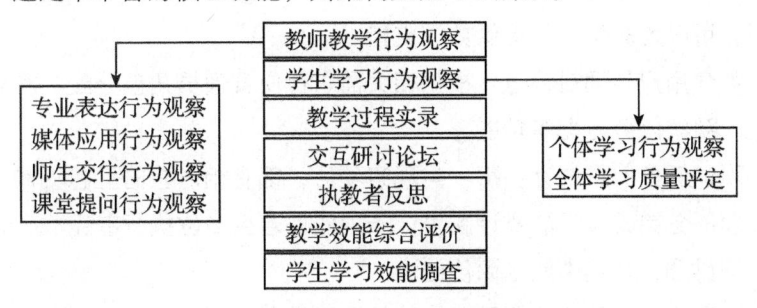

图4-6 "多元交互式"课堂观察项目

教师教学行为观察：实现媒体应用行为、师生交往行为、课堂提问行为和各学科的专业表达行为的观察。每一种行为的观察，都有一套标准体系与之对应。每一类观察项目均利用Echart图表组件将获取的观察信息处理为可视化图形。

学生学习行为观察：可以根据学生座位组织形式的不同，分为"秧田形"和"围桌形"，由多名观察者分组观察每个学生个体的学习行为，然后由后台进行数据分析合成整个班级的观察结果；也可以从学习情感、学习思维、学习能力、学习方式、学习效果五个维度对全班学习质量进行综合性评价。

教学过程实录：用文字记录课堂教学的真实过程与观察者的基本意见，可以提供图片、课件等附件支持。

交互研讨论坛：通过网络社区实现在线讨论交流，使课堂评价的空间得到延伸。

执教者反思：执教者提交课后的反思心得，并做出自我定量化判断。

教学效能综合评价：预设教师教学、学生学习的双主体量化分值评价指标及标准，汇总生成综合评分与评估报告。

学生学习效能调查：系统可以注册学生信息，可以在现场或课后参与"学生参与评价的学习效能调查表"任务，对教学效果进行调研。

(3) 系统管理后台

学校管理者对观察者信息、观察任务及已提交的课堂观察数据进行管理，可以为教学决策提供数据支持。

观察用户与项目管理：根据相关需求行使管理员角色分配、观察表设置、观察任务分配等功能。

观察任务汇总统计：每一类观察项目，都有相对应的汇总查询，显示一项任务完成情况的统计图表；一项任务若由多位执行者完成，则会有平均得分，并集中显示评价结论。

观课活动汇总统计：用以统计教研组及各学校在一定时期内的活动情况；查询某段时期内某个观察项目的平均得分，以及个人平均得分与教研组、学校或区域群体的对比情况。

3. 主要特征

(1) 友好的人机界面

系统设计考虑到了人机界面的友好性：观察量表界面简洁，易于理解，操作简便，使掌握计算机基础使用技能的用户即会使用，方便教师操作，降低了使用门槛，有助于系统的推广。

(2) 富有逻辑性的操作流程

课堂观察平台操作流程分为课前会议、现场观课、课后会议三个阶段。课前会议确定观察主题，通过后台生成观察量表；课中观课教师获取行为表现数据；课后会议依据行为标准，根据可视化观察结果交互研讨。富有逻辑性的操作流程保障课堂观察顺利开展。

(3) 形象的观察结果

平台利用 Echart 等图表组件将观察信息处理为可视化图形，使观察结果更加直观，有助于观察者提出有针对性的意见。

(4) 强大的后台管理

平台配备了强大的后台管理功能。管理员用户可查询到各学校、各教研组、各位教师的课堂观察开展情况以及个人平均得分与教研组、学校或区域群体的对比情况。通过新老教师观察结果的对比，新教师可以找到自己的不足，从而快速提升。学校管理者可以了解本校教师的专业水平，有利于管理者做出合理的决策。

(5)快捷的教师专业发展通道

针对当下教师很少收到如何提高教学效能的有价值的反馈信息或建议的现状，课堂观察平台可以从多个维度考察教师的教学行为，通过数据分析得出更加具有针对性的建议，鼓励教师保持已有的优势，提醒教师纠正教学偏差，促进教师专业水平的提高。

4. 解决的主要问题

(1)以信息技术推动课堂评价变革，用移动终端替代传统纸笔听评课工具

传统的听评课使用的工具主要是纸和笔，形成的纸质记录在保存及分析上存在一定的难度。管理这些文档需要人力，加上查找不便，使知识的传播受到很大的限制。平台用手机、电脑等现代媒体工具进行记录，通过听评课工具的变革，能够获取更多、更系统、更客观的教学评价信息，从而为科学评估教学质量提供有意义的证据。

(2)将课堂观察表及行为标准嵌入平台，解决传统听评课缺乏标准的问题

传统的听评课以教师的经验及主观看法为判断依据，缺乏实证性的规范标准。针对这个问题，系统嵌入了多元化课堂观察量表及系统化的教学行为标准。各类课堂观察量表由特级教师专家团队负责，他们基于大量的课例分析，组织多所学校的一线优秀教师参与制定。富有经验的专家团队既保证了标准的权威性，也增强了应用的实践性与可操作性。

(3)课堂评估基于移动互联网，解决传统听评课受到时空限制的问题

传统的听评课深受时空限制，只能在特定时间与特定场所中进行，而"多元交互式"课堂观察平台能在网络环境下，及时采集课堂教学过程中的数据，可利用网络随时随地开展评估活动，可突破传统教学研究与评估活动深受时间与空间束缚的困境。观课教师记录课堂行

为之后，其他用户亦可通过网络访问观察记录，分享课堂教学研究成果。

(4) 进行数据分析与可视化呈现，解决传统听评课无科学论据的问题

传统的听评课记录及评估是经验式的推论，缺乏一定的科学论据。"多元交互式"课堂观察平台通过观察量表记录教学过程中的行为信息。后台进行数据分析，利用 Highchart 图表组件将获取的观察信息处理为可视化图形，为课堂诊断提供定量的科学论据。

(5) 团队分工合作观课，使课堂观察更细致精准

在传统的听评课中，即使多人同时听一节课，也是单一维度的重复。而利用"多元交互式"课堂观察平台观课，则可以让教师分别采用不同的量表从不同的角度观课，这样就能使课堂观察获取更详细和更精准的数据，而这些数据的汇总也就有利于为授课教师提供更客观的教学建议。

(6) 多元化评价主体交互协作，解决传统听评课主体单一的问题

传统听评课活动使执教者被动地接受评价。评价结论也可能具有片面性与武断性。本平台采取学生参与评价、同行相互评价、自我反思评价、专家诊断式评价相结合的思路开展。不同主体各有独特的应用主页。该平台利用后台管理功能进行课堂观察信息的互联互通，使多元评价主体进行相互沟通和协商，获取更科学的评估结论，从而促进教师与学生的共同发展。

（二）课堂观察平台的应用效果

尽管"多元交互式"课堂观察平台诞生的时间并不长，但其基于标准的数字化评价理念与方式在全国范围内得到了广泛关注，令越来越多的专家、学者、教师加入相关研究的行列。至 2016 年年底，本平台已经走进了江苏、上海、浙江、北京、河北、四川、重庆、云南、内蒙古等省(市、自治区)的中小学课堂，为众多学校进行课例研究、促进教学评价改革提供了帮助，也有力地促进了教师专业发展。

数字化课堂观察活动案例——课堂观察平台在石家庄市初中地理评优课中的运用[①]

2016年10月25日上午8点30分，为期两天的石家庄市初中地理评优课比赛活动正式在石家庄市第28中学拉开序幕。此次评优课采用"多元交互式"课堂观课平台观课，基于大数据科学地对选手们的课进行评价、分析，取得了令人满意的效果。

课堂观察平台友好的人机界面、富有逻辑性的操作流程、形象的观察结果和强大的后台管理深深震撼着观课成员。

"媒体应用行为"观察组的教师说："该课堂观察平台的观察界面简洁、易操作。在提交数据后，平台自动生成的柱状图和饼状图，能够直观地反映出教师在各类媒体运用上的侧重点和使用效果，能直观反映出教师利用各种媒体辅助教学的使用频次。这几节课可能受课程内容的影响，凸显了教师对利用投影预设幻灯片调控课堂的钟爱。"

"课堂提问行为"观察组的教师说："该量表要求我们心无二用，认真观察，迅速记录教师和学生的提问、回答、理答情况；需要对问题指向性、问题类型、获得答案途径、应答形式、应答水平以及教师理答方式进行迅速、准确的判断，工作量很大。但提交后生成的柱状图让我们感到欣慰，让我们通过柱状图科学客观地分析教师提问的有效性，诊断学生回答水平的高低，判断答案得来的途径是否合理，一目了然。"

"专业表达行为"观察组的教师还针对生成数据对选手进行了分析："多数教师的语言表达能力很强。他们把一些专业概念讲解得比较清晰，并且大都借助多媒体展示。例如，'河流'部分参赛的教师都很注重地图的阅读和分析，运用了多幅地图，如河流分布图、干湿地区图、气温图、地形图、河流流量变化曲线图等，并且通过分析地图分析各地理要素间的联系。授课过程中，教师都注重学生思维方法和模式的构建。在'河流'这一节，教师多采用表格对比不同地区的河流水文特征。但是课堂实验较少，只有一位教师用了多媒体播放实验的方式，几乎没有教师

[①] 此案例由石家庄市初中地理教研员范光清老师提供。

运用'三S'技术和资源。教师在思维方法指导和模式归纳方面可以寻求多样化，例如利用板书或板图构建结构图等；而事实上板书比较单一，大多是知识的简单罗列，建议更多运用板图或板画。"

"媒体应用行为"观察组的教师还说："大部分教师能应用多种媒体完成教学。课件仍是教师最主要的应用媒体，这说明教师能够熟练运用多媒体课件作为讲解概念、检测教学效果的主要手段。但大部分课堂忽视传统媒体的应用，比如忽视阅读课本和板书。有一位教师使用了网络链接媒体，做到了信息技术的应用。"

"教学效能综合评价"观察组的教师说："教师注重地理要素的分析和联系，通过设置有效的教学活动，培养学生的地理思维，以求做到将复杂的知识简单化，将抽象的知识形象化，将零碎的知识线索化，将概念性的知识经典化。"

"学生学习行为"观察组的教师说："学生在听课过程中能有效参与到教师组织的各项活动中，通过阅读、思考、绘图、讨论、发言等方式进行有效学习。平台可以有效记录相应学生的各种学习行为及频率。客观的数据可以展现班内学生课堂的参与度。平台可以有效添加学生突出行为量表，如学生的精彩解析等，可以有效展现学生的参与度及思维活跃度。"

本次评优课充分使用了"多元交互式"课堂观察平台，让我们感受了一场课堂教学评价的数字化探索，让我们真切体验到数字化课堂观察平台为定性与定量相结合评估优质课提供了高效的工具。

数字化课堂观察评价案例——对居加莉执教的"中国的地理差异"专业表达行为的评估[①]

扬州市竹西中学居加莉老师执教的"中国的地理差异"获得2015年江苏省"杏坛杯"苏派青年教师课堂教学展评特等奖。就地理教师的专业表达行为而言，观察类别分为地图原理讲解、地理应用技能、地理思维

[①] 张蓓、朱雪梅：《基于数字化观察的地理教师专业表达行为评估的研究——以"中国的地理差异"为课例》，载《中学地理教学参考》，2016(17)。

建构、地理实验以及地理信息技术等维度，每一个观察类别又分为不同的观察要素。例如，地理原理讲解就包括语言表达清晰精彩，专业概念解释准确，合理强调、重复、停顿，举例说明讲解，借助板书讲解，借助现代媒体讲解以及借助生动体态语言讲解7个具体的行为指标。这些指标在教学过程中均可观可测。

表4-16 "中国的地理差异"教学过程简录

教学过程	教师活动	学生活动	资源准备
创设情境，视频导入	讲解地理素养；讲解"5W"思维模式；播放《舌尖上的中国》。	观视频，思考问题。	《舌尖上的中国》视频；教学课件。
活动一（观视频，提问题）	讲述活动步骤与要求；观察学生进度，对学生适时引导与提醒；评议学生提出的问题。	观视频，提问题；上台展示。	记录条（从"5W"几个方面提出问题）；教学课件。
活动二（贴主食，寻差异）	讲述活动流程与要求；观察学生进度，引导学生；对学生找出的图文进行评议。	贴主食，寻差异；上台贴图并讲解。	信封（小组合作汇报单）；教学课件。
活动三（绘制思维导图）	讲解思维导图的制作；以南方地区为例讲解说明；指导学生绘图；对学生作品进行评议。	绘图；上台展示。	方片纸（绘制思维导图）；教学课件。
课后任务	布置课后任务。	绘制思维导图（地理环境差异在其他方面的影响）。	
课堂延伸，情感升华	播放视频《神圣的自然》；提问学生的感想。	观看视频并思考。	视频。

本课例采取了小组合作学习方式。教学过程是一个充满活力、迸发智慧的过程。观察者借助课堂观察平台，通过观看课例与信息采集，得出教师专业表达行为的课堂观察统计表，见表4-17。

表 4-17 "中国的地理差异"教师专业表达行为的课堂观察统计

类别	明细	次数	突出的行为	A	B	C	D	E
地理原理讲解	语言表达清晰精彩	5	讲述具有地理素养的年轻人所具备的技能;讲述"5W"思维模式。	√				
	专业概念解释准确	3	"5W"思维模式;区域的地理差异体现在哪些方面。	√				
	合理强调、重复、停顿	14	在小组合作活动中,及时提醒学生、引导学生,如"字稍微写大一点""试一试好不好"。	√				
	举例说明讲解	3	展示自己绘制的南方地区的思维导图。		√			
	借助板书讲解	1	"5W"思维模式。		√			
	借助现代媒体讲解	8	课件展示;《舌尖上的中国》剪辑视频;让学生在书中找图的投影与绘制的思维导图投影。	√				
	借助生动体态语言讲解	1	在教学中始终保持微笑。		√			
地图应用技能	板图或板画	1	中国四大地理区域图。		√			
	解读地理图像	2	让学生找图来说明代表地理区域的特征。		√			
	指导学生读图	7	四大地理区域图;让学生找图说明代表地理区域的特征。	√				
	指导学生绘图	2	让学生绘制思维导图;课外拓展:让学生从衣着、住房、交通等方面绘制思维导图。	√				

续表

观察项目 类别	观察项目 明细	次数	突出的行为	总体评价效果 A	B	C	D	E
地理思维建构表达	思维方法指导	2	用"5W"思维模式思考地理问题；用思维导图展示事物间的联系。	√				
	思维模式归纳	2	"5W"思维模式；思维导图。	√				
地理实验	教师演示实验	0						
	多媒体播放实验	0						
	指导学生实验	0						
地理信息技术	"三S"资源应用	0						
	"三S"技术应用	0						

课堂观察信息的采集为分析教师专业表达行为提供了数据支撑。平台通过将观察项目细化，遵循定性评价与定量评价相结合的原则，并且标记突出的行为，最终得出如下的教师专业表达行为的评价结论。

一、突出的优点

①运用多样的媒体辅助教学，讲解清晰。在观察类别中，地理原理讲解所占比重最大，约为69%。其中，"合理强调、重复、停顿"观察项占比最大，达27.45%，说明讲解语言非常清晰，讲解内容指向重点；"借助现代媒体讲解"占15.69%。事实上，教师能够娴熟地交叉运用课件、视频播放器、投影仪等教学工具进行讲解，增强了教学内容的形象性与直观性，说明教师的原理讲解过程比较生动。

②重视地图应用技能的培训，实践性强。从观察统计数值看，"地图应用技能"这一维度占24%，其中"指导学生读图"占比最大，且贯穿全课始终；"指导学生绘图"及"解读地理图像"均占全课教学行为数量的3.92%，但它们的价值存在差异，前者对学生地图技能的培训效果更突

出；"板图或板画"的数量虽然不多，只发生过1次，但教师在黑板上绘制的中国四大地理区域简图成为学生开展探究活动的底图，也是教师基本功的重要体现。这些数据充分说明教师在教学过程中非常注重学生读图、绘图技能的培养。

③运用地理思维模式建构知识，授人以渔。地理思维建模是指对若干具有相似思维要求的地理事件与现象进行概括，归纳出具有普适性的分析模型。在本课例中，"思维方法指导""思维模式归纳"均出现过两次，主要是指教师向学生介绍地理学科的"5W"思维模式，引导学生根据地理思维模式掌握分析问题的方法；通过教给学生建模的方法，指导学生尝试绘制思维导图，进而有效提升学生的概括及综合能力。这说明教学设计重视过程与方法目标的实现，符合"授人以渔"的思想。

二、不足之处与改进建议

①"地理信息技术"的运用成为缺漏。本课例的教师专业表达行为中的"地理实验"与"地理信息技术"的统计数据均为0。在实际教学过程中，不是所有的专业表达行为要素都会发生。例如，本课因内容所限，确实不必设计课堂实验活动，但可以增加"'三S'资源应用"与"'三S'技术应用"行为。又如，在网络"班班通"工程已经启用的情况下，教师可以利用谷歌地球(Google Earth)软件，首先调取相关卫星照片，比较中国各大区域的景观差异，在此基础上再以"中国的美食差异"为案例组织学习，以实现从一般到特殊的认识。再如，教师可以利用"超级地图"软件，按照图层叠加的方法，在中国四大区域分布图上增加诸如地形等要素，可体现GIS技术应用行为，该行为对学生区域认识素养的提升有着积极作用。

②"举例说明讲解"不足。举例说明具有较好的实证意义，应该是地理教学常用的方法，但本课例中它仅出现过3次，显得实例支撑不足。例如，在讲解思维导图的绘制时，因学生对此概念比较陌生，存在理解障碍，影响了绘制效果，所以教师应该列举不同类型的思维导图进行方法指导。又如，中国四大地理区域的差异是多种多样的，所以除了本课使用的案例外，教师还可列举更多的实例加以证明，并鼓励学生用本课

掌握的案例分析方法进行拓展学习。

基于数字化课堂观察的校本研修案例——从零的突破迈向自觉[①]

随着校本研修实践在我校的深入开展，一种全新的课堂教学研究方法开始进入我校，那就是基于数字化的课堂观察。这种新型的专业研究方式正成为我校教师成长的通道及平台。近半年来，我们数学教研组就以"数字化的课堂观察"为抓手，很好地提升了校本研修的效度。

零的突破——初识数字化课堂观察

我们认为，观察课堂的行为在我们一线教师的课堂教学行为中时时存在。上课时，我们会看哪些孩子在走神，这是课堂观察；我们会看哪些孩子发言积极，这是课堂观察；我们会看哪些孩子在动手操作时积极熟练，这也是课堂观察。听课时，我们大多拿着听课笔记和笔，听一听，记一记，在评课表上画几个勾，最后提几点意见。可以说，这些关注点是零散的、主观的，它对教师教学问题的诊断往往是模糊的，对教师教学行为的改进缺乏有针对性的帮助。因此，基于新课程教学改革的需要，基于学生核心素养下的教学方式的转变，如何实现零的突破，找到有针对性的量化数据，实现科学的课堂诊断，从而达到矫正偏差性教学行为的目的，成了困扰我们校本研修的一大难题。

众里寻他千百度，蓦然回首，那人却在灯火阑珊处。基于数字化的课堂观察给我们带来了零的突破。南京师范大学朱雪梅教授研发的"多元交互式"课堂观察技术走进了我们学校，走进了我们教研组。一时间，学习了解"多元交互式"课堂观察平台成为我们校本研修的主题。我们开展了"多元交互式"课堂观察平台全员学习培训活动，学习该软件的使用方法，了解平台中的观察量表。我们进行模拟操作，掌握基本用法。根据学科特点以及我组教师实际，我们把数学组的教师分成4个小组，选取专业表达行为评价表、师生交往行为评价表、学生学习质量评价表、教学效能综合评价表这4个观察量表开展有针对性的模拟采集，使教师了解量表的关注点。学习让老师们对数字化课堂观察有了感性认识，帮

---

① 此案例由上海市崇明实验中学蒋晓薇老师提供。

助老师们掌握了利用移动终端采集"教"与"学"的表现性数据信息的技能。

课堂实战——摸索中前行

经过一个阶段的学习培训,老师们跃跃欲试。在大家的精心准备下,我组正式启动实践应用。那是一节由六年级龚老师执教的新授课"约分",在这次活动中,虽然我们事前做了准备工作,可还是出现了一些问题。比如,老师们无法同时兼顾听课笔记和课堂观察记录,关注了指标无法准确地关注整节课的过程;同组教师对同一量表的评判标准不统一使得数据出入较大、不具研究价值等。为了解决这些问题,我们组织开展研讨培训。研讨中我们明确了每项指标的含义以及等级评判的标准,在听课过程中结合分配到的量表,明确观察的方向,确保我们在使用平台时能够获得客观、准确、完整的数据。

基于良好的学习研究,我们继续进行第二次实践研究——由宏达校区的陶老师执教"分数的加减法"。这次实践活动明显比第一次好很多。绝大部分教师已经能够熟练地使用平台,并记录到真实有效的数据。例如,本节课在"专业表达行为"方面、例题选择典型性方面的总体评价效果是A。授课教师确实对教材有深入的思考,在选取教材例题的基础上,增加衔接式习题,使得例题由易到难,层次性更明显,有助于学生理解掌握。本节课在教师板书、指导学生板书方面的总体评价效果是C,原因是授课教师为新教师,他在课堂的板书设计和指导学生板书方面缺乏经验,在数学知识表达的规范性方面有待于进一步提高。在"师生交往行为"课堂评价方面,20个细化的指标中,有11项达到A级水平,剩余9项达到B级水平,取得了很好的课堂教学效果。陶老师的教态自然大方、具有亲和力,善于用有针对性、激励性的语言对学生进行评价。"学生学习质量评价"方面,学生思维能力的培养得分不高。突出行为是课堂上出现难题时,教师给学生思考的时间不足,也没有引导学生利用合作交流等方式探究问题。教师急于完成教学任务,忽视了学习的主体是学生,因此教学效果是不理想的。通过多角度的观察评价,看似零散的数据,汇聚在一起反映了课堂中真实存在的问题。

数据分析——诊断中反思

对课堂的观察不只是为了获得数据,更重要的是解释数据,解释这些数据对教师专业成长和学生学习的意义,运用这些数据发现教学的不足和学生学习过程中存在的问题,从而制定有针对性的改进策略。虽然我组教师在这次实践中加深了对量表指标的认识,但在观课结论总结方面还是有很多不足。我们能发现问题,却没能把握数据所反映的问题,因此,我们进一步开展了关于"如何分析数据撰写观课结论"的专题研修。研修活动中,我们每个小组针对本组观察量表中的每一项指标再次进行深度挖掘,探讨数据背后的意义,学会从数据表象出发进行推论,剖析问题根源。例如,我们通过统计"专业行为表达中数学语言表达精彩"这一指标,记录突出行为来判断教师在课堂中语言表达的情况。我组教师通过深入思考和讨论达成共识——课堂中数学语言表达精彩点越多,教学效果一定是越好的。这是因为在教学中教师一定要讲究数学语言艺术。如果这一指标不理想,可以从以下几个方面进行改进。

提高数学语言的准确性:数学是一门概念性、逻辑性很强的学科,所以教师数学语言表达的是否准确直接影响学生的接受情况。因此,在教学中,教师要确切地使用概念,科学地进行判断,富有逻辑性地进行推理,用简练准确的语言把知识传授给学生。

注意数学语言的启发性:要发展学生的思维,关键在于启发并鼓励学生质疑问难,因为由"生疑"到"解疑"的过程,正是发展学生思维的过程。教师要精选关键的、学生难以理解的问题,用通俗易懂的语言启发学生。

增加数学语言的趣味性:教学语言的对象是学生。缺少幽默感和教育机智的语言,常会在师生之间筑起高墙。幽默、风趣的语言才能像磁石一样吸引学生的注意力。数学教师上课时如果能声情并茂、妙语连珠、妙趣横生,一定能产生很好的教学效果。

课堂改进——实践中成长

课堂观察的起点和归宿都指向课堂教学的改进。针对指标所反映的问题,如何实施有针对性的改进策略,帮助教师实现专业成长,这是数

字化课堂观察的目的。在校本研修中，我们通过对指标数据的解读和诊断推论，提出改进策略。例如经过第一次诊断，陶老师再次进行课堂实践研究——执教七年级"分式的基本性质"（同样是低年级代数新授课类型）。在听课结果反馈中，教师板书、指导学生板书方面由原来的C级上升为B级，"专业表达行为"由原来的一项A级增加至四项A级，可以说陶老师在数学概念以及数学方法方面的教学专业能力有所提高；教学设计方面反映出她对教学内容的理解更加深入；师生交往行为方面与第一次授课效果差不多，略有进步的是学生相互评议方面的频次有所增加；教学效能综合评价表指标中教师行为占比与学生行为占比由39％、61％变化为49.36％、50.64％，结合课堂表现来看，这一指标的变化是由教师的掌控性变强引起的。"分数的加减法"教学内容相对比较简单，且学生对数字的敏感度较高，所以学习起来比较容易，课堂主动参与度也较高。对于"分式的基本性质"这一节的教学，学生遇到的问题的难度加大了。但我们也看到知识难度的增大伴随着学生年龄的增长，这时我们应充分了解学情，选择符合学生程度的教学策略，可以通过设计合作学习的方式提高学生的参与度，真正实现以学生为主体的课堂教学方式。

常态运用——从对立迈向专业自觉

任何一种新的理论或方法的推广都不是一帆风顺的。我们在学习使用数字化课堂观察平台的过程中，也遇到了很多困难，也有很多教师有抵触情绪。但我们本着"课堂实践—发现问题—解决问题—再实践"的研讨精神一路坚持了下来，在这一过程中尝到了基于数字化课堂观察的教学改进带来的转变。老师们真正从心底里接受了这种科学有效的课堂观察方法。我们把这种利用平台进行观课、评课、改课的形式作为我组教研活动的常态化形式，在校本研修中自觉地运用。

我们的感悟

在实践中，我们感到从传统、主观、经验式的听评课模式，转化到数字化、标准化、可测量的课堂教学观察模式不仅需要教师有专业的思维、切实关注学习、倡导基于证据的分析、参加专门的学习或培训，而且需要一个可以进行自由分享、互惠对话与交流的专业合作体。这无疑提升了教研文化建设的高度。

课堂观察不是教师一个人独立完成的，它需要几个教师共同协作。首先，教师常以不同的方式看待或者解释课堂行为，这样更利于产生有益的对话、认识和思考，有利于避免空谈阔论，有利于教师的共同成长与发展。这些元素使得课堂观察具有强大的促进教师专业发展的潜力。它能逐渐培养教师养成自觉观察的意识。其次，课堂观察往往沿着"主题—观察—现象—归因—对策"的基本程式去研究课堂教学问题，有现象的获得，有原因的分析，还有对策的制定，是一种有一定深度的研究活动。最后，这样的听评课活动能引领每一位听课教师带着任务进课堂，带着问题去听课、去观察课堂，帮助教师认真听、深入思、积极评，不仅有利于克服听评课活动的散漫化弊端，而且要求教师把思想提高到一个崭新的水平，有利于教师发展模式的优化及改进。

尽管我们实践的时间不长，但我们实实在在地体会到了基于数字化数学课堂观察的教学改进的优势，认识到继续研究的价值。

当前，"多元交互式"课堂观察平台正在全国范围内迅速扩散。笔者所倡导的"评价是为了教学""评价是服务器"理念，以及信息技术与教育评价深度融合的方法已经传播到了大江南北。从南海到北疆，从东部到西部，数字化教育评价道路上的同行者已经越来越多。

1. 媒体的报道

《中国教师报》曾做过深度的专题报道，在《课堂教学评价的数字化革命》一文中指出该研究成果是中国教育改革史上的一个亮点，它的功绩与其说是在今天，不如说是在未来。从传统、主观、经验式的听评课，到数字化、标准化、可测量的课堂教学观察，它改变的不仅仅是课堂，不仅仅是教师，更是教育的生态、国家的未来。

《新华日报》在《数字化评价逼"满堂灌"下课》的新闻报道中指出"互联网＋教育评价"给传统课堂教学评价带来了革命性改变。"多元交互式"课堂观察平台，用数字化评价"指挥棒"引领教师走出"灌输式"课堂

教学，引起了广大校长的浓厚兴趣。

《江苏教育报》在《开启"互联网＋教育评估"新时代》的专题报道中指出"多元交互式"课堂观察平台，用数字化手段让教育评价跳出"唯分数论"的桎梏，引领教师从填鸭式的灌输教学走向多元的素质教育。经验主义的听评课方式在智能互联网浪潮的冲击下必将面临一场革命；教育评价走进大数据时代势在必行。

2. 专家的点评

在中国教育学会主办的 2016 年评价专题研讨会上，在笔者介绍了"多元交互式"课堂观察平台后，中国教育学会基础教育评价专业委员会理事长点评说："课堂是丰富多彩的，课堂教学方式又是千变万化的。时代不同，对课堂教学的理念、要求可能不同。为了实现对课堂全面、客观的观察与评估，你们做了非常有益的探索，对课堂的评估也是准确的，效果是明显的。"北京市教育督导与教育质量评价研究中心主任说："这款软件有两大突出优点：其一是数据采集运用移动终端，后台实施统计，简单、快捷，这是一大进步，非常不简单；其二是观课、评课的主体多元互动，模式新颖，成效明显。"

3. 校长的感受

扬州市竹西中学采用"多元交互式"课堂观察平台促进年轻教师专业成长取得了卓有成效的进步。刘岚校长曾自豪地告诉记者："因为学校较早使用课堂观察平台，年轻教师成长非常迅速。以地理组为例，全校 6 位地理教师全都获得了市级名师称号，连刚刚工作一年多的教师也被评为扬州市教学能手。居加莉老师还获得了江苏省教学大奖赛特等奖。年轻教师成长如此之快，就是因为课堂观察平台能全面、多角度地观察课堂，能提供客观的数据，使人一看就知道这堂课需要矫正什么行为，能够循环跟进一个教师的课堂，可以准确看到这位教师哪些方面取得了进步，哪些方面停滞不前，哪些方面急需改进。"

4. 教师的体会

关于课堂观察平台的反馈信息，最主要的来源是广大的使用者。他们在数字化课堂观察的行动中思考、成长。下面是部分教师的应用心得。

在应用数字化课堂观察平台半年后,我发现授课教师对备课的思考与研究更加全面、深入。观课教师在课堂上的观察更加有针对性。平台所获得的数据使得课后的交流研讨更加有说服力,出现了大家想说也能说的局面。而且参与研究的教师也养成了思考和研究的习惯,许多教师找到了独特的研究角度。

——仪征市教科所王燕

"多元交互式"课堂观察平台作为一种教学评价工具给我们教学带来不小的作用。因为它给我们呈现了有评价主体、评价目标、评价内容、评价方式等的多元的评价视角,同时让评价者与评价对象、评价过程与结果、教与学之间形成互动。

——上海市崇明实验中学张念月

课堂观察平台上的指标既全面又科学,其观察体系中的每一个评价量表、每一组数据都是由本组的前辈认真且客观地加以评价得出的。虽然我能看到的只是一组组理性的数据,但它们所承载的是我们学校每一位中青年教师的精神食粮,对于像我这样的青年教师来说具有指导作用。

——上海市崇明实验中学倪伶俐

该平台基于科学的数据开展评价,让我们科学把握课堂观察的评价维度,并对每个维度下的观测点进行深入的思考。例如,在课堂提问环节,我们通过记录教师问话、学生评价和教师总评等不同方面,既对课堂实践中教师课堂提问环节的设计进行了评价,也更加明确了课堂提问的几个科学和有效的因素,对提高自身课堂教学水平也有一定作用。"实践—观评课—再实践—反思完善"系列化操作,让我们行走在课堂实践和深度思考的教研之路上。我们从中感受不一样的体验,并有所收获。

——上海市丰庄中学袁丽

建立课堂观察评价体制,可以加强教学业务的细化管理,有助于提

高教师的业务能力。特别是一些具体数字的形成，可以让我们授课教师和评价教师之间形成一定的量化评价基础。有时甚至不用进行交流，我们授课教师就能够从这些数字中得到提示，并有利于今后教学思路的进一步打开。同时该平台也给评价教师指明了一些方向。真可谓互帮互助，互相促进，相得益彰。

——上海市丰庄中学陈继云

作为一名刚入职的新教师，我很幸运地得到全组教师的帮助。他们运用课堂观察平台对我的课堂进行观察、评估。经过一个阶段，"我的课堂信息"里的各项指标都有了明显的提高。通过平台，我能够清楚地看到自己的成长，我十分高兴。我觉得"多元交互式"课堂观察平台使我及时改正了自己尚未意识到的教学错误，帮助我缩短了摸索教学规律的时间。

——扬州大学附属中学曹洁

第五章

"多元交互式"教学评价的行动路径

当前，发展性教学评价的理念已经被广大一线教师认可，但传统评价手段依然占据主导地位，其重要原因之一是缺少行之有效、可操作、可复制的评价行动方案。鉴于此，我们的研究一直将评价改革的行动路径设计作为重点任务，并在实践中不断加以检验、修正。概括来说，"多元交互式"教学评价的行动路径是指运用测量、观察、调查、研讨、反思、档案记录等多种评价方法，建立贯穿教学全过程的多元主体协商共建的实施方案，以体现"教—学—评"一体化的评价理念。

一、全程性学生学业质量评价路径

（一）全程性学生学业质量评价的必要性

过程性评价与测试性评价相结合是发展性评价的基本原则之一。而新课程特别强调过程性评价，主要是因为传统评价过于强调测试结果。实际上，评价应该实现两者的有机结合。

1. 测试性评价及其局限性

测试性评价主要关注学生的学习结果，是指在学期末或某一阶段结束时通过考试的方式对学生的学习成绩进行诊断。它能够较好地考查学生对知识技能的理解和掌握情况，但是无法全面地反映学生智能发展的过程性成果。测试性评价过分强调甄别和选拔功能，而忽视评价的导向与激励功能。对学生的学业成绩评价而言，重结果的测试性评价把学生获得答案的思考与推理、假设的形成以及应用等都排斥在外，缺少对思维过程与探究方法的评价，导致学习只重结论、忽视过程，因此不能促使学生养成科学探究的习惯，不利于学生良好思维品质的形成，并限制了学生解决问题的灵活性和创造性。

2. 过程性评价及其主要功能

过程性评价，主要是指在课程实施的全过程中对学生的学习动机、

学习效果、学习过程以及与学习密切相关的非智力因素进行全面的评价，其目的在于了解学生已有的水平、取得的进步及存在的问题，这是一种关注过程、面向发展的评价。因此，新课程所倡导的过程性评价贯穿学习始终，能够对部分无法用纸笔测试出来的学习成果，以及与学习密切相关的非智力因素进行评价。它主要通过非考试测验的手段来完成，如通过教师观察、座谈与访谈、活动记录、问卷调查、记读书笔记、学生自评与互评等形式对学生的学习行为、学习能力、学习态度和合作精神等进行持续性评价。

一般来说，过程性评价是在开放、宽松的氛围中进行的，其评价结果可采用描述性评价、等级评价或评分等形式体现，但更重视质性评价，其评价内容主要包括以下三个方面：一是要收集学生学习状况的数据和资料，并将学生的日常评价和重要的资料系统地保存下来，以体现学生发展变化的轨迹，清晰全面地把握学生某个阶段的学习状况，这就常用到档案袋进行评价；二是要根据一定的标准对学生的发展状况进行描述和判断，将课程标准所确定的知识与技能、过程与方法、情感态度与价值观目标作为制定评价标准的基本依据；三是在一定的目标指导下，根据学生的基础和实际情况，给予学生反馈并提出具体的改进建议。

总之，过程性评价深入学生发展的进程，及时了解学生在发展中遇到的问题、所做出的努力以及获得的进步，对学生的持续发展和提高进行有效的指导，真正发挥评价的促进发展功能。所以，只有关注评价的过程，才能有效地帮助学生形成积极的学习态度、科学的探究精神，才能注重学生学习过程中情感体验、价值观的形成，实现知识与技能、过程与方法、情感态度与价值观的全面发展。

3. 全程性评价是评价发展的必然选择

无论测试性评价还是过程性评价均不能全面衡量学生所取得的学业成就，只有两者结合才能既评估学生对知识与技能的掌握情况，又考查学生在过程与方法、情感态度与价值观方面的进步，这就是一种贯穿学习始终的全程性学生学业质量评价。它将评价渗透到学习过程的各个环节之中，既重视注重结果的量化测试方法的应用，又克服"一张考卷定终身"的弊端。它采用的过程性评价方法又能够对学生在答问、演讲、演示、绘图、计算、考察、调查、制作等各种学习活动中所表现的思维能力水平进行论证，使评价过程变为教育过程，从而促进学生的全面发展。

过程性评价与测试性评价不是截然对立的，而是相互联系、相互促进的。一般地说，一个学生在学习过程中的表现比较突出，说明其在学习情感、学习行为、学习能力、学习方式等方面都处于不断发展中。

扬州大学附属中学地理学习过程性评价方案[①]

一、过程性评价的主要内容

高中地理学习过程性评价的视野应投向学生的整个学习过程的表现与绩效。为了切合地理学科特点，满足评价过程的简洁性，我们将反映高中地理学科素养的主要评价内容分为学习常规评价、课堂学习评价、融合式测验评价、探究性学习评价、突出表现评价五个方面。学习常规评价主要是根据学生在学习过程中的出勤、作业等基本表现做出的；课堂学习评价不仅关注学生地理基本知识、基本技能、基本能力的发展，更关注学生情感与态度、过程与方法的发展；融合式测验评价是指与课堂学习过程一致的随堂练习和阶段性测验等；探究性学习评价在地理必修1至必修3中，主要关注学生基本的地理读图绘图技能、自制模型、研究性学习项目设计、实验过程、实验报告、交流讨论、合作意识以及研究性学习态度等方面，在选修学段更加关注综合实践能力的提高；突出表现评价主要包括学生在地理竞赛、创新意识和能力方面的优良绩效和表现。

[①] 此案例由扬州大学附属中学陈茜老师提供。

二、过程性评价方案的基本架构

(一)过程性评价表

表 5-1　扬州大学附属中学过程性评价表

学习常规（25分）			课堂表现（30分）				考查（20分）		地理基本技能的探究性学习（25分）				奖励（10分)
出勤守时（5分)	作业提交（10分)	学习反思（10分)	听思效率（10分)	参与讨论（10分)	课堂笔记（5分)	基础应答（5分)	课堂练习（10分)	学段考查（10分)	读图绘图（10分)	自制模型（5分)	合作交流（5分)	实践报告（5分)	突出表现（10分)

(二)过程性评价计分规则

计分总则：平时成绩满分为100分，每位同学的起评分为80分，并根据平时的过程性记录予以加减分。

加减分细则：

表 5-2　扬州大学附属中学过程性评价加减分细则

项目	加分	减分
学习常规	作业一贯认真、规范加2分，坚持每个阶段进行主动学习反思加3分。	①旷课1节扣2分，无故迟到或早退1次扣1分；②作业迟交1次扣1分，作业无故缺做1次扣2分，抄袭作业1次扣3分，作业书写不认真扣1分，作业错误不订正1次扣1分；③试卷讲评后不做简明分析和反思扣2分；④作业因不会而少做，注明理由且准时提交不扣分。
课堂表现	一贯专注听讲、思维积极加1分；经常主动交流与发言加2分；课堂笔记精当加1分；基础应答一贯正确加1分。	①课前准备不充分被劝告1次扣1分，课前喧闹被劝告1次扣2分；②上课注意力不集中被劝告1次扣1分，干扰他人被劝告1次扣2分，不参与课堂讨论被劝告1次扣1分；③无课堂笔记扣2分。

续表

项目	加分	减分
实践素养	初步形成良好的读图绘图技能加1分；自制模型有示范性加1分；研究性学习能力或社会实践能力强，且善于与他人合作，受到老师公开肯定加1分；研究性学习或社会实践报告完整、规范加1分。	①没有形成良好的读图绘图技能1次扣2分；②不参与研究性学习1次扣1分；③不主动参与社会实践被劝告1次扣1分；④不认真完成实践报告1次扣2分；⑤抄袭他人研究性学习或社会实践报告1次扣3分。
突出表现	地理竞赛获得省三等奖加5分，二等奖加8分，一等奖加10分；以地理为主题的研究性学习报告，在年级做主题交流时受到好评，其课题组负责人加5分，其他成员每人加3~5分；在学校研究性学习专刊上发表文章的，主持人加10分，其他成员加5~8分；善于发现问题，且问题有一定价值，加5分；善于解决问题，见解独到，加5分。	

两点补充说明：一是实行加减分时要有表现记录，各项扣分以该项目总分为上限，不出现负分情况；二是课堂练习和学段测试均采用百分制，以便于计算机统计和处理。

三、过程性评价的方式

高中地理学习过程性评价，采用学生自我评价、学生小组评价和教师评价相结合的方式。评价应注重学生自我评价。小组评价应关注学生的自我申诉。为使小组评价更加客观方便，每小组以6人左右为宜；教师评价以平时学生表现的实录和绩效为依据，同时结合学生小组评价意见，当与学生小组意见不一致时，向该小组做出评价项目解释。

四、评价结果的使用

学科学习过程性评价的结果将纳入新课程规定的模块学分认定结构和综合素质评定体系。

（一）学分认定

在模块学分认定时，评价者将学习过程性评价成绩和模块测试成绩各以50%的比例折算并合成模块总成绩。模块总成绩满60分者方可获

得2个学分。总分低于60分者，若过程性评价结果为主因，则必须进行重修或再选修；若模块考查为主因可申请一次补考，补考总分仍不及格者必须重修。

(二)地理学习能力认定

地理学习能力评为A、B、C、D等级。地理模块总成绩排名位于年级前35％的，学习能力评为A等；排名位于年级36％~85％的，学习能力评为B等；排名位于年级86％~95％的，学习能力评为C等；需要补考缓评或重修学生的比例控制在5％以内。

简评：该方案具有鲜明的校本化特色，着重说明学生地理学业成绩的过程性考核方法。学生的学分以过程性评价与模块测试成绩各占一半的总评成绩进行认定，说明评价方案是体现新课程所倡导的发展性评价理念的。方案比较详细地说明了考核指标及各指标的权重，从而将过程性表现转化为可比较的量化分值，增强了评价的可操作性。过程性成绩的评定方法呈现两大亮点：一是从学习常规、课堂表现、实践素养、突出表现等几个方面制定奖惩细则，起到规范与激励作用；二是将总评成绩以常模参照比例评定学生的地理学习能力，具有一定的创新性。总体看，这份评价方案如果执行到位，就能够使评价渗透于学习的全过程。

（二）全程性学生学业质量评价的具体路径

全程性学生学业质量评价从实施的基本路径来看特别强调过程与多元主体的互动。它不仅包含学习过程中知识与技能等方面的形成性测评，还包括学习方法与能力、情感与价值观的质性评定；不仅包含对学习目标进行的定量测试评价，更重视调动多种主体参与的定性评估。单元测试、学期终结性测试、单元学习评价、研究性学习评价、档案袋评价等方式相互结合，在综合这些过程性评价成绩的基础上最终进行学期学分的认定与毕业水平的认定，如图5-1所示。

在以上全程性评价路径中，课堂教学中的教师口头评价语、形成性作业是过程性评价最基本的元素；从评价的阶段性看，过程性评价包括

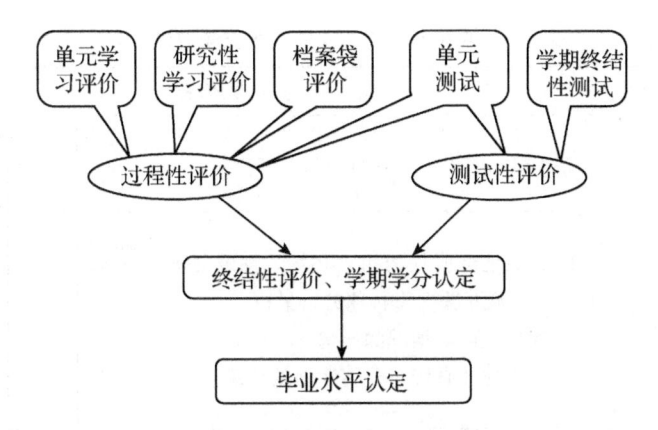

```
    单元学    研究性    档案袋    单元    学期终结
    习评价    学习评价    评价    测试    性测试
         ↓    ↓    ↓    ↓    ↓
            过程性评价         测试性评价
                  ↓              ↓
              终结性评价、学期学分认定
                        ↓
                    毕业水平认定
```

图 5-1　全程性学生学业质量评价路径示意

单元学习的反思性评价、伴随整个学期学习任务而进行的研究性学习评价，以及在一个学期学习过程中档案袋的建立及其评价。

当然，全程性学生学业质量评价也同样重视测试性评价方法的应用。在现行评价下，这种易于量化的测试性评价依然会占据核心地位。每个单元的学习结束以后有单元测试，每个学期的学习结束之后也进行一次终结性的测试。在综合过程性评价以及测试性评价之后，评价者会对学期整体的学习情况进行进一步认定，也就是进行学分认定。另外，在初中或高中学习结束之后，评价者还需要对学生整个学段的学习素养进行认定，也就是毕业水平的认定。下面以高中地理学业质量的全程性评价为例，对各种评价方式的测评工具(量表)的实践操作情况加以简要说明。

1. 单元学习评价

单元学习评价以每个学习单元为一个阶段，将过程性评价与测试性评价进行整合，根据定量评价与定性评价相结合的原则，完成单元学习测评表。具体看，该评价一方面通过自我反思与教师观察等方式对该单元的学习概况进行检查、诊断，用质性的语言说明单元目标的达成情况，并给出相应评价项目的等级；另一方面进行单元测试，将测试分值及其折算成的等级也填入评价表，同时教师也对学生在本单元的学习表现给予简要的描述性评价。表 5-3 是高中地理必修 1 第一单元学习测评表。

表 5-3　高中地理必修 1 第一单元学习测评表

单元名称	从宇宙看地球		
单元学习过程评价项目		评价等级	
		自评	教师评
知识内容	1. 知道地球所处的宇宙环境，理解地球是太阳系中一颗既普通又特殊的行星； 2. 阐述太阳对地球的影响； 3. 理解地球自转与公转运动的地理意义。		
技能方法	1. 观察某种天文现象，或查阅有关资料，说出结果及体会； 2. 运用教具、学具，或通过计算机模拟，演示地球的自转与公转，解释昼夜更替与四季形成的原因； 3. 掌握在地图上和在野外辨别方向的方法。		
情感价值观	1. 形成科学的宇宙观； 2. 具有热爱地球、珍爱生命的情感。		
单元测试分值		折合等级	
自我感悟			综合等级
教师寄语			

说明：评价等级采用 A、B、C、D 四级制，其中 A 为优秀，B 为良好，C 为合格，D 为不合格。在评定综合等级时，所有评价等级中出现频率最多的等级，就是学生的综合等级；如果相邻等级出现次数相同，本着鼓励学生的原则，优先取较高的等级；如果不相邻的等级出现次数相同，可取中间等级。测试成绩分值以 100 分计，90 分以上为 A，75~89 分为 B，60~74 分为 C，60 分以下为 D。以下各评价表的等级要求与此表一致。

2. 研究性学习评价

研究性学习评价是对学生在研究性学习过程中所反映出的学习态度与研究技能，以及研究成果做出的价值判断。研究性学习评价应重在学习过程，重在知识技能的应用，重在亲身参与探索而获得的感悟和体验。研究性学习评价强调评价的激励性，强调自我评价和自我改进。

研究性学习评价的内容应该与地理课程的总体目标与内容要求相一致，同时又应具有丰富性和灵活性，通常涉及以下几个方面。

(1) 参与研究性学习活动的态度

它可以通过学生在活动过程中的许多外显行为表现出来，如是否认真参加每一次研究活动，是否努力完成自己所承担的任务，是否做好资料积累和分析处理工作，是否主动提出研究设想、建议，能否与他人合作，是否采纳他人的意见等。

(2) 在研究性学习活动中所获得的体验情况

这主要通过学生的自我陈述加以反映，也在一定程度上通过学生的行为表现和学习结果反映出来，着重关注学生是否在研究性学习过程中形成了课程目标要求的情感、态度和价值观，特别要考查学生在从发现和提出问题、分析问题到解决问题的全过程中所显示出的探究意识和能力。

(3) 研究性学习方法与技能的掌握情况

评价要对学生在研究性学习活动各个环节中掌握和运用有关方法、技能的水平进行评价，如学生怎样提出问题，怎样搜集、整理和分析地理信息资料，怎样提出假设和验证假设，怎样表达研究成果；要关注学生的信息提取能力、读写能力、计算能力、图解能力的发展，要关注学生能否运用归纳、综合、推理和联想等思维方法寻找解决问题的途径。

(4) 生成性知识与思维能力的发展情况

研究性学习结果的评价，主要考查学生的研究论文、研究报告、设计作品等反映出来的知识与能力是否有新的发展，是否有创造性表现；主要考查学生是否能熟练运用概念分析、现象分析、数据分析、因果分析等思维方法进行知识建构。

"多元交互式"教学评价

表 5-4 研究性学习评价表

研究课题		合作成员		总结形式		
评价项目	评价要点	研究过程评价等级				
		自评	同学评	家长评	教师评	
发现问题，提出问题	是否善于发现问题和提出问题，是否经常独立提出问题，是否具有提出问题的积极性。					
	是否能有效地利用已有信息提出问题，能否补充问题的必要条件。					
	提出的问题是否具有探究价值，即问题是否具有一定的广度、深度，是否新颖。					
调查体验，实施研究	是否有积极的态度、持久的研究兴趣与克服困难的意志品质。					
	是否有严谨的科研态度、创新观点与合作解决地理问题的能力。					
	能否制订合理的有可操作性的研究计划。					
	能否根据研究内容设计有效的调查访问的问题，并及时付诸行动。					
	能否获取有针对性的信息，并有条理地加以处理。					
解决问题，得出结论	能否分析信息，进而得出结论。					
	能否从不同角度寻找解决问题的方法与途径。					
	是否具有独立思考与反思的习惯和质疑意识。					

续表

表达、交流探究成果	能否条理清晰、完整地表达探究过程与结论。				
	能否将论据与论点联系起来得出基本合理的解释。				
	能否用语言、文字、图表等多种形式表达学习成果。				
自我感悟					综合等级
教师寄语					

3. 档案袋评价

档案袋的建设与评价是过程性评价的重要载体，是过程性评价的物化形式。上一章已经对档案袋的评价原理进行了阐述，此处主要谈档案袋评价的操作。从评价的整个过程看，档案袋评价大致可分为制订计划、建设、评价与应用四个环节，这几个环节并没有绝对的界线。在实际操作中，各个步骤互相交叉、渗透，例如，档案袋建设过程就可能实施阶段性评价。通过评价，评价者可能会对预定的方案做出调整。从本质上看，实施档案袋评价就是要解决好四个方面的问题，即"装什么""谁来装""如何评""怎么用"。

如前所述，档案袋评价是研究性学习最经常使用的评价方式，可以将研究性学习材料进一步分为前期的项目设计方案、中期的研究资料、后期的总结报告三类分别加以评价。档案袋具有展示性，因此教师可专门设置一个栏目让学生展示自己的最佳作品，以充分彰显个性化成果。

档案袋评议活动可以分阶段进行。我们建议学校每学期举行两到三次评议会，建议阶段性评议活动采取质性评定的方式，在评议会上将档案袋进行展览，以小组为单位进行研讨与互评，肯定取得的成绩，指出不足，让每个学生都能更清晰地认识到自己今后的发展方向。

"多元交互式"教学评价

在一个学期的学习结束后，评价者则需要对档案袋进行终结性评定。除组织质性评议活动外，评价者需要综合各方面的意见，对各个评价项目给出等级，以体现定量评价与定性评价相结合的原则。评价者通过商讨、合议，最终完成评价表，如表 5-5 所示。

表 5-5 学生成长档案袋评价表

档案内容		代表作业	测试卷	自绘图表	自做模型	设计方案	研究资料	研究报告	最佳作品
量化等级	自评								
	同学评								
	家长评								
	教师评								
质性评语	自评								
	同学评								
	家长评								
教师寄语								综合等级	

档案袋评价的最终目的不是给学生一个评语、一个等级，而是要正确使用档案袋，使之能发挥评价的激励作用。在档案袋的使用过程中，教师应在大部分时间将档案袋放在学生的身边，便于学生及时存放自己的作品和有关资料，并引导学生经常检查、观看、调换作品，由此引导学生看到自己的进步和不足，这期间教师要注意提醒学生好好保存档案袋。在学生梳理总结之后，教师可以将学生档案袋收集起来，并把他们的作品、成果进行展示。同学之间可以互相观摩、评价。教师偶尔也可以让学生将档案袋带回家，请家长观看，征求家长的意见，让家长参与到档案袋评价过程中。学期结束时，学生档案袋的终结性评价意见，是一张重要的学习成绩报告单，它应作为学分评定的重要依据。更重要的是它要对学生的发展起到激励作用，让他们能够意识到自己的优势，发现自己的不足并在今后的学习过程中加以改正。

4. 测试性评价

表 5-6 某调研测试试题成绩统计

题号	满分值	最高分	最低分	平均分	满分率	零分率	难度	区分度	标准差
1	2	2	0	1.52	0.76	0.24	0.76	0.28	0.85
2	2	2	0	1.00	0.50	0.50	0.50	0.44	1.00
3	2	2	0	1.83	0.91	0.09	0.91	0.18	0.56
4	2	2	0	1.33	0.67	0.33	0.67	0.10	0.94
5	2	2	0	1.63	0.82	0.18	0.82	0.32	0.77
6	2	2	0	1.79	0.89	0.11	0.89	0.17	0.62
7	2	2	0	1.56	0.78	0.22	0.78	0.41	0.83
8	2	2	0	1.64	0.82	0.18	0.82	0.23	0.77
9	2	2	0	1.59	0.79	0.21	0.79	0.35	0.81
10	2	2	0	1.77	0.88	0.12	0.88	0.30	0.64
11	2	2	0	1.80	0.90	0.10	0.90	0.25	0.60
12	2	2	0	1.72	0.86	0.14	0.86	0.28	0.70
13	2	2	0	1.62	0.81	0.19	0.81	0.40	0.79
14	2	2	0	1.79	0.89	0.11	0.89	0.17	0.62
15	2	2	0	1.72	0.86	0.14	0.86	0.17	0.69
16	2	2	0	1.91	0.96	0.05	0.96	0.09	0.42
17	2	2	0	1.86	0.93	0.07	0.93	0.15	0.52
18	2	2	0	1.43	0.71	0.29	0.71	0.31	0.91
19	3	3	0	1.82	0.61	0.40	0.61	0.42	1.47
20	3	3	0	1.80	0.60	0.40	0.60	0.59	1.47
21	3	3	0	2.38	0.79	0.21	0.79	0.46	1.22
22	3	3	0	2.68	0.89	0.11	0.89	0.26	0.93

续表

题号	满分值	最高分	最低分	平均分	满分率	零分率	难度	区分度	标准差
23	3	3	0	2.52	0.84	0.16	0.84	0.32	1.10
24	3	3	0	1.06	0.35	0.65	0.35	0.30	1.43
25	3	3	0	2.58	0.86	0.14	0.86	0.26	1.05
26	3	3	0	2.42	0.81	0.19	0.81	0.42	1.18
27	8	8	0	4.32	0.06	0.03	0.54	0.45	2.03
28	16	16	0	7.37	0.02	0.02	0.46	0.39	1.82
29	14	14	0	6.54	0.01	0.01	0.47	0.26	2.51
30	12	11.5	0	5.51	0	0.03	0.46	0.39	2.69
31	10	10	0	4.49	0.01	0.11	0.45	0.53	2.94

注：本表样本数为452，试卷满分为120分。在样本试卷中，最高分为109分，最低分为29分，平均分为72.29分，区分度为0.33。

表5-7 某调研测试等级划分统计

县市区代号		全市	1	2	3	4	5	6	7	8
测试人数		4810	452	230	567	1423	780	683	660	15
平均分		79.67	72.29	64.13	79.57	82.75	81.40	75.88	85.80	66.00
A+ ≥102分	人数	274	12	0	35	81	61	21	64	0
	所占比例(%)	5.70	2.65	0	6.17	5.69	7.82	3.07	9.70	0
A 94分≤A ≤101分	人数	695	31	2	77	240	141	50	154	0
	以上人数	969	43	2	112	321	202	71	218	0
	以上比例(%)	20.15	9.51	0.87	19.75	22.56	25.90	10.40	33.03	0
B+ 90分≤B+ ≤93分	人数	500	30	5	68	189	74	49	83	2
	以上人数	1469	73	7	180	510	276	120	301	2
	以上比例(%)	30.54	16.15	3.04	31.75	35.84	35.38	17.57	45.61	13.33

续表

县市区代号		全市	1	2	3	4	5	6	7	8
B 82分≤B ≤92分	人数	992	70	13	103	355	152	142	155	2
	以上人数	2461	143	20	283	865	428	262	456	4
	以上比例(%)	51.16	31.64	8.70	49.91	60.79	54.87	38.36	69.09	26.67
C^+ 78分≤C^+ ≤91分	人数	1406	107	30	151	483	209	220	203	3
	以上人数	2875	180	37	331	993	485	340	504	5
	以上比例(%)	59.77	39.82	16.09	58.38	69.78	62.18	49.78	76.36	33.33
C 57分≤C ≤77分	人数	1499	189	129	182	346	240	278	130	5
	以上人数	4374	369	166	513	1339	725	618	634	10
	以上比例(%)	90.94	81.64	72.17	90.48	94.10	92.95	90.48	96.06	66.67
D ≤56分	人数	436	83	64	54	84	55	65	26	5
	所占比例(%)	9.06	18.36	27.83	9.52	5.90	7.05	9.52	3.94	33.33

表 5-8 某调研测试频数分布

组别	分组区间(分)	组中值(分)	频数	相对频数(%)
1	29~32	30.5	3	0.7
2	33~36	34.5	3	0.7
3	37~40	38.5	6	1.3
4	41~44	42.5	8	1.8
5	45~48	46.5	8	1.8
6	49~52	50.5	19	4.2
7	53~56	54.5	23	5.1
8	57~60	58.5	29	6.4
9	61~64	62.5	31	6.9
10	65~68	66.5	31	6.9
11	69~72	70.5	38	8.4
12	73~76	74.5	42	9.3
13	77~80	78.5	42	9.3
14	81~84	82.5	45	10.0
15	85~88	86.5	39	8.6
16	89~92	90.5	31	6.9

续表

组别	分组区间(分)	组中值(分)	频数	相对频数(%)
17	93～96	94.5	26	5.8
18	97～100	98.5	16	3.5
19	101～104	102.5	7	1.5
20	105～108	106.5	3	0.7
21	109～112	110.5	2	0.4

(1)平均分

平均分是测试统计中最常用、最方便的指标，往往是一次测试成绩的"代表值"，它有利于对不同组的测试分数进行横向比较，如表5-7中各县市区的平均分能够反映区域性的成绩差距。教师也可以依据平均分对试题的总体难度做出初步的评判。如果平均分比较高，则试题的整体难度可能偏低；若平均分比较低，则试题的难度可能偏高，如表5-6中第1题的平均分比第2题高0.52分，说明第2题的难度更大。在实际统计中，教师可以根据具体情况采用算术平均和加权平均的方法进行计算。

算术平均分是一组测试分数的总和与分数个数相除所得的商。如果用 $\bar{X}$ 表示算术平均分，n 表示测试分数个数，X_i 表示第 i 个测试分数，则算术平均分可用下面的公式表示：

$$\bar{X} = \frac{1}{n}\sum_{i=1}^{n} X_i$$

上述两个表格中的多个平均分，都是采用算术平均法计算出来的。

同一次测试，如果已经给出各个被试组的算术平均分，要求计算所有考生的平均分时，则可以用加权平均的方法来计算。如果用 $\overline{X_w}$ 表示加权平均分，n 表示测试组个数，$\overline{X_i}$ 表示第 i 个被试组的算术平均分，W_i 为对应于 X_i 的权重系数(简称权，即第 i 组的测试人数)，则加权平均分可用下面的公式表示：

$$\overline{X_w} = \frac{\sum_{i=1}^{n} W_i \overline{X_i}}{\sum_{i=1}^{n} W_i}$$

如在表5-7中可以用8个县市区的算术平均分计算全市的加权平均分。8个县市区为8个组,已知每个组的算术平均分与权重系数,求全市平均分:

$$\overline{Xw} = \frac{452 \times 72.29 + 230 \times 64.13 + 567 \times 79.57 + 1423 \times 82.75 + 780 \times 81.40 + 683 \times 75.88 + 660 \times 85.80 + 15 \times 66.00}{452 + 230 + 567 + 1423 + 780 + 683 + 660 + 15}$$

$$\approx 79.67$$

(2)难度

难度是指测试题的难易程度,它是题目对学生认知和能力水平的适合程度的指标。在同一次测试中,对于难度大的题目,能答对的学生较少,获得的平均分也较低;相反,对于难度小的题目,能答对的学生较多,获得的平均分也较高。因此,难度可以用参加测试学生答对率或平均得分率来表示,其公式为:

$$P = \frac{R}{N} \text{ 或 } P = \frac{\overline{X}}{X}$$

公式中的 P 表示难度,即通过率或平均得分率。前一个公式是通过率,式中 R 表示答对该题目的人数,N 表示测试总人数。此公式适合于客观题的难度计算。后一个公式是平均得分率,式中 $\overline{X}$ 表示所有测试人数的题目平均分,X 表示该题目的满分值,主观题的难度必须使用此公式计算,因为考生得到的分值具有差异,不能用通过率表示。

如表5-6中第27题的满分值为8,平均分为4.32,则其难度为:

$$P = \frac{4.32}{8} = 0.54$$

由计算公式可知,若 P 值越大,题目通过率或得分率就越高,说明难度越小;若 P 值越小,题目通过率或得分率就越低,说明难度越大。可见,难度数值与试题难度负相关,在使用时不够直观。为此,可将难度值 P 转换为难度系数 Q,即 $Q=1-P$,这样难度系数与试题难度之间就正相关了。

(3)区分度

区分度又称鉴别度,是指测试题目将不同认知和能力水平的考生区别开来的程度。如果在一道综合试题上,知识、应用能力较高的考生得分高,而实际水平较低的考生得分低,说明这道试题有良好的区分度;如果没有规律或相反,则说明该题的区分度差。由于区分度具有鉴别作用,它往往成为筛选试题的主要依据。

当参加测试的人数较多时,可以采用极端分组法来计算区分度。首先将参加测试的全体学生的某试题成绩从高到低排序,选取一定比例的高分组和低分组(一般各占总人数的27%),然后分别计算这两组的平均得分率,用两者之差来表示该试题的区分度,用公式表示为:

$$D = P_H - P_L$$

式中 D 为区分度,P_H、P_L 分别为高分组学生和低分组学生在该试题上的平均得分率。如表 5-6 中测试卷的区分度为 0.33,就是采用此方法进行计算的。样本测试人数为 452,其中 27% 的人数约为 122,总分前 122 位考生的平均分为 92 分,总分倒数 122 位考生的平均分为 53 分,则这次测试总分区分度的计算公式为:

$$D = \frac{92}{120} - \frac{53}{120} \approx 0.33$$

区分度指数 D 的取值范围在 0 到 1 之间。一般地说,D 在 0.4 以上,可以认为试题的区分度很好;而 D 在 0.19 以下,说明区分度很差,该试题应该被修改或被淘汰。根据此规律可知,案例表 5-6 中第 20 题的区分度最好,有明显的分选作用;而第 16 题的区分度最低,测量的意义就不大。

(4)频数

频数是指同一次测试中某分数段内出现测试分数的次数,它是对测试分数分布状态的描述。如果将频数制作成频数分布表或频数分布图,则能够形象地表达测试分数的集中或分散程度,从而反映出试卷总体的质量水平。

频数的计算应该分为六个步骤:

①求全距。全距是指要处理的所有测试分数中最高分与最低分的

差，一般用 R 表示。如果用 X_H 表示最高分，X_L 表示最低分，则：

$$R = X_H - X_L$$

如表 5-6 中 $R=109-29=80$。

②定组数。组数是根据全距 R 与测试分数的个数 n 来确定的，用 I 表示。R 值越大，测试分数的个数 n 越多，组数就会越多。一般用下列公式计算：

$$I = 1.87 \sqrt[5]{(n-1)^2}$$

如表 5-6 中 $I = 1.85 \sqrt[5]{(452-1)^2} \approx 21$。

③定组距。组距即为全距 R 与组数 I 相除后取整，用 ZR 表示，即

$$ZR = \frac{R}{I}$$

如表 5-6 中 $ZR = \frac{80}{21} \approx 4$。

④确定组限。根据组距和全距确定每组的上限和下限，通常约定从最低值开始计算下限，如表 5-6 中第一组的组限为 [29, 32]，共分 21 个组，组距为 4，每组区间数如表 5-8 的频数分布表所示。

⑤求组中值。组中值为每组的中点值，用 M 表示，其公式为：

$$M = \frac{1}{2}(组上限 + 组下限)$$

如表 5-8 中"29～32"组的中值 $M = \frac{1}{2}(29+92) = 30.5$，其他各组的中值 M 见表 5-8 中的数据所示。

⑥统计频数。将所有测试分数由低到高排列，对照每组的组限，统计出每组段所包含的分数个数，即为各组的频数。如果将各组的频数除以测试总人数，则可算出各组人数占总人数的比例，即为相对频数。如表 5-8 的数值所示。

根据频数统计表的数据，可进一步绘制出频数分布曲线图。一般地，频数分布图以横轴表示分数，以纵轴表示频数。图 5-2 所示的频数分布图即根据表 5-8 中的数据绘制而成。

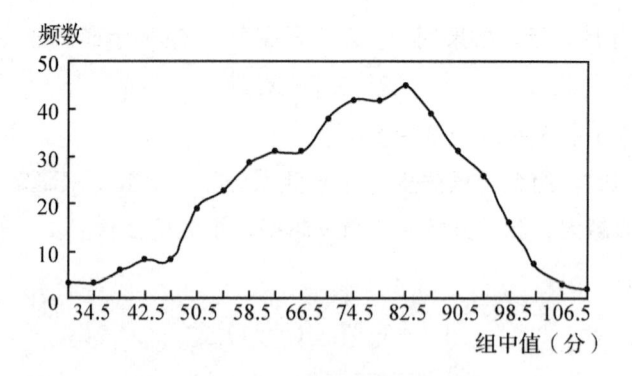

图 5-2　某调研测试频数分布图

频数分布图能够更直观、形象地反映测试分数的集中趋势与离散程度。图 5-3 表示了几种不同的频数分布状态：曲线(a)表示测试分数频数呈正态分布，表明高分段和低分段的人数明显少于中间分数段的人数，说明试题设计比较合理，试题难度、区分度分布正常；曲线(b)呈正偏态分布，低分段的人数明显偏多，说明难度偏高的题目多，试题难度过高；曲线(c)呈负偏态分布，高分段的人数偏多，说明难度偏低的题目较多，试题难度偏低；曲线(d)呈高峰形的正态分布，中间分数段的人数特别集中，学生之间的差距没有拉开，说明中等难度的题目比例过高，试题区分度较差；曲线(e)呈平峰形的正态分布，各分数段人数的差异较小，说明试题中不同难度题目的比例比较接近；曲线(f)呈双峰形分布，高分段和低分段的人数多，而中间分数段的人数偏少，说明难度过高和过低的题目偏多，而中等难度的题目偏少，试题难度梯度大。[①] 依此规律，读图 5-2 可知，这次调研测试的试题难度略低，高分组的人数多于低分组的人数。

(5) 标准差

标准差是测试成绩统计中常用的一种指标，它表示试题得分的离散程度。标准差越大，表示测试分数的离散程度越大，区分度也可能较大，而对应的平均分的代表性就比较弱；反之，标准差越小，表示测试

[①] 陈澄：《地理教育测量与评价》，98～99 页，上海，华东师范大学出版社，2001。

(a)正态分布　　(b)正偏态　　(c)负偏态

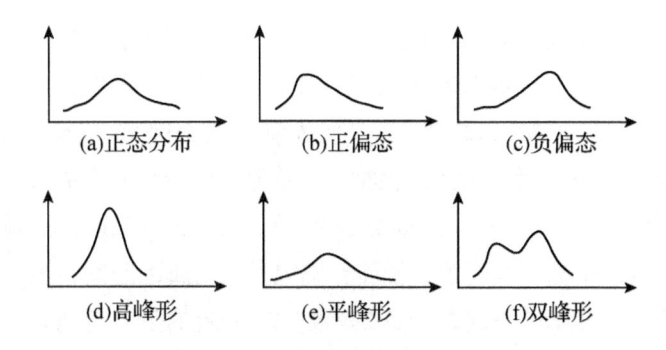

(d)高峰形　　(e)平峰形　　(f)双峰形

图 5-3　几种不同的频数分布状态

分数的离散程度越小，区分度也可能较小，而对应的平均分的代表性就比较强。标准差的计算公式如下：

$$S = \sqrt{\frac{1}{n}\sum_{i=1}^{n}(X_i - \overline{X})^2}$$

公式中，S 代表标准差，n 表示测试分数的个数，X_i 表示第 i 个分数，$\overline{X}$ 表示所有测试分数的算术平均分。如表 5-6 中有 452 个测试样本，第 27 题的平均分为 4.32，将每份试卷第 27 题的分值代入公式计算，则其标准差为：

$$S = \sqrt{\frac{1}{452}[(8-4.32)^2 + (7.5-4.32)^2 + (7-4.32)^2 + \cdots + (0-4.32)^2]} \approx 2.03$$

表 5-6 中第 31 题的标准差最大，说明学生在该题的得分离散度最大；第 16 题的标准差最小，说明该题的得分离散度最小，大部分学生的得分等于或接近平均分。

(6) 等级标准

由于常模参照测试是选拔性测试，需要衡量学生的相对位置，常用的方法是根据学生的分数设置等级标准，以便对不同的测试成绩进行筛选，一般将测试成绩按由高到低的顺序排列，然后根据测试总人数的百分比划分出等级界线，这就是等级标准分数线，这样就能够判断每一位考生所处的等级。

表 5-7 共划分了 7 个等级，其设置原则如下：A^+ 级为前 5%（含

5%)的考生，A级为前20%(含20%)的考生，B⁺级为前20%至前30%(含30%)的考生，B级为前20%至前50%(含50%)的考生，C⁺级为前50%至前70%(含70%)的考生，C级为前50%至前90%(含90%)的考生，D级为90%以后的考生。根据这一原则，统计出6个等级标准分数线，分别为102分、94分、90分、82分、78分、57分。将测试个体的总分与这6个分数线对照，便能够确定学生所属的区间，也就确定了所属的等级，如105分就属于A⁺等级，70分就属于C等级。当然，由于测试成绩一般用整数表示，所以等级标准分数线也只能是整数，这就使得划分比例不太可能与原先设定的比例完全一致，而有一定的误差，如B⁺等级的实际人数比例就为51.16%，而不是原先设定的50%。

总之，科学、准确的统计结果是有效测试的保证。但是测试成绩的处理是一项非常烦琐的工作。传统的人工统计费时费力，而且容易出现差错，不过现在计算机能够帮助我们快捷、精确地完成这一任务。目前，Excel与FoxPro是两款运算功能很强大的数据库处理软件。新时代的教师应该熟练掌握其中一种软件的应用。

5. 学期学分认定

在每个学期的学习过程中，我们要求学校开展与该学期内容相适应的研究性学习。为突出评价的发展过程，我们还要求学校建立相应的档案袋，用以收集、整理学习成果。当学生修完一个学期的课程后，我们需要总结每个学生的过程性测评成绩，给出一个过程性测评的总评等级，也就是根据学生每个单元的综合成绩以及研究性学习成绩、档案袋成绩评定该模块的总评等级。另外，学期学习结束后学校应该进行终结性测试评价，也就是依据分值进行定量的描述，同时把这个分值折算成相应等级。在这样的评价中，学生会对自己在该课程中的学习态度、学习效果进行总结与反思，采用描述性的语言进行自我评价。最终，教师对学生的学习给予定性的寄语。

表 5-9　学生学业成绩综合评定表

	分类评价等级		总评等级
过程性评价	单元综合成绩	第一单元	
		第二单元	
		第三单元	
		第四单元	
	研究性学习成绩		
	档案袋成绩		
终结性评价	分值		等级
自我评价			
教师寄语			

在以上综合评价完成之后，学校才能对学生进行学分认定。学分认定的原则如下：

①终结性评价与过程性评价均为 C 以上者可直接获得该学期的学分；

②若过程性评价与终结性评价中一个为 D，而另一个为 A，可获得学分；

③若过程性评价为 B 或 C，终结性评价为 D，则学生须申请补考笔试，补考必须在 C 以上方可获得学分，否则应重修该模块；

④若过程性评价为 D，终结性评价为 B 或 C，则学生须补足材料后申请重新评价，重新评价不合格者须重修该课程；

⑤若过程性评价为 D，终结性评价为 D，则学生须重修该课程方可获得学分。

6. 毕业水平认定

在每一门课程学习结束之后，我们需要对学生整个学段的学习水平进行一次评定。表 5-10 是高中地理毕业水平评定表，其测评成绩包括学生在整个必修阶段的过程性测评等级、终结性测评等级。选修

"多元交互式"教学评价

地理的学生，也有相应的过程性测评等级和终结性测评等级。另外，毕业水平的考试成绩可以结合区域学习水平的测试成绩，给出相应的等级。

表5-10 高中地理毕业水平评定表

	模块名称		过程性测评等级	终结性测评等级		
地理模块测评成绩	必修1					
	必修2					
	必修3					
	选修1					
	选修2					
毕业水平测试成绩	分值			等级		
地理素养评定	评定项目		评定等级			
			自评	同学评	家长评	教师评
	地理科学素养	自然地理知识				
		地理学习能力				
		地理学习方法				
		地理科学精神				
	地理人文素养	人文地理知识				
		人地关系观点				
		地理学习态度				
		地理学习兴趣				
	地理技术素养	地图绘制与应用				
		地理信息技术				
		区域规划与应用				
教师寄语			总评等级			

本书在这里指出一个现实问题。由于受"唯升学率"评价思想的影响，新课程倡导的学分认定制度面临诚信的拷问。根据国家课程方案，对一个模块的学习，学生只有当终结性测评成绩和过程性测评成绩都合格时，方可获得相应的学分。事实上，这个制度在一些学校形同虚设。在升学的压力下，舍"卒"保"车"的倾斜政策较为常见，这里的"车"是指终结性测评成绩，"卒"是指过程性测评成绩。目前，这个问题已成为影响学业质量评价改革的最重要的阻抗因素之一。

二、循环跟进式课堂教学行为评价路径

课堂教学行为问题是教育教学研究中的一个永恒的话题。自从有了教学活动，人类就从未停止过对它的探寻。不可否认，十多年的新课程改革之路使课堂教学行为发生了较大的变化，例如，课堂上的师生互动行为明显增加，课堂资源得到有效整合，多元化的教学手段促进了学生学习行为的改善，等等。但是，当前课堂依然存在着许多低效甚至无效的教学行为。例如，"填鸭式""满堂灌""越俎代庖"等问题并不鲜见；有些课堂有探究之形，却无探究之实；教师的教学组织难以摆脱以鉴别、选拔、淘汰为目的的评价思想的制约，等等。这些低效与无效行为偏离了先进教学理念的要求，成为制约学生发展与目标达成的主要因素，在此统称为偏差性行为。

课堂教学行为评价的最终目的是矫正偏差性行为，提升教学效能。为达到以评促改的目的，课堂教学行为评价应该沿着这样的方向进行：在澄清课堂教学行为构成体系的基础上，在具体的时间与空间，通过具体的教学事件明确偏差性行为"是什么"和"为什么"，即分析偏差性行为的应然理由，然后进行课堂教学行为的构建，即提出"怎么办"的矫正方案，并使其在课堂实践中获得检验。

（一）扎根课堂的教学行动研究

行动研究作为一种研究方法和途径，起源于美国。"行动研究是指教师在教学过程中，对自己的教学观念、所采用的教学方法及由此产生

"多元交互式"教学评价

的教学效果进行反思,在反思中重新审视自己的教学观念,探讨、研究和改进教学方法,以进一步提高教学效果。"[1]有学者将行动研究的过程归纳为计划、实施、观察、反思四个循环步骤。这种质的研究方法在新课程实施以来已经深深植根于我们的教科研工作。笔者曾与许多一线教师构成研究共同体,从扫描教学现场开始,确定研究问题,将问题再放置于教学实践中进行观测、研讨,直至解决,我们称之为课堂行动研究。

课堂行动研究是扎根课堂的循环跟进式教学评价方法,它以课例为载体,以问题解决为中心,充分利用各项评价工具,遵循"专家引领、自我反思、同伴互助"的"多元交互式"思路,采用"共研设计—课堂观察—协商研讨—行为反思—再设计"的循环跟进路径,即基于标准对课堂教学行为进行观察、追踪、反思,诊断出偏差性教学行为,合作探究偏差性行为产生的原因,提出矫正的方案与措施,并返回教学现场,重新检视矫正后的新行为,如此循环,跟进强化,直至有效的教学行为塑造成功。行动路径如图5-4所示,大致可分为三个环节。

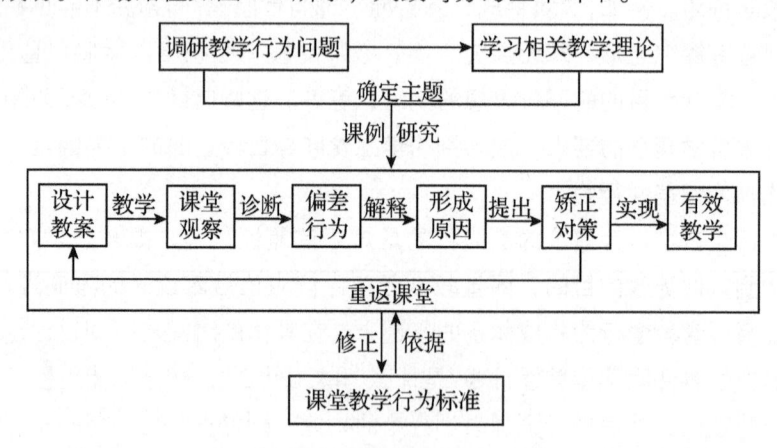

图 5-4 课堂行为研究的路径

---

[1] David Hopkins, *A Teacher's Guide to Classroom Research*, Milton Keynes, Open University Press, 2008, p. 47.

1. 确定研究主题

该环节根据教学过程中师生普遍关注的某个教学行为问题，展开初步调研，提出核心话题，如地理"三板"（板书、板图与板画）不规范的问题，师生交往形式单一的问题，导学案应用低效的问题等；问题确定后，组织研究团队学习相关教学原理，确定理论依据。

2. 开展课例研究

这是教学评价研究的主体任务，主要是针对需要改进的行为问题，确定研究课例，组织研究团队，设计具体教学行为的评价标准，采用循环跟进的研究方法，遵循"教—学—评"一体化的理念，将评价渗透于教学的全过程，从而对课堂教学行为进行有主题、有目标、有改进建议的研究。"设计教案→课堂观察→诊断偏差性行为→解释形成原因→提出矫正对策→教案再设计"的循环跟进研究思路，充分说明课堂是研究的主阵地，也说明行动研究是一种高品质的实践活动。

在课例研究的各个环节中，"课堂观察"环节具有奠基作用，是进行问题诊断与成因分析的主要载体，只有将研究问题放置于教学现场进行观测、思考，才能进行客观评估与诊断，才能使行为矫正措施有实际价值。因此，科学的观课活动应该成为行为矫正的设计起点。

高中地理"水圈与水循环"的课堂观察记录[①]

表 5-11 "水圈与水循环"研究课田野式观察

学校	扬州中学树人学校	班级	高一(2)班	课型	新授	听课日期	2012年12月6日
授课教师	柳共和	年龄	36岁	教龄	12年	职称	中学一级
课题	水圈与水循环							
教学媒体	计算机多媒体							

---

① 此观察课例为2012年华东师范大学高中地理骨干教师研修项目学员在扬州实训时开设的研究课。

续表

教学过程	评议
导课：我来自宁波。宁波与大家所处的城市有共同的特征。扬州是水乡，有"早晨'皮包水'，晚上'水包皮'"的生活习俗；宁波临近海洋，也是多水的城市。 投影：扬州石塔宾馆房间洗脸盆边上的一句话"节约用水，泽福后人"。 师问：扬州缺水吗？为什么还要节约用水？你怎么理解？ 生1答：扬州不缺水，但其他地区缺水。 生2答：现在不缺水，但为子孙后代的幸福要节约用水。 师评：生1的回答是对空间差异的说明，生2的回答是对时间差异的分析。 一、何处有水——地球水体分布 投影：从太空看地球照片，与学生对话。 投影：全球水体类型分类构成图。 师问：你认为地球表面分布最多的水体是？陆地上分布最多的水体是？为什么两极分布最多？ 生答略。 投影：陆地淡水资源构成漫画。 师问：这幅漫画给我们什么启示？ 生答：尽管全球水很多，但可以直接饮用的淡水很少。 师问：可以用的水很少，那么我们应该怎么办？ 生齐答：节约用水。 二、水的归去来兮 师问：水从何处来？水到何处去？ 投影："黄河之水天上来，奔流到海不复回"图文。 师问：水真的不复回？ 投影："百川东到海，何日复西归"图文。 动画：水循环示意。 活动：学生绘制三类水循环示意图。 放飞思维：假如你是一滴海水，一段时间后，你将以什么样的形态，以什么样的行进路线，出现在什么地方？ 要求：学生以诗意的语言说出自己的认识。	导课有生活化情趣。 评价准确有深度。 需进一步强化水资源观教育。 概念讲解不够透彻。 绘图设计培养动手能力，是过程与方法目标的实现路径。 在学生合作学习时，教师要加以指导。

续表

教学过程	评议
交流：一名学生投影学案上的绘图、讲解，并朗读即兴创作的散文《假如我是一滴海水》。 同学们报以热烈的掌声。 师评：掌声中似乎有一点点异声？请大家评议。 生1：海风、陆风描述不正确。 生2：没说到水从陆地到海洋的过程。 师问：没有登陆的台风参与水汽输送吗？ 生齐答：没有。 投影：黄土高原图。 三、合作探究：水循环的地理意义（以黄河流域为例） 1. 水循环是如何改变黄河流域地表形态的？请举例说明。 2. 人类活动对黄河水循环产生了哪些有利与不利的影响？请举例说明是如何影响的。 3. 学生指出华北地区水资源紧张的原因，并思考应该采取的措施。 4. 水资源是取之不尽，用之不竭的吗？请说明理由。 分组：全班共6个小组，每两组讨论前3个问题中的1个，各组都要讨论第4题。 学生讨论交流略。 投影：水循环的地理意义。 投影：楼兰文明消失、无锡太湖水污染图片。 四、水的哲理——感悟·感言 教师结语：水是生命之源，是大自然赐给我们的宝贵资源。为了人类的永续发展，请同学们善待水，就像善待自己一样。	组织生生评价，指出错误，好！ 自我反思性学习，好！应改为"没有登陆的台风参与海陆间水循环吗？" 探究过程要有更加具体的指导环节。
主要优点	1. 课堂教学语言抑扬顿挫，富有激情与感染力，有诗意。 2. 教学资源选取精当，运用充分。 3. 问题与思维引领开放，利于培养学生的创新意识。 4. 学生的探究性活动有利于他们自主建构新知，培养自主学习能力。 5. 重视生生互动评议，突现学生的主体意识与责任意识。

续表

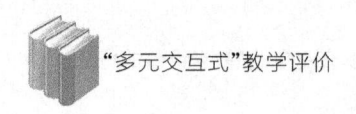

主要问题	1. 板书显随意。 2. 对学生合作学习缺少必要的关注与指导。 3. 个别知识点的解读不够精准。
主要建议	1. 提供给学生更多提问与质疑的机会。 2. 设计小组合作学习的探究步骤。 3. 增强学案编制的规范性，优化导学功能。

简析：这是一节自然地理课的田野式课堂观察情况实录，是当今教学评价普遍使用的观察法记录表，它忠实地记录课堂教学过程。观察者不仅对教与学的行为进行了记录，而且对突出的行为给予了点评，总结了课堂教学过程中的主要优点与存在的问题，并提出改进教学的建议，属于决策导向评价原理的应用。

此外，在课堂行动研究中，每个课例应着力研究一个中心问题，并最终提出解决这个问题的理论依据与改进方案，从而促进教学方式的转变。因此，扎根课堂的行动研究是带着研究任务的"行动"，是在教育教学理论指导下开展的"行动"，是为了解决问题的"行动"。

3. 修订行为标准

课堂行动研究对教学行为的研究不止于实践活动，还需要提炼、总结，针对课例所反映的偏差性教学行为的矫正经验，对已设计的课堂教学行为标准提出修正意见，最终确立这一教学行为的规范性操作标准。

以上研究思路表明，课堂行动研究应该着力体现实践性、反思性、合作性、开放性与发展性等特征，其根本目的是改进教学，促进师生发展。这样的价值取向，必然要求教学评价过程一定是扎根课堂的行动研究。研究者只有将自己置身于教学现场，对课堂教学中的教学行为进行观察、追踪、反思，才能诊断出偏差性教学行为；然后在此基础上，进一步探究偏差性行为产生的原因，提出矫正的方案与措施，并返回教学现场，重新检视矫正后的新行为，如此循环，跟进强化，直至有效的教学行为塑造成功。研究的每一位参与者都是研究主体，都需要参加理论学习、教学行动、实践反思、表达见解的活动，特别要注意思考教学中存在的问题，要注意反思自身与他人的差距、设计与现实的差距，这就极大地激发了一线教师的研究意识。

（二）常见的偏差性课堂教学行为及其成因

对课堂教学行为的评判，归结起来，应该符合几项原则：一要看该种行为是否体现教师的职业道义性；二要看该种行为是否体现教育教学的规律性；三要看该种行为是否体现专业的科学性；四要看该种行为是否体现学生身心发展的需求。

1. 常见的偏差性课堂教学行为

笔者于2011年2月4日在"调查派"网站发布了一份地理教师课堂教学行为调查问卷。截至2011年2月25日，共有177人提交了问卷，具体答题人员的信息不详。此问卷共分76道单项选择题，内容涉及地理课堂教学行为的各项要素和四大类型，选项均为"从未""有时""经常""总是"四个等级行为出现的频率。笔者抽取其中一部分进行统计，结果如表5-12所示。

表5-12 地理教师课堂教学行为调查统计（部分）

调查问题	选项A"从未"比例（%）	选项B"有时"比例（%）	选项C"经常"比例（%）	选项D"总是"比例（%）
1. 地理专业语言表达流畅、清楚、准确。	0	2.26	51.98	45.76
2. 地理板图板画及时、准确、形象。	1.13	28.81	53.11	16.95
3. 给学生操作地理信息技术的机会。	31.82	44.89	19.32	3.97
4. 指导学生做地理实验且具有清晰的操作步骤。	25.42	46.89	20.91	6.78

续表

调查问题	选项A"从未"比例(%)	选项B"有时"比例(%)	选项C"经常"比例(%)	选项D"总是"比例(%)
5. 收集合适的资料指导学生在课堂上绘制地理图表。	6.36	49.13	33.53	10.98
6. 用计算机多媒体课件代替板书、板图。	7.95	50.57	35.23	6.25
7. 让学生交流成果并给学生相互评价的机会。	2.84	37.50	46.59	13.07
8. 对学生的回答及时做出简洁反馈。	0.57	7.95	57.39	34.09
9. 在学生做课堂作业时检查和指导学生。	2.31	21.39	52.02	24.28
10. 课堂一开始就立即讲授新课。	27.12	54.80	12.43	5.65
11. 与学生共同制定课堂规则。	10.17	43.51	29.94	16.38
12. 通过提问、提示、支持、鼓励，让学生参与课堂讨论。	1.14	7.39	58.52	32.95

本次问卷调查的客观性可能受到答卷者理性思考后的倾向性的影响。纵然如此，统计数据依然在一定程度上说明新课程所倡导的高品质教学实践行为并不占据绝对优势。表5-12第1~5题是对地理专业表达行为的调查，其中"总是"选项为最佳行为，显示各题选择人数比例均未能达到50%；第6题是对技术应用行为的调查，表格显示高达41.48%的人员"总是"或"经常"用计算机多媒体课件代替板书、板图，这显然是一项不妥当的行为；第7~9题是对课堂评价行为的调查，第10~12题

是对课堂组织行为的调查，表中数据表明正向行为的比例均偏小。由此我们可以判断，地理课堂教学中的偏差性行为依然存在，只是具体表现状况及程度因人、因环境而宜。

当然，对偏差性课堂教学行为的认识，我们还应该通过大量的课堂观察活动，对教学行为进行直接评估，这样才能得出更客观的结论。笔者在近10年内，现场观察1600多节地理课，基于对这些课堂的真实感受与理性思考，将常见的地理课堂教学中的偏差性行为归纳为以下10个方面。

(1)讲解语言平淡

优秀的教师只要登上讲台，一般是神采飞扬、激情四射的。但是，有些教师的教学语调平平，讲授缺少感染力，不管教学组织用语，还是知识点的讲解，都是同一种音调、同一个音频。没有轻重缓急、抑扬顿挫的语言，没有发自内心的微笑，没有辅助手势，使得讲解语言听起来枯燥无味。有些教师喜欢控制课堂话语，讲解时间过长，留给学生表达观点的机会少。

(2)交往方式单一

许多课堂的教学策略显得比较单调，与学生的互动交往只限于问答式对话，多为缺乏思维深度的"师问生答"，也缺少追问、补问。有些课堂的讨论活动重形式轻内容，是为了合作学习的形式而设置的讨论。诸如角色扮演、实验演示、案例分析、辩论等多向的师生交往活动较少。

(3)形式主义倾向

少部分教师的课堂教学行为存在着形式主义倾向。部分教师过于追求活泼的教学气氛，设计的互动活动形式多样，动辄使用讨论，但热闹的场景背后缺少对地理原理的剖析与思维能力的培养，甚至偏离教学目标的要求，并不能起到突出重点、突破难点的功能。

(4)图表应用乏力

各类地理图表是地理学语言最精炼的表达方式，是培养学生空间概念的重要载体。地理图表的应用也是重要的学科技能。但是，在许多课堂上，地图及各类图像、表格却常常缺位，例如，教师讲授世界农业地

域类型时却不能运用世界地图落实各种农业地域类型的分布区与分布规律。有的课堂或地理图表的信息提取不全，或读图思路不清，或填图、绘图不够规范。这些现象严重影响了教学效益。

(5)板书板图零乱

当前地理教师板书、板图、板画能力的下降已经成为一个不争的事实。在多媒体设备普及的教室，"零板书"现象普遍存在，这使教学过程缺少直观的印迹。地理板图板画偶尔出现，但不够正确、美观。

(6)媒体依赖过度

许多教师的课堂教学手段过分依赖计算机多媒体，过分追求课件制作的精美程度，重画面的视觉效果而忽略内涵剖析与承载问题的设计。在有些课堂上，教师甚至成为播放课件的操纵手，使课堂教学从传统的讲解灌输演变为机器灌输。

(7)教学手段传统

随着信息技术的发展，计算机、互联网与地理信息技术已走进千千万万教室，但一些教师不能熟练应用这些教学工具，习惯使用黑板加粉笔的传统媒介，使得现代教学媒体的优势得不到充分发挥。

(8)理答评价简单

在一些课堂上，教师都会提出相关问题供学生思考、回答，但对学生答案的处理却显得比较简单。在重结果轻过程的评价理念之下，教师往往急于给出正确与否的判断，缺少追问、补问，更很少组织学生开展自评与互评活动。

(9)机会分配不公

课堂上的学习机会均等是教育公平的微观体现，但是在许多课堂上，教师对不同学生的态度表现出明显的喜厌有别、褒贬有异的倾向，如给予成绩好的学生更多的信任、更多的提问机会、更好的评价，都容易使学困生在教学过程中逐渐边缘化。有的高中课堂则几乎将回答问题的机会全分配给了在本科预测线上下的"临界生"。这种偏差性课堂教学行为严重打击了部分学生的积极性和自信心，严重阻碍了师生之间的情感交流。

(10)课堂管理专制

一些教师在教学过程中习惯发号施令，习惯支配学生的思维，要求学生绝对服从，很少给学生质疑与提问的机会、自主学习与合作学习的机会。课堂因缺乏教学民主性而使学生学习机械，使师生关系僵硬。

2. 偏差性课堂教学行为的主要成因

行为是思想的体现。面对以上常见的偏差性地理课堂教学行为，我们需要追问这些行为背后蕴含的理念，需要运用社会学、教育学、教学论等原理做出合理的解释。对偏差性行为的解释应该建立在课堂观察的基础之上，通过诊断、评估、分析、归纳等思维活动完成，它属于教学行为的解构过程，回答"是什么""为什么"的问题。

偏差性课堂教学行为的成因比较复杂，与社会、道德、文化等视域均有联系，具体表现因个体不同而存在显著差异。导致教学行为出现偏差的原因，可主要归类于教师在职业道德、教学思想、自我效能感、专业知识等方面存在"短板"，总结如下。

(1)师德态度不端

《中小学教师职业道德规范》规定了师德的基本准则。但不可否认，少数教师缺少正确的教育信念，对学生缺少爱的情感，并不能真正做到爱岗敬业、关爱学生、教书育人、为人师表、终身学习，因此极易产生教学设计马虎草率、教学方式简单粗暴等不良行为。

(2)教学理念落后

观念的改变是最艰难的改变，实际上师道尊严、传授为主的教学思想依然根深蒂固。对许多教师而言，新课程理念并未能真正转化为行为。这就导致有些课堂的教学目标只瞄准考试，知识点学习过于机械、标准。教师在教学过程中看到的是学生，但心中并没有装着学生，以"讲"代"学"的现象非常普遍。教师教学重预设轻生成，重讲授轻活动，只考虑完成自己的讲稿，而忽略学生的需求与认知特点。

(3)自我认同感缺失

教师职业的价值认同感是教师实现自我成长的内在动力，但部分教师对工作的价值认识不足，不能享受教育教学带来的乐趣。地理教师的

挫败感尤为明显，因为在应试教育背景下，地理学科在许多学校是"副科"，往往不受重视，这常导致地理教师的角色定位较低，对自身学科的认同度低。这样的认识严重消减了地理教师工作的积极性与创造性，易使他们产生应付差事、课堂管理冷漠等不妥表现。

(4) 专业知识薄弱

地理教师专业知识的构成是个复杂的体系，应该包括地理学科的本体性知识、人文素养性知识与教学条件性知识。无论哪一方面知识欠缺，都可能带来偏差性教学行为。例如，如果教师对地理学科专业知识理解不透，会出现专业术语使用不规范、讲解不清的问题；如果教师知识面窄，缺乏深厚的文化底蕴与良好的艺术鉴赏能力，就可能出现照本宣科、讲解枯燥的问题；如果教师的教育学、心理学、教学论等条件性知识不足，就不能智慧地处理师生关系与课堂生成的问题，不能灵活运用多样的教学方法与策略组织学习活动。

(5) 目标引领错误

教学目标应该是教学行为的核心标准，如果教学目标设计空泛，缺少对行为的具体的、可测量的界定，就会影响教学行为的选择与实施。例如，如果目标过高，可能使教学实施困难，目标过易又可能使教学行为缺乏激励性；如果目标设计中的行为动作要求模糊，则可能使教学行为失去评判准则；如果过程与方法目标设计不明确，可能会直接导致教学行为随意或方式单一等。

（三）偏差性课堂教学行为的矫正路径

如果我们将课堂看作一个可持续发展的开放系统，则可以从行为评估、行为指导、行为重塑三个维度构建偏差性行为的矫正策略体系。这三项策略具有一定的阶段性，按照"评估→指导→塑造→再评估"的循环跟进思路不断前行。这三项策略中的评估策略是指基于课堂观察进行诊断与分析；指导策略是指基于行为标准制订改进方案；塑造策略是指基于课堂实践施行刺激与强化。这三项策略均在能动的"人"的管理与调控下进行。"人"是指所有参与研究的执教者及指导者，他们构成一个研究共同体，如图 5-5 所示。

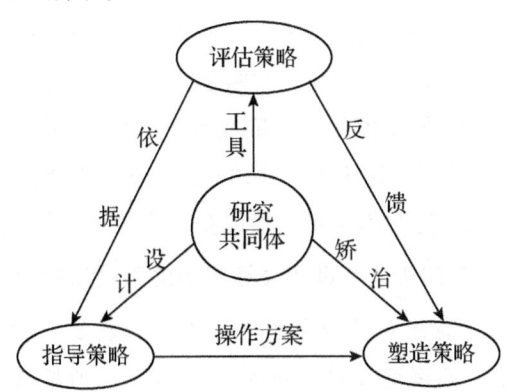

图 5-5　偏差性课堂教学行为的矫正策略

1. 评估策略：基于课堂观察进行诊断与分析

对偏差性行为采取矫正措施，一定源于对偏差性行为的评估，而评估结论又往往源于课堂观察。前文已述，课堂观察是行为矫正的起点。课堂观察不同于一般意义上的经验式听课、评课活动，而是一种正式、客观、系统的科研方法，是指研究者或观察者带着明确的目的，凭借自身感官及有关观察工具(如观察表、录音录像设备)，直接或间接地从课堂教学情境中收集资料，并在此基础上进行诊断与分析，从而得出课堂评估结论。

基于课堂观察的偏差性教学行为评估是一项技术要求较高的活动，它大致分为三个阶段：第一，通过课前会议，确定观察目标，设计观察工具；第二，进入课堂，运用工具记录教学过程，发现关键性教学事件；第三，通过课后会议，诊断存在的偏差问题，进行归因分析。

在课堂观察中，工具的科学性决定了偏差性教学行为信息提取的有效性，因此，评价者在课前需要根据研究主题精心设计观课工具，以便对课堂教学行为进行客观、有针对性的记录。上一章介绍的"多元交互式"课堂观察平台及平台中嵌入的各类观察量表都是进行课堂观察的重要工具。

209

"多元交互式"教学评价

课堂观察信息的采集为诊断与分析偏差性教学行为提供了原始资料。在课后会议中，研究成员依据各项观察记录，围绕教学过程展开讨论，确定不当教学行为，并分析其形成的原因，这就是诊断的过程。行为诊断应该聚焦关键教学事件，采取执教者反思性"自诊"、同行间"互诊"与专家参与的"会诊"相互融合的诊断范式，以探究偏差性教学行为的具体表现，进而做出归因解释，最终得出评估结论。

对陈澍人老师师生交往行为的跟进研究[①]

2011年年底，扬州市竹西中学陈澍人老师提出，作为一名教学新手，他希望改进自己课堂上的师生交往行为。我们组建了5人研究小组，商定以"降水和降水的分布"一课为研究课例，首先制定了师生交往行为的课堂观察量表，初步提出师生交往行为的基本标准。在研究过程中，根据课堂观察的结论与师生交往行为的标准要求，陈老师先后5次修订教学设计，并在5个平行班分别施教。在第一次观课中，我们发现师生交往方式比较单一，以师问生答为主，教师对学生的行为起控制作用；到第五次观课时，师生交往以相互切磋为主，生生之间的互动频数多于教师与学生个体之间的互动。此后，陈老师认为多维的师生交往行为在自己的课堂上得到了有效体现。表5-13为陈老师第二次执教的课堂观察记录。

表5-13　陈老师师生交往行为的课堂观察记录

课　题：降水和降水的分布　　执教者：陈澍人　　教龄：1.5年
观察者：陈彩霞、居加莉、马进　　时　间：2011年12月20日

	观察项目	次数	突出的行为事件	总体效果评价			
				A	B	C	D
交往主客体	师生互动	18			√		
	生生互动	1	小组讨论降水的影响，比较活跃		√		
	师班互动	6		√			

[①] 此案例由扬州市竹西中学陈彩霞老师提供。

续表

交往媒介	课本、图册、导学案	3		√		
	地理挂图、投影图像	3	学生绘制的柱状图被投影，效果好	√		
	地理板书、板图、板画	0				√
	计算机多媒体	7		√		
	其他媒体	2	教师自制量具		√	
交往形式	教师讲解学生倾听	3		√		
	教师提问学生回答	12		√		
	学生质疑教师解答	2			√	
	现场调查	1	"你感受最深的一次降水"调查气氛热烈	√		
	讨论或辩论	1		√		
	角色扮演	0			√	
	小组合作学习	1		√		
交往情绪	教师激情感染	1		√		
	教师体态语丰富	1		√		
	班级气氛热烈	1	讨论降水对生产生活的影响，学生思维活跃	√		
	班级气氛沉闷	0				
	个体表现突出	3		√		

经过协商，第二次课堂观察后研究小组关于师生交往行为的评估结论如下。

①以师生互动为课堂主渠道的交往过程，凸显了学生的主体学习地位，但生生之间互动次数较少，建议减少教师的主导次数。

②师生交往形式有所增加，但仍以教师提问为主；小组合作学习的次数只有1次，且部分学生在小组合作学习中处于边缘，参与性不强。

③从师生交往情绪看，教师平稳温和，缺乏激情；课堂中气氛比较热烈的互动只出现了1次。

简析：该案例叙述了同学科教研组成员对一位年轻教师的课堂开展循环跟进式研究的过程。研究过程利用师生交往行为观察表获取相关信息与数据，梳理出师生交往中的不足，从而确立了需要解决的偏差性行为问题。这也说明，偏差性教学行为的评估是以偏差性教学行为问题的探究和消解为目的的，因此能够为制订矫正方案提供直接的依据。

2. 指导策略：基于行为标准制订改进方案

对教学行为进行评估后，我们就可以针对偏差性行为制订行为矫正方案，从而为行为执行者提供优化课堂教学行为的操作依据。在制订行为矫正方案时，我们需要回答四个问题：一是行为改进的目标是什么，二是当前应该消减的行为是什么，三是应该达到什么样的行为目标，四是实施的具体方法是什么。

制订偏差性教学行为矫正方案一定要对症下药，要针对评估诊断出来的主要行为问题的表现与成因指明矫正措施。例如，上述案例的矫正目标主要是针对师生交往形式单一确定的，即通过课例研究训练互动交往技能，增强交往方式的多样性，提高交往的有效性。操作性较强的矫正方案能够确切地说明当前应该消减的偏差性教学行为和期望增加的教学行为的具体表现，特别是期望行为应该是一种规范行为，应该成为评估未来课堂行为是否得到矫正的标准。例如，我们认为课堂中有效的师生交往行为应该具有以下标准。

①师生互动交往应遵循人本主义思想的要求；师生在相互契合的交往中形成学习共同体。

②师生互动交往的主客体关系应根据教学需要相互转换。在讲授时教师是主体，在自主、合作、探究学习时学生是主体。总体看，教师是发出交往信息的主体。

③师生互动交往的内容应基于课程标准的要求，将课程内容转换为形象生动的语言、文字、图像、视频、实验等交往所需的信息载体，以

充分调动师生的视觉、听觉、动觉等参与互动。

④师生互动交往的方式多样，根据交往成员的构成，可分为师个互动、师班互动、师组互动、生生互动等类型。

⑤师生互动交往的过程大致分为启动、传输、相互作用三个阶段。启动阶段主要是指通过情境激发学生的参与兴趣；传输阶段主要是指通过口头语言、体态语言及技术媒体展示交往信息；相互作用阶段是思考、讨论、分析、交流的过程，由此形成新的认知结构与能力。

从课堂教学行为链的整体要求看，我国当前还未建立起规范中小学教师课堂教学的行为守则，这是值得教育界深入研究的重要课题。

偏差性教学行为矫正方案中的实施方法是为消减偏差行为、强化期望行为而采取的做法，也就是塑造新行为的办法。实施方法也应该"因人制宜""因偏差性行为特征制宜"。根据行为矫正实施主体的不同，常用的方法可归为两种类型：一是元认知干预技术，指行为偏差者通过自我反思、实验比较、模仿等方法加强学习，不断改进自身的教学行为；二是外部干预技术，指通过他人的培训指导、教学示范、奖惩等方法进行刺激与强化，从而促进被矫正者的教学行为不断优化。

3. 塑造策略：基于课堂实践施行刺激与强化

基于有证据的教学观察与行为标准，我们明确了偏差性行为问题后，更重要的是提出矫正策略。

首先，我们需要寻求偏差性地理课堂教学行为矫正的理论依据。第一，心理学认为行为具有一定的可塑性，所以人们可通过设计有效的教育策略和干预技术来改变个体的行为。第二，依据哲学的因果关系理论，教学行为的发生以及持续存在与环境中的各种因素有着密切的关系，所以针对不当行为产生的原因进行破解与矫治，就可能形成人们期望的新行为。第三，课堂是一个开放而不封闭的系统，所以按照耗散结构理论，向开放系统输进"物质与能量"，就能够促进有序结构的形成。对地理课堂系统而言，"物质与能量"便是矫正偏差性行为的推动力。以

上三个理论依据说明，偏差性课堂教学行为的矫正不仅可能，而且可行，关键是输入的"物质与能量"是否有效。"物质与能量"决定矫正的效果，这就是"怎么办"的问题。

其次，我们需要强调实施地理课堂教学行为矫正策略的前提，是被矫正者已经具备良好的师德修养与较强的自我发展内驱力。

再次，偏差性课堂教学行为的矫正方案只有在课堂教学活动中才能得以实施，其合理性也只有在课堂中才能得到检验，且只有在这样的实践过程中，方案所期望的教学行为才可能被塑造。或者说，期望教学行为替代偏差性行为这一行为塑造的过程，就是矫正方案的执行过程。但是，行为塑造不可能一蹴而就，往往是一个从量变到质变的过程，甚至还可能出现偏差性行为反复出现的问题。因此，我们应该针对教学实践活动中的新问题、新现象，对教学行为进行重新评估，并根据新的评估结论修正行为矫正方案，直至期望行为塑造成功。

在课堂教学中采取刺激与强化技术，是促进行为优化的重要措施。心理学认为，当一种行为带来了有利的结果时，这种行为更有可能在将来相似的环境中被重复，这就是行为强化原理。其中有利的结果被称为强化物，它对行为强化起到刺激和控制的作用。强化物又分为正强化物与负强化物。正强化物会带来愉悦感和满足感，使行为者易倾向于重复该行为；负强化物能减少和消除行为者的不快和厌恶，从而也会令行为者倾向于重复该行为。如果执教者在行为矫正的课堂上广泛运用刺激与强化原理，就能使期望行为不断得到重复。例如，观课者通过观察工具记录矫正成功的教学事件，然后给予表扬与奖励，就是一种正强化；再如，执教者经过反思，发现课堂上多样化的师生交往活动的增加使得过去沉闷的课堂氛围变得活跃，因此更乐于增强师生交往的频度。在上述研究案例中，正强化与负强化都起到了较好的矫正效果。

最后，笔者需要指出两点：其一，地理课堂教学行为的矫正是亡羊补牢的举措，但是在教师的教学生涯中，预防应该比纠偏更重要，最好的行为矫正策略是避免问题行为的发生；其二，在现实的课堂教学中，完全没有偏差的教学行为是不存在的，它只是理论假设，是美好的愿望和追求。当然，追寻理想的过程远比结果更重要，在这个过程中引导教师发现自我、发展自我，不断优化教学行为，才是研究的价值所在。

（四）循环跟进式课堂教学行为改进案例

一位新教师专业表达行为的提升之路[1]

曹老师是 2016 年暑假后刚入职的高中地理教师，该教师工作认真负责，工作热情高，有一定的钻研精神。为促进年轻人迅速成长，曹老师所在学校地理教研组运用课堂观察平台，采用以课例为载体循环跟进的研究方法，帮助曹老师纠正课堂教学偏差。下文是对曹老师执教的"常见的天气系统"开展的三次跟进式研究过程。

一、第一次课堂观察，地理专业表达行为勉强合格

图 5-6、图 5-7 是第一次观课时，"多元交互式"课堂观察平台生成的统计数据。从图 5-7 中可见，第一，这节课中地理原理讲解的比重高达 72.09%，这是本节课最明显的偏差性行为，就是说教师讲解太多，语调也没什么变化，易使学生走神，讲解还有错误。第二，本节课中解读地理图像只占 2.33%，指导学生读图只占 2.33%，这些行为的比重都太低，说明教师没有充分运用课本图像。教师应该通过指导学生解读课本图像来掌握原理，可以运用比较法将冷锋与暖锋图像进行比较，在比较中引导学生理解原理，落实重要的知识点；教师尤其要认真解读课本中的天气形势图，培养学生判读等压线图、预测天气变化的能力。第三，"3S"资源和技术应用占比为 0，因此我们建议本节课运用遥感图像，举例说明天气系统对天气的影响。第四，教师板图有错误，也没能纠正学生的板图错误。第五，教师未能对学生进行思维模式的归纳。所以这一节课中的各种行为效果不太好，等级大多为 C 或 D。

---

[1] 此案例由南京师范大学数字化教育评价研究中心潘竹娟老师提供。

"多元交互式"教学评价

■地理原理讲解 ■地图应用技能 ◨地理思维建构
▨地理实验 ◨地理信息技术

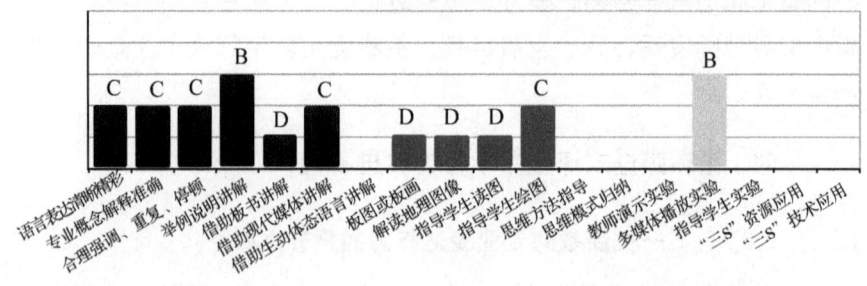

图 5-6 "常见的天气系统"专业表达行为柱状图(1)

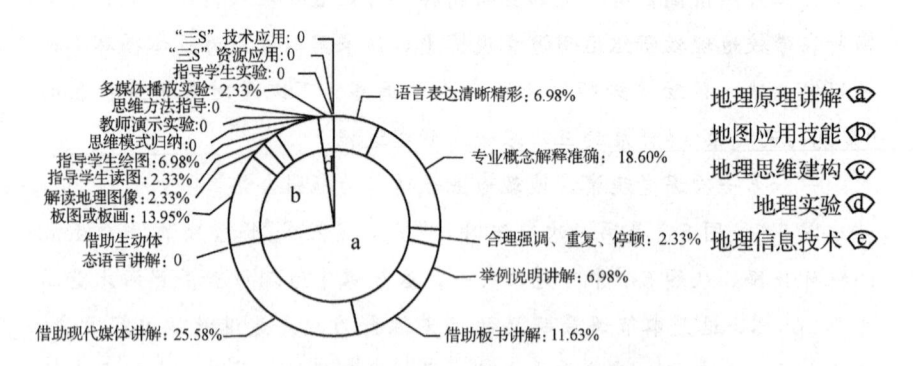

图 5-7 "常见的天气系统"专业表达行为饼图(1)

二、第二次课堂观察，地理教师专业表达行为得到优化

图 5-8、图 5-9 是第二次观课后课堂观察平台生成的统计数据。与第一次上课相比，原来的偏差性行为在本节课有了明显改进。首先，地理原理讲解占比在本节课中是 61.82%，上节课是 72.09%，比重明显下降。而且讲解方式发生了明显变化，第一次主要是教师自己直接讲解概念和原理，或者一边翻课件的页面，一边讲解；本节课中教师的讲解主要建立在学生自学、画图等对所学知识有初步了解的基础上。上节课中的地图应用技能只占 25.58%，本节课占 34.55%，比重明显增加。其中，指导学生读图占 9.09%，指导学生绘图占 10.91%。学生学会了绘制冷暖锋剖面图，同时在绘图过程中自主阅读、理解课本内容和图像

的活动明显增加，而且教师还让学生在绘图和读图中比较冷暖锋的不同和相同之处。本节课中解读地理图像的比重也上升了，为3.64%，上节课是2.33%。这些行为都加深了学生对冷锋、暖锋的概念和锋面过境对天气影响等原理的理解。

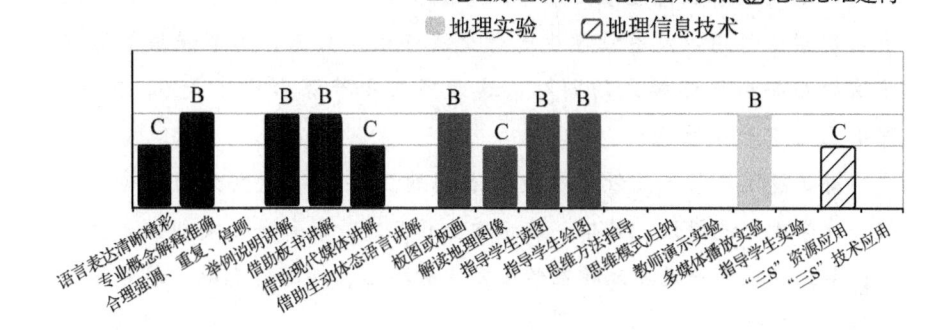

图 5-8 "常见的天气系统"专业表达行为柱状图(2)

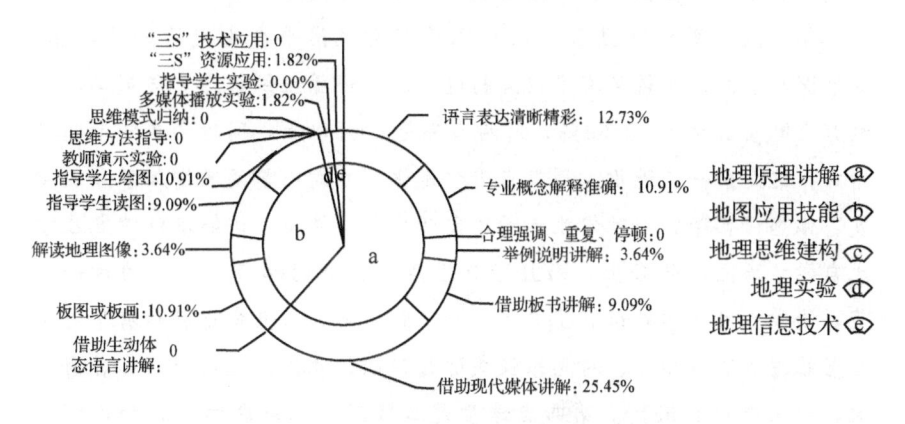

图 5-9 "常见的天气系统"专业表达行为饼图(2)

曹老师取得这些进步的原因是第一次上完课后，教研组依据平台统计数据和观课信息，为其明确诊断了课堂偏差行为：教师讲解太多；又没有充分利用课本图像培养学生的读图绘图能力，学生自主学习活动太少。本节课还有明显进步，即教师能借助遥感图像讲解寒潮的影响，并且能与生产生活实际相结合分析如何防御寒潮天气造成的危害。另外，科学性错误也比第一次少。所以与上次相比，本次的专

217

业表达行为的效果等级明显上升,即 B 等级明显增多。当然,这节课还存在一些偏差性行为,主要表现如下。第一,地理原理讲解超过 50%,说明教师讲解还是多。本节课中单个学生发言虽比上节课多了,但教师插话、插问太多。大多时候学生讲一句,教师就要插话、插问,不能让学生完整表达思维过程。第二,教师在重难点问题上没有组织学生讨论,没有让学生进行交流评议。第三,本节课缺乏思维方法的指导和思维模式的归纳,这两项在本节课占比还是 0。第四,课堂上还有专业性错误。

矫正建议:第一,教师在重难点问题上要组织学生分组讨论、比较,让学生交流评议;第二,展示学生作品时,教师一定要组织学生评议;第三,教师一定要改掉在学生发言时插话、插问的毛病,培养学生思维的完整性。

三、第三次课堂观察,地理教师专业表达能力明显提升

图 5-10、图 5-11 是第三次观课后课堂观察平台生成的统计数据。本节课与前两次比较又有了较大的进步。地理原理讲解比重与第二次比稍有下降,占比为 57.69%,前两次都是 60% 以上,同时学生活动明显增加,这是第一点进步。第二点进步是讲解方式比前两次增加了合理重复、体态语言等,同时学生活动比前两次要多得多。讲解不仅建立在学生自学、画图的基础上,而且增加了生生互评的环节。学生的讨论环节,使学生对所学知识有了更深入的了解。第三点进步是教师有了对学生思维方法进行指导、对思维模式进行归纳的意识,这两项指标各有一次,占比都为 1.92%。第四点进步是本节课专业概念的讲解和讲解语言都有了进步,错误比前两次明显减少,等级分别是 B 和 A。第五点进步是本节课专业表达的行为效果等级比前两次要高,而且获得了 4 个 A,没有 D 了。第六点进步是应用地图的意识进一步增强,本次比重达 34.62%。

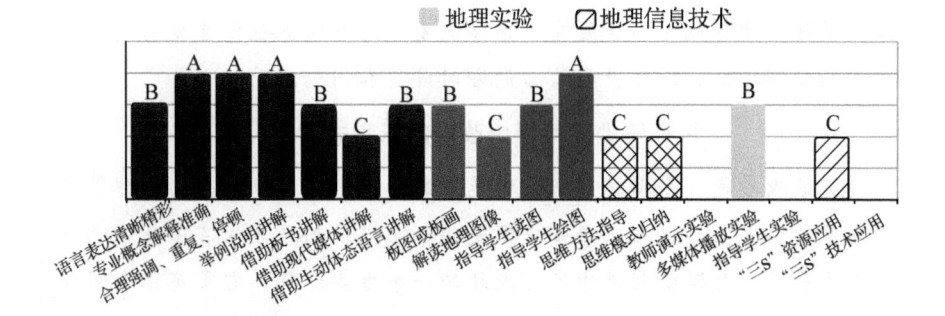

图 5-10 "常见的天气系统"专业表达行为柱状图(3)

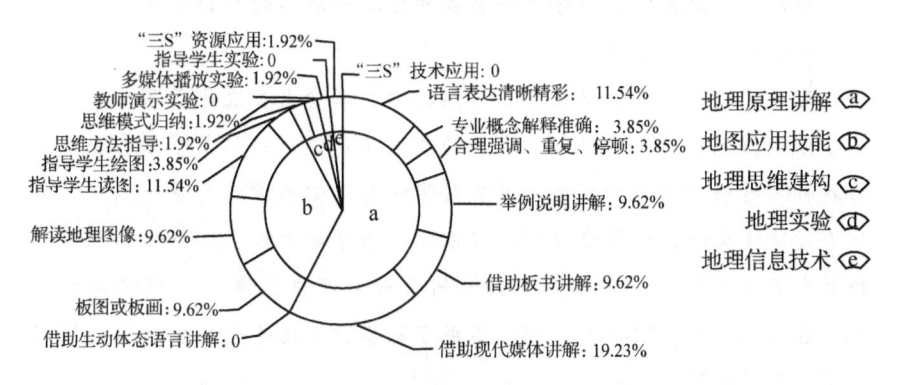

图 5-11 "常见的天气系统"专业表达行为饼图(3)

主要偏差性行为：第一，教师依然讲得太多，主要为地理原理讲解占比达 57.69%，比重偏大，且学生活动还是少；第二，解读地理图像的比重依然偏小，只占 9.62%；第三，思维方法指导和思维模式归纳太少，分别只占 1.92%；第四，教师在重难点问题上未能组织学生讨论，未能充分发挥学生的主体作用；第五，教师依然经常打断学生的思维，插话次数还是稍多。

矫正建议：第一，教师应转变观念，充分重视课堂上学生主体作用的发挥，要学会将课堂学习的时间和机会还给学生；第二，增加课堂上地理图像的解读和绘制，教师自身要学会运用地理第二语言引导学生理解地理原理，还要学会引导学生掌握地理图像的解读和绘制方法；第三，教师要学会抓住课堂契机，引导学生认识并掌握地理思维方法和思

维模式；第四，教师要学会各种教学方式，以便在课堂中适时运用；第五，教师要学会倾听学生发言，在学生发言时及时抓住学生发言的精彩之处和错误之处，以便开展恰当的即时评价和纠错活动。

教师课堂提问行为改进的三步式实践[①]

英语教学是一个系统工程，它是以教师为主导，以学生为主体展开和发展的语言活动过程。课堂提问是教师启发、刺激学生言语反应的一个重要手段，是课堂教学中不可或缺的一个重要环节，它贯穿课堂教学的始终，直接影响着课堂教学的成效。有效提问可以引起学生的好奇心，帮助学生思考，促使学生将自身的经验和所学的知识相联系，从而形成对知识的深入理解。

纵观我校的英语课堂教学，虽然教师在课堂上多次使用课堂提问这一手段，但无论问题的设计、问题的表述还是提问的形式等都客观存在着种种不够科学合理的现象，并直接影响着课堂教学的质量。因此，如何有效地优化教师的课堂提问，在以学生为学习主体、注重培养创新思维的今天就显得尤为重要。那么如何帮助教师提高课堂提问的有效性呢？经过前期的实践探索，我们形成了基于数字化平台的教师课堂提问行为三步式改进策略。

一、基于数字化平台的教师课堂提问行为的观察

"多元交互式"数字化课堂观察平台关于课堂提问行为的观察指标，包含了教师提问、学生应答和教师理答三大方面。教师提问由提问内容、问题指向性和问题类型组成。学生应答由学生回答、获得答案途径、应答形式和应答水平构成。教师理答包括教师评析和理答方式两方面。我们可以看出平台既有从观察教师"教"的角度出发的观察点，也有从观察学生"学"的角度出发的测量标准。在观课过程中，我们通过平板电脑、手机，采集"教"与"学"的表现性数据，通过平台得到相关数据。图5-12是英语组利用观课平台对黄老师第一次试上牛津教材"Module 3 Unit 8 The food we eat"听说课的课堂提问行为进行评课后生成的数据。

[①] 此案例由上海市崇明实验中学李蕊老师提供。

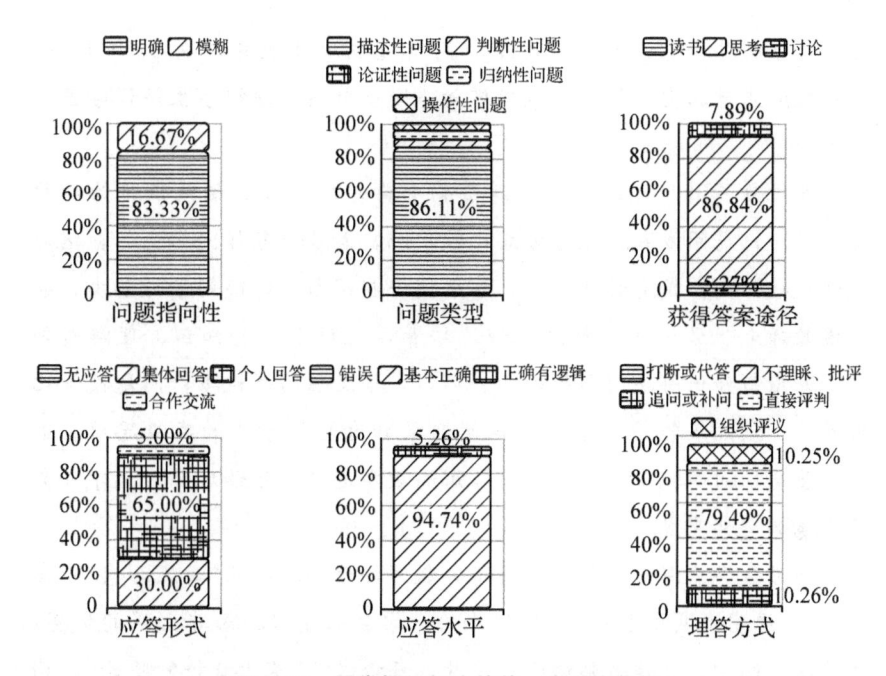

图 5-12　课堂提问行为的第一次观察数据

图 5-12 可以说明，基于数字化课堂观察的技术将听课过程视作收集信息与证据的过程，它能够为评课活动提供清晰的研究框架和实证数据，从而使教师的观课从"印象感觉"走向了"基于事实与证据"。

二、基于实证的教师课堂提问行为的诊断与分析

从图 5-12 的数据中，我们可以看出这节课的"问题指向性"明确的行为占 83.33%，即绝大多数问题没有歧义，能使学生明白回答什么内容。但模糊性问题占 16.67%，比如关于"When we talk about the food we eat, what do you think of?"学生的回答是"dumplings, pizza, noodles"等，因此这个问题与教学目标和内容相偏离，造成了不必要的拓展。本节课问题的类型比较多样，其中描述性问题、判断性问题、论证性问题、操作性问题都有，这能从多个角度培养学生的思维品质。但描述性问题比重偏高，占 86.11%。获得答案途径大都为思考，占 86.84%；读书、讨论分别占 5.27% 和 7.89%。学生应答的准确率很高，这也说明问题比较简单。学生的应答形式比较多样，但多以个人回

答和集体回答为主；合作交流占 5％。理答方式中直接评判占 79.49％，说明教师主控课堂，所以应适当增加追问或补问、组织学生评议等理答方式。

通过分析图 5-12，我们得到了关于黄老师本节课偏差性行为的推论。第一，提问方式、理答方式比较单一，大多是教师问学生答，然后教师直接评判，或者补充说明。这致使一些问题未能得到很好解决，也致使教师未能通过问题解决很好地培养学生运用原有知识、理解新知识，并用新知识解决问题的能力。第二，描述性问题较多，问题设计比较简单；教师未能用一些归纳性问题很好地培养学生的高级思维。第三，重复性问题较多，拖慢了整节课的教学进度，导致后面的教学任务没有能够全部完成。

利用数字化课堂观察这一技术，教师评课的过程从"泛泛而谈"走向了"基于课堂事实发表观点"，评论的是学生的学习，而非上课的优劣，透过学生的学，关注教师的教。因此，评课过程"基于证据的推论"，构建了一种强调合作、证据、研究的专业性强的听评课。

三、基于数字化课堂观察的循环跟进式改进策略

基于通过课堂观察发现的问题，我们开展了主题为"改进课堂提问，促进有效课堂"的主题研修活动，以黄老师这节课为抓手，对课堂提问这一教学行为进行了"实践—反思—改进—再实践—再反思—再改进"的循环跟进式研究。为了让平台记录的数据更加科学有效，我们四个年级的备课组被分配了不同的观察点进行观察和记录。六年级组的观察点是问题指向性和问题类型，七年级的观察点是学生的应答形式和应答水平，八年级的观察点是学生获得答案途径和课堂生成的问题，九年级的观察点是教师理答方式。通过对所得数据进行分析，老师们提出了改进策略。黄老师根据大家的意见进行了相应的修改，并进行了第三次执教，得到了如图 5-13 所示的数据。

将第三次观察的课堂提问行为数据与第一次相比，我们看到了明显的进步。第三次上课时"问题指向性"明确的占 100％，即学生很清楚自己要回答什么内容。问题类型也从原先单一的描述性为主实现了多样性

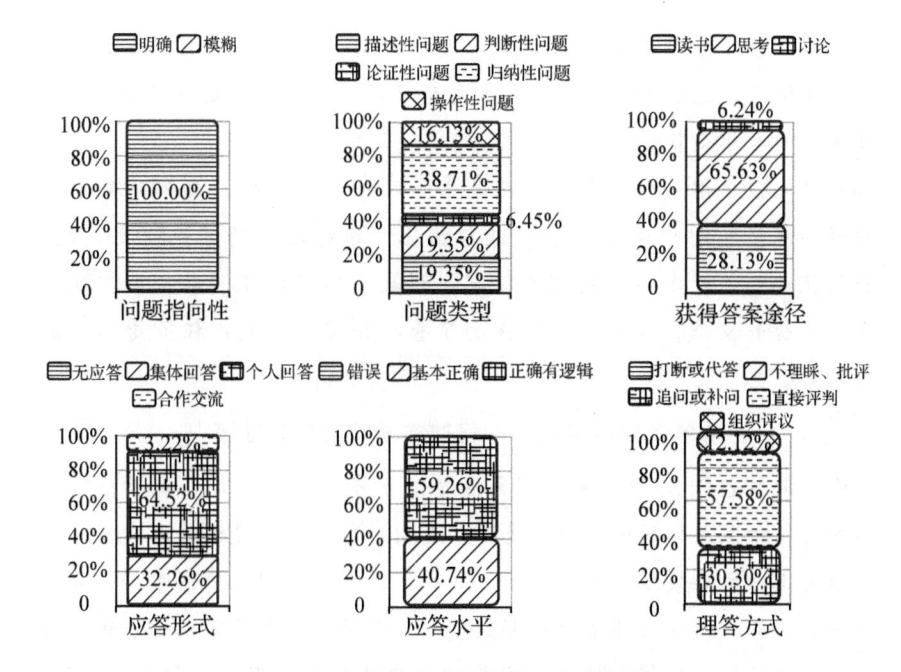

图 5-13 课堂提问行为的第三次观察数据

的转变,如操作性问题占 16.13%,归纳性问题占 38.71%。学生获得答案途径也从独立思考发展为更倾向于同桌讨论或小组讨论。教师的理答方式发生了很大变化,如直接评判从 84.62% 降到 57.58%,追问或补问增加到 30.30%,具体体现在学生思维受阻时,黄老师及时地以追问、补问的方式加以引导启发。

通过对数据的分析,我们得出如下结论。第一,黄老师设计的问题的指向性十分清晰、明确,并且紧扣教学目标。第二,问题的层次性更加明显,有简单的描述性问题,也有培养学生概括能力的归纳性问题,还有启发引导式问题,以及让学生深层思考的问题,这说明问题类型从单一的描述性变得丰富多样,多角度地培养了学生的思维品质。第三,学生不仅仅通过独立思考来回答问题,也通过读书和讨论来回答问题,这说明教师在设计上更注重学生合作学习能力的培养,使学生有了更多途径来获取答案,这对于学生学习自信心的培养也有很大帮助;更重要的是,在这节课上,学生的应答方式转变明显。黄老师利用问题促进学生之间的合作学习在体现听说课特质的同时，发挥了学生学习的主动性、积极性，这样不仅培养了学生主动求知的能力，也发展了学生合作过程中的人际交往能力。

对比以上课例统计数据，从学生学习行为的变化，我们不难发现教师的课堂提问行为得到了改进与优化。通过这样的课例研究实践，我们认识到基于数字化的课堂观察，让我们的听评课活动从个人实践走向了合作实践，从忽略证据走向了重视证据，从完成任务走向了深入研究。

从单调变得多彩——何敬敬老师的成长故事[①]

何敬敬老师2009年硕士研究生毕业于东北师范大学。由于性格比较内向，加上大学的研究方向是城乡规划，所以她刚进校时课堂教学能力不太高，主要表现为如下方面。第一，语音、声调、用语单调，语音沙哑。第二，课堂上师生交往形式单一。课堂上，大多时候是她讲学生听，或者她问学生答。她很少引导学生自己阅读、思考、讨论、评议、读图、绘图，所以教学方法比较单一。第三，她运用的媒体很简单，主要运用教材、导学案，现代媒体中除了用课件，很少链接网络信息、播放声像资料、投影学生学习成果。第四，专业表达力单薄。地理原理讲解基本是照本宣科，不能很好地培养学生的地理思维能力。有学生评价何老师的课上得没意思。

但何老师上进心很强，她抓紧空余时间大量阅读专业书籍和教育理论书籍，大量地做高考试题和模拟试题，坚持写读书笔记和课后反思，使她的专业素养迅速提高。学校、教研组经常开展的教研活动，也使她从别人的课堂上学到了很多。真正促使她的课堂产生质的飞跃的是邗江中学地理组参与朱雪梅老师领衔的"'多元交互式'教学评价体系的建构与实践"课题研究。该课题全面使用课堂观察平台进行专业的听评课。

课堂观察平台有多个观察量表，可以进行团队分工合作，可以全面

[①] 此案例由南京师范大学数字化教育评价研究中心潘竹娟老师提供。

观察课堂的各个方面。观课者根据量表各项指标即时记录，使留下的文字资料比较翔实。他们还根据量表中的各项指标认真听课，即时点击相关项目。平台最终生成的统计图，将观课者观察所得的课堂上师生各种行为的效果以可视化图形显示，详细而客观地反映了课堂的优劣。观课者可以从定量、定性两方面客观、准确地评价课堂；执教者也可以准确知道自己应该改进什么行为。如果年轻教师向优秀教师学习，也能清楚地比较出自己的课与优秀教师的课的差距，以及是什么行为导致差距产生的。

何敬敬老师也是"'多元交互式'教学评价体系的建构与实践"课题研究组的成员。在课题研究过程中，她非常积极。从操作方式到各个量表中每一项指标的含义，到课堂观察时观课者应该如何准确地将指标与课堂师生的实际行为对接，应该如何准确、客观地判断每一项指标的等级，如何根据统计图和课堂记录填写观察报告，她都做了很深入的研究。所以她的观课能力、评课能力和课堂教学能力都提升很快。

为了帮助何敬敬老师迅速成长为优秀教师，今年我们又将何老师的课作为研究课例，采用循环跟进方式，帮助她矫正课堂教学的偏差性行为。一个循环下来，何老师的课又上了一个新的台阶。

图 5-14 是 2016 年 3 月 31 日何敬敬老师题为"人口分布与人口合理容量"课中课堂提问行为的观察记录截图。该图显示她的提问已经改变了句式单调、内容单薄、思考性不强的毛病，显示她能通过设问培养学生的读图能力、分析与归纳能力，能及时培养学生小组合作学习的能力，还能灵活运用追问、补问引导学生深入思考问题，发散学生的思维。也就是说，她的理答能力有了很大进步。但我们从中也很明显地看出课堂提问的偏差，例如第三个问题"影响人口分布的因素主要有哪些？"因教材和教师提供的素材不充分，所以很难让学生回答。

	教师提问										学生应答										教师理答					
		问题指向性		问题类型							获得答案途径			应答形式				应答水平				理答方式				
	提问内容（原问题记录）	明确	模糊	描述性问题	判断性问题	论证性问题	归纳性问题	操作性问题	候答时间（秒）	学生回答(原答案记录)	读书	思考	讨论	无应答	集体回答	个人回答	合作交流	错误	基本正确	正确有逻辑	教师评析（原理答语记录）	打断或代答	不理睬批评	追问或补问	直接评判	组织评议
1	结合17页图表归纳世界人口分布特点	✓		✓						中低纬度沿海平原		✓				✓				✓	沿海为什么人口密度大？			✓		
2	结合18、19页地图，说出中国人口分布特点	✓		✓						学生未回答											为什么中国人口东多西少？这是什么地形？东部主要是哪一民族聚居？			✓		
3	思考：影响人口分布的因素主要有哪些？	✓								学生未回答											自然有哪些因素？	✓				
4	案例分析：小组讨论影响表中案例人口分布的因素	✓							5	学生小组讨论5分钟，小组代表上台交流展示 一学生站起来纠正第7个案例答案			✓				✓		✓		答案有不一样的吗？教师补充新疆人口和城市分布在绿洲的原因					✓
5	学生进行自主学习二，读课本22—24页，完成导学案的问题	✓			✓				6	学生自主学习。学生：声音太小。估计是回答导学案中的填充部分	✓					✓			✓		第三题有点难度。那么多因素什么是首要因素？			✓		
6	什么叫正相关，哪一个是负相关？	✓									✓					✓			✓		教师代替回答	✓				

图 5-14 “人口分布与人口合理容量”课堂提问行为观察记录截图

图 5-15 是 2016 年 4 月 6 日何敢敢老师题为“农业区位选择”课中课堂提问行为的观察记录截图，与 3 月 31 日比已经有了明显的变化。首先，问题提出方式不再那么冷漠、死板，而是先创设了富有情趣的总题目，例如，“体味美丽富饶的鱼米之乡”“揭秘我国大西北的特色农业”“寻找世界最优质的奶源地”，这些富有诗意的语言能激发学生学习的积极性。何老师还在总标题下设立了两个小问题，比如“新疆瓜果为什么特别甜”“能在西北大规模发展水稻种植吗”。这些问题与生活实际紧密相连，能激发学生探秘的兴趣。

	教师提问										学生应答										教师理答					
		问题指向性		问题类型							获得答案途径			应答形式				应答水平				理答方式				
	提问内容（原问题记录）	明确	模糊	描述性问题	判断性问题	论证性问题	归纳性问题	操作性问题	候答时间（秒）	学生回答(原答案记录)	读书	思考	讨论	无应答	集体回答	个人回答	合作交流	错误	基本正确	正确有逻辑	教师评析（原理答语记录）	打断或代答	不理睬批评	追问或补问	直接评判	组织评议
1	农业生产的特点	✓					✓		3	周期性、差异性、地域性	✓				✓				✓		周期性、差异性、地域性		✓			
2	影响农业的区位因素有哪些	✓					✓		0	自然和社会经济	✓				✓				✓		自然和社会经济	✓				
3	各温度带的水果有哪些				✓				0	苹果、香蕉、梨、草莓、菠萝等		✓					✓		✓		热带：香蕉、菠萝；温带：苹果、梨等					✓
4	西北地区水果品质好的原因	✓		✓					0	昼夜温差大、光照充足		✓			✓				✓		昼夜温差大、光照充足			✓		
5	横断山区的立体农业	✓			✓				0	地形		✓			✓				✓		地形			✓		
6	海南是北京的果蔬基地	✓			✓					气候		✓			✓				✓		气候			✓		
7	亚热带农业由水稻到果树的变迁	✓			✓				0	市场		✓			✓				✓		市场					
8	“鱼米之乡”条件分析	✓				✓			6	扬州是亚热带季风气候，地形平坦、土壤肥沃，水源充足。人口稠密，历史悠久，人们饮食习惯以大米为主			✓				✓			✓	水稻土是肥沃的土壤					✓
9	西北特色农业的条件	✓				✓			6	温带大陆性气候，降水少，光照充足。古代丝绸之路，历史悠久			✓				✓			✓	限制性因素：水源				✓	

图 5-15 “农业区位选择”课堂提问行为观察记录截图

图 5-16、图 5-17、图 5-18 是我们用循环跟进方式，对何敢敢老师在三个班级上的“农业区位选择”一课中师生交往行为的观察统计。从三

幅图的信息中我们可以看出，A不断增加，交往方式越来越多样化，尤其是第二次和第三次的课堂智慧疏导等级都是A，说明何敬敬老师的课堂观察能力不断提高，也练就了一定的课堂机智。

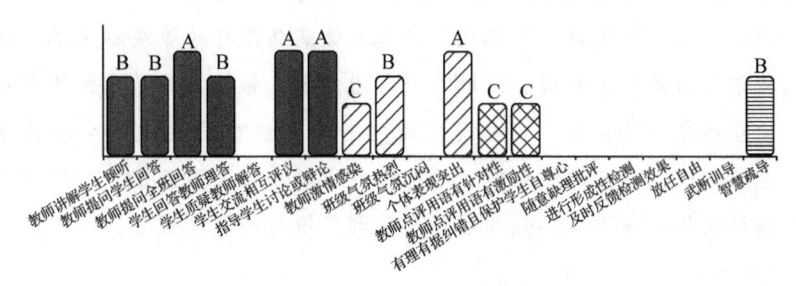

图5-16 "农业区位选择"师生交往行为第一次观察统计

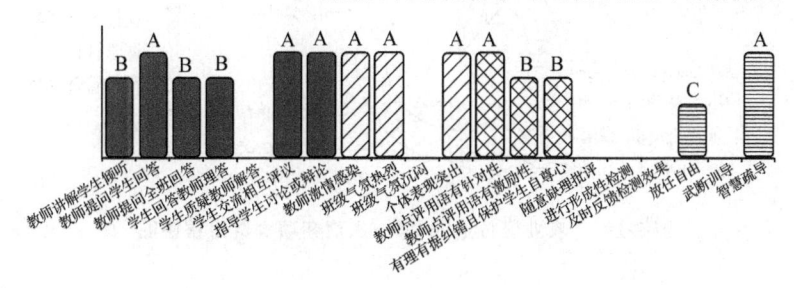

图5-17 "农业区位选择"师生交往行为第二次观察统计

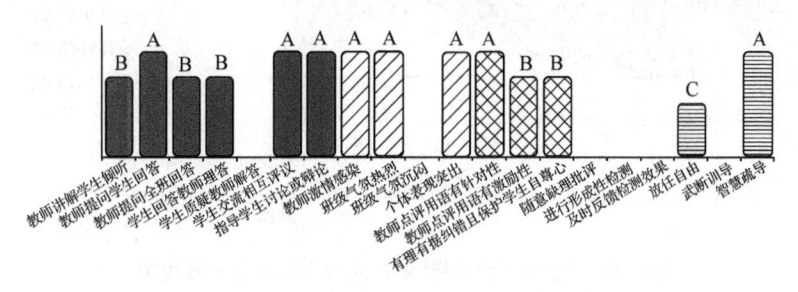

图5-18 "农业区位选择"师生交往行为第三次观察统计

图5-19、图5-20、图5-21是三次"农业区位选择"课中师生交往行

为的各项指标出现次数所占的百分比图。比较三幅图，我们可以看出明显的变化。例如，教师提问全班回答的比重总体在下降，第三次只占8.33%；而教师提问学生回答，也就是学生个体回答的比重不断上升。这说明教师的问题思考性强，并且教师能留有足够的时间让学生思考或讨论问题。从效果图看，第二次、第三次这两项指标的等级都是A，说明该教学行为的效果良好。三幅百分比图显示，教师指导学生讨论或辩论的比重都在8%左右，可见现在的何老师已经非常重视学生合作学习，也能抓住机会及时组织学生进行合作学习。效果图显示，三次课中该项指标的等级都是A，说明该行为收到了很好的教学效果。

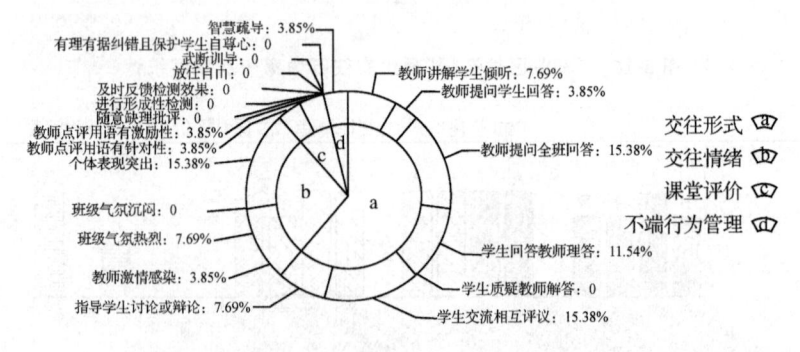

图 5-19 "农业区位选择"第一次观察项次数比重饼图

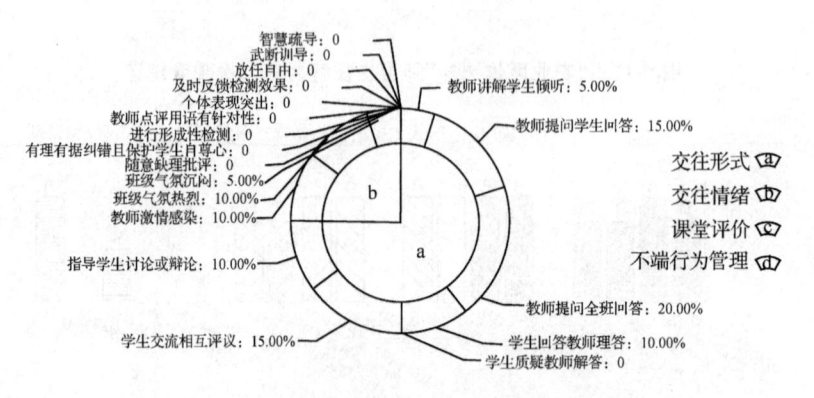

图 5-20 "农业区位选择"第二次观察项次数比重饼图

/第五章/"多元交互式"教学评价的行动路径

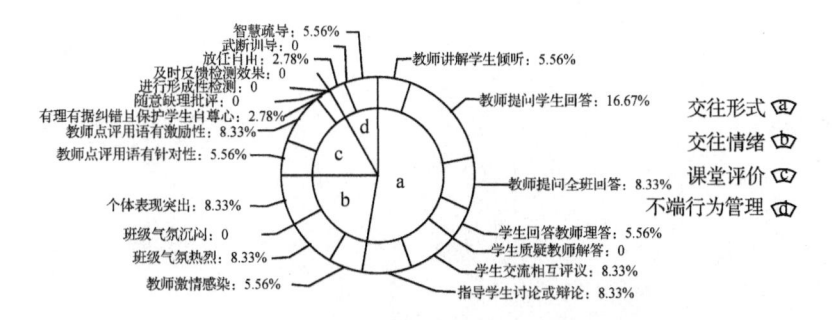

图 5-21 "农业区位选择"第三次观察项次数比重饼图

虽然从统计图中我们还可以看出许多不足，但我们知道，课堂没有最好，只有更好。现在何老师的课堂不再单调了，她会根据教学内容和学生状况或用诗意的语言导入，或适时播放音像资料，或以抑扬顿挫的语调吸引学生、激发学生，或让学生板书、画图，组织学生评议。用现在学生的话说，何老师的地理课太有意思啦。

229

第六章

"多元交互式"教学评价的文化传播

回望本成果的研究历程，我们发现它基本达到了以评促教、以评促学、以评促改的目的。研究共同体产生的巨大合力使扬州市地理教育质态发生了质的变化——教研机制与方式不断创新，许多地理教师走上了专业发展的快车道。同时，我们的研究成果在省内外也形成了较大的影响力，使越来越多的教师成为"多元交互式"教学评价研究的同行者。

一、扬州市地理教育与评价改革同成长

（一）扬州市地理教育的十余年发展

十余年来，我们对评价改革的执着追求，有力地促进了扬州市地理教育事业的发展。现在，扬州市地理学科浓厚的教研氛围已经形成，各级教研制度不断健全，教研方式不断创新，同课异构、课堂观察、微课程开发、e学习、网络教研等方式均与教学评价研究紧密相连，基本实现了我们最初开展评价改革的愿景。

1. 学生地理素养得到不断提升

十余年来，"多元交互式"学生对地理学业质量评价模式在扬州市40多所学校的实践应用，极大地增强了学生对地理学科的认同度，促进了学生地理素养的发展。以高中学段为例，自2005年进行评价改革实验以来，由于评价内容与方法不断革新，学生的地理学习兴趣被激发，他们乐于表达自己的探索成果。第一轮改革实验之后，全市高中地理选科人数不断攀升，在全省各大市中一直名列前茅；多所学校的地理学科从"小儿科"变成了"主科"。例如，2013届扬州市地理选科人数达5256人，占总考生的比例为18.7%，与2004年相比增幅达237%，并且高考成绩也提升至全省前列。

学生地理学业质量的提升，既表现为他们对地理学习的兴趣，也表现为学生地理学业成绩的提高。例如，在江苏省义务教育学生学业质量测试中，在2008年、2010年、2012年、2014年连续四届的测试中，扬州市地理学科的测试成绩从2008年的全省倒数逐渐提升至全省前列，极大地鼓舞了师生的学科信心。再如，高中学生在历届全国地理奥林匹克竞赛中成绩优异，已成为扬州市地理教育的一大亮点，如在2009年"丹霞

杯"全国奥林匹克竞赛中,江苏省参加该竞赛的选手共20人,其中扬州市就占了16人,新华中学的丛昊同学获得了全国第三名的好成绩,另有6名同学获二等奖,9名同学获三等奖,这是全省各大市中的最好成绩。我们认为,学生地理学业成就的进步,是本研究的最大成果。

2. 核心研究成员呈现强劲的专业发展力

本研究成果的取得得益于一支乐于创新、协作共进的团队。在笔者的组织下,扬州市共有100多位地理教师参与了此项研究,他们为扬州市地理教育事业的发展做出了巨大的贡献,同时他们自身的教育理念、教学效果也在评价改革的探索中得到不断提升。这支研究队伍在全国同行中也获得了高度认可。扬州市也成为全国地理教学评价研究的一个高地。尤其是本成果的6名核心研究成员在实践中迅速成长为专家型教师,获得了市学科带头人以上荣誉称号,引领着整个团队持续开展评价改革的各项研究工作。核心成员在十多年中的研究情况如下。

朱雪梅,本成果的主要建构者与推广者,2004年从扬州大学附属中学调入扬州市教育局任地理教研员。在教学评价改革研究期间,先后主持了4项省级重点课题的研究工作,撰写了申报书、调查问卷、结题报告等;设计了扬州市地理教学评价改革方案、评价手册与各类教学观察工具;研发了"多元交互式"课堂观察平台与校本教研评估平台,平台并获得了国家版权局颁发的软件著作权,现已在全国范围内推广应用;研发了"国培计划"远程培训地理评价专题课程,在各级培训中开设相关讲座近200场。2008年首次提出"多元交互式"教学评价,出版专著《高中地理新课程发展性评价》,同年被评为扬州市中青年专家,被聘为扬州大学硕士生导师。2009年主持《中学地理教学参考》"课堂行动研究"专栏论文写作。2010年获得教授级中学高级教师职称与江苏省高中地理特级教师称号。2011年获得江苏省第四期"333工程"中青年科技人才称号,被聘为教育部"国培计划"首批专家库成员、江苏省地理学科专家委员、首都师范大学资源环境与旅游学院客座教授。2015年调入南京师范大学教师教育学院任地理课程与教学论教授。2016年组建了南京师范大学数字化教育评价研究中心,任常务副主任。

陈桂珍，本成果的主要执行者和推广者之一，现任扬州中学地理教师。在教学评价改革研究期间，作为第二主持人主持省级重点课题的研究工作，负责课题管理网站的建立、更新，是教学评价改革的重要推动者。2009年参与《中学地理教学参考》"课堂行动研究"专栏论文写作。2010年获得江苏省高中地理特级教师称号。2012年获得教授级中学高级教师职称。

陈茜，本成果的主要执行者和推广者之一，现任扬州大学附属中学地理教师。主持两项子课题研究，推进学生研究性学习与档案袋评价。2005年起担任扬州市高中地理学科基地主要负责人，此后一直坚持学生集体档案袋和个性档案袋相结合的评价模式。通过开设公开课、示范课和校本教研活动等方式展示各项教学观察研究活动。目前就学生学习过程性评价、学生研究性学习、学生档案袋评价、课堂行动研究和地理实践力培养等方面在扬州市地理教研中发挥了明显的示范、引领、辐射作用。2010年被评为扬州市地理学科带头人。2015年起担任扬州市高中地理兼职教研员。近几年来，在多个"国培计划"项目中介绍"多元交互式"评价研究成果。

吴春燕，本成果的主要执行者和推广者之一，现任扬州市地理教研员。主要负责学生档案袋评价、市直高中学校课堂教学观察研讨活动。2010年被评为扬州市高中地理学科带头人。2011年被评为全国优秀中学地理教育工作者，获得扬州市高中地理特级教师称号。2015年被评为扬州市"十二五"教科研先进个人。2016年晋升中学正高级教师职称。

潘竹娟，本成果的主要研究者和推广者之一。曾在江苏省邗江中学主持两项子课题的研究工作，撰写了子课题申报书和结题报告，设计了课堂即时评价语言调查问卷并撰写了调查报告。以江苏省邗江中学为中心，带领邗江区高中学校的教师持续进行了以课例为载体循环跟进式的行动研究。为总课题研究提供了丰富的课堂观察实证数据和案例，撰写了课堂理答行为标准。在《中学地理教学参考》《地理教学》《地理教育》杂志上发表了多篇论文。2008年获得扬州市高考功臣称号。2009年被评为全国优秀教师，同年被评为扬州市十大教育新闻人物。2011年被评为扬州市特级教师。2014年被评为江苏省特级教师，同年晋升中学正高级职称。2016年7月进入南京师范大学数字化教育评价研究中心工作，任副主任。

"多元交互式"教学评价

陈彩霞，本成果的主要执行者和推广者之一，现任扬州市竹西中学地理教师。主要负责扬州市初中学校课堂教学观察研讨活动。2010年被评为扬州市初中地理学科带头人。带领竹西中学地理组的5名年轻教师在近三年全部获得扬州市骨干教师称号，所在地理组已经成为扬州市数字化课堂观察的典范。近5年来，在国培、省培、市培等各级培训中开设与评价相关的专题讲座20多场。2016年获得江苏省教学名师称号。

3. 多元地理课堂文化彰显生命活力

评价改革倒逼课堂教学理念与方式的转变，特别是评价标准直接引领教学行为走向规范，创新性教学模式探索方兴未艾，学生主体地位得到确立。笔者在研究期间，观课1500多节，记不清有多少次为生机盎然的好课拍案叫绝，又有多少次因死气沉沉的差课而郁闷纠结。笔者常引用叶澜老师的话奔走呼号——"让课堂焕发生命的活力！"那么，什么样的地理课堂能够焕发生命的活力？我们一直苦苦探索，并大致构建了不同课型的教学模式。

(1)自然地理课的教学模式

自然地理的教学旨在帮助学生获得关于地球和宇宙环境的基础知识，包括了解自然地理环境的主要特征；理解自然地理环境的各要素是相互联系、相互作用的有机整体，理解差异性是地理环境的显著特征；认识在人地关系中，人不是被动依赖自然环境的，还具有主观能动性，要因时制宜、因地制宜，谋求人与自然环境的协调发展。自然地理课的教学模式大致可分以下环节。

①提出问题：教师从自然地理现象或者事实入手，通过观察、演示或列举学生感性经验中的现象和事实提出问题。

②自学辅导：教师根据课题设计学习目标，引导学生借助教材和图册自学，使学生获得对自然地理原理和规律的感性认识。

③知识梳理：在教师的引导下，学生借助多媒体、教具观察演示地理现象或原理，对知识进行归纳整理，再由教师点拨，最终形成知识框架，并按一定的逻辑关系把自然地理原理和规律的因果关系连接起来，得出问题的结论。

④当堂训练：学生一方面设计基础问题，巩固所学知识；另一方面应用地理知识解释自然现象。这个环节由四部分组成：学生自读观察—教师点拨演示—教师引导学生小结归纳—教师做总结性点评。

⑤延伸迁移：教师根据教学内容，一方面训练学生灵活地运用所学知识分析具体问题；另一方面设计高考对接环节，培养学生的实战能力。

(2)人文地理课的教学模式

人文地理的教学旨在帮助学生了解人口、城市发展、人类生产活动与地理环境的关系以及人类生产活动与地域的联系，认识人类从事任何活动都应该尊重自然规律，注意协调人与地理环境的关系；引导学生了解人地关系思想的历史演变及背景，理解可持续发展的意义及协调人地关系的主要途径，形成科学的人口观、资源观、环境观和可持续发展观。人文地理课的教学模式大致可分为以下环节。

①提出问题：人文地理与人们的社会生活紧密相连，所以教师可以从社会实践案例入手，让学生观察生活，激起学习兴趣。

②自学辅导：教师根据课题设计学习目标，引导学生借助教材、案例和图册自学，帮助学生获得对人文地理原理和规律的感性认识，以培养学生收集和整理信息的能力。

③知识梳理：在教师的引导下，学生通过具体案例，先对知识进行归纳整理，再由教师点拨，最终形成知识框架，并按一定的逻辑关系把人文地理原理和自然地理规律的因果关系连接起来，得出问题的结论。这个环节由三部分组成，即案例分析—学生归纳—教师点拨。

④当堂识记：教师为学生做适当总结，然后要求学生进行定时记忆，帮助学生当堂掌握基础性知识点。

⑤延伸迁移：教师根据教材，一方面使学生灵活地运用所学知识分析具体问题；另一方面设计高考对接环节，培养学生的实战能力。

(3)专题复习课的教学模式

专题复习课首先要帮助学生理解考试说明的要求，要引导学生读书和思考，循序渐进地引导学生总结出复习专题的知识框架结构(若学生的整体水平较差，可采取填写教师预先设计好的知识框架的形式)。在

每一部分知识复习完成时，教师可提供相应的典型试题，要注意引导学生对典型试题的答题方法进行归类总结，目的是通过典型试题的归类，让学生掌握高考常见题型的基本答题方法和技巧。在此，我们建议专题复习课采取"读—写—议—练—评"五环节的教学模式。

①读：教师引导学生自主阅读专题中的重要知识点，并根据考试说明的要求，构建系统、完整的知识体系。

②写：学生当堂默写专题中相关的核心要点与易错点，起到即时巩固的作用。

③议：教师针对专题中的疑难问题与重点问题，创设问题情境，组织学生协商、讨论，分析问题产生的原因，提出解决问题的措施；要让学生及时交流讨论结果，交流时要突出思维过程的阐述。

④练：教师精选与专题相关的典型试题，最好是代表和反映高考发展动向的试题，确保试题的数量与难度适宜；以这些试题作为例题进行课堂训练，对试题的评析要突出检查学生的解题思路、获取信息的能力以及运用专题知识解决问题的能力。

⑤评：教师针对学生成果交流与试题分析，要及时组织生生之间、师生之间的互动评判活动，要对学生的理解偏差提出改正建议。

(4) 试题讲评课的教学模式

试卷评析是突破重难点知识，及时帮助学生进行纠错训练的良好途径。在上课之前，教师和学生就应该"储备"资源，这些资源包括课程标准、考试说明、教材、地图册等，试题正确率、错误率的统计数据，试卷的结构、重难点的分析资料等。教师在教学中要善于运用学生的代表性答案引导学生一起分析，查找问题，进行归因分析。具体操作流程如下。

①教师概述试卷、试题、考试成绩。

②学生对照参考答案，自查自纠。

③教师展示有代表性的学生的典型答卷。

④教师结合试题要求分析该答案在审题方面的特点(优点与不足)，分析针对性问题。

⑤教师结合答案的具体表述，梳理相关知识点，分析该答案在知识

准确性、答案逻辑性和层次性方面的特点。

⑥教师进行对比性试题回顾与分析，对试题进行归类总结，找出规律性。

⑦教师引导学生进行变式(或跟踪纠错式巩固)训练，实现学生考试能力的提升。

(5)地理考察的教学模式

地理野外考察与社会考察、参观访问等学习方式是学生亲近自然、接触社会的直接通道，也是地理学习的重要技能，属于体验型的研究性学习方式，如考察家乡的地形地貌特征、考察城市的水源质量、调查家乡的生态环境问题、观察城市交通流量的变化规律、参观地质博物馆等活动。地理考察一般分为以下几个步骤。

①确定考察项目。

②准备资料。在实地考察前，师生搜集并整理地图、统计资料、调查报告、历史记录等资料，并制成分布图表，以形成对考察区域的初步印象。

③野外观察。教师根据考察目的，确定考察和访问的内容及路线。在考察中，师生对地图上标注的地形、聚落、铁路、公路、土地利用类型等予以确认；把地图上未标注的地理事物用适当的符号标注在地图上。

④撰写考察报告。考察报告的内容一般包括题目及确定题目的理由、考察目的及设想、考察方法和程序、考察内容及已有资料、已有资料同考察的关系、主要结论以及需要进一步探讨的问题。

正是由于扬州市地理教师对活力课堂的不断追求，扬州市地理课堂的教学质量不断提高，在各级各类教学竞赛中获得了令人瞩目的成绩。据不完全统计，自2010年以来，本成果的研究成员在省级以上教学竞赛中获奖19项，其中钱丽娟老师执教的"水圈与水循环"获得中国教育学会地理教学研究会组织的全国优质课评比特等奖，另有3位教师获得一等奖。

（二）核心研究成员的心灵感悟

对中学教师而言，最有效的研究是解决实践问题的研究，是与教学生活紧密结合的研究。在十多年的教学评价研究历程中，我们常鼓励课题研究者"做有思想的行动者"，倡导将评价研究渗透到教学生命的每一

个环节中。笔者以为，一线教师如果能够让研究成为一种习惯，就能够改变自己的生活方式，能够体会到自己的价值与意义，能够了解自己的所思所想和所作所为对学生发展产生的影响，能够不断改革自己的教学工作，对教育的理解深度也将不断增加，能够品尝到教育科研带来的幸福。事实上，本研究成果的核心成员均对此有深切的体会。

陈桂珍老师是一位理性的思考者，她借用"千淘万漉虽辛苦，吹尽狂沙始到金"诗句来说明自己的收获。她说："通过参与教学评价研究，自己积极主动地去改变自己，克服困难，最终会让问题得到解决，让困境有所突破。课题研究如此，教学生涯的跨越也如此。如果说参与课题研究本身使我成为学习者的话，那么课题研究的各项课堂观察使我成为观察者，我在观察中关注的各种问题与实践成果又让我成为一名思考者。这种影响让我在日常教学中感到困惑时，能够积极地去思考并寻求解决问题的途径。现在，我在课程的评价上，已经由过去强调考试甄别、选拔，转向着眼于提高每个学生的能力、尊重学生个性差异与程度差异，注重学生的纵向比较，让每个学生都有成功感。"

陈茜老师是位充满理想主义色彩的地理教师，深得学生的喜爱。她说："我们的研究是一个不散的剧场。"她认为，课堂教学评价是一群志同道合的人的对话和交流。因为大家对课堂的总体建构和课堂教学的每一个细节都进行了思考，课后的评价就会更有广度和深度；因为大家都关注学生和教师的现场表现，课后的评价就更关注情商、智商和逆境商数；因为大家期待学生的未来和教育的未来，课后的评价就会更有观点的辩论和激烈的追问。在评价研究的十余年间，从"多元交互式"教学评价体系的建构，到基于数字化平台的教学和教研评估，我实现了我的教学评价理想，真的有种欣喜若狂的感觉。每一次用课堂观察平台数据向大家展示课堂评估成果，用对话的方式询问每一位亲历课堂教学的教师、学生时，大家都有种幡然醒悟的感觉。我们所做的，只是与我们的学生相遇，为他们的一场场青春剧呐喊、鼓掌，目送一群群学生，又迎来一张张微笑的脸庞，而青春剧场永不散。

吴春燕老师是一位在研究中成长的地理教师，她认为课堂观察平台给教师的教学带来了精准评价、精准诊断，认为针对问题的课堂改进提高了课堂教学效率，促进了教师专业化发展。对学生而言，课堂观察平台不仅能够及时发现学生的知识盲区、完善学生的知识结构，而且能够增强学生的优势与特长。课堂观察平台给教师一个开放的空间，让他们引导学生在课堂上积极主动地读书、感悟、研究、实践、创造、表现；课堂观察平台给教师一个开放的空间，让他们去参与、研究、发现，让他们潜心研究，仁者见仁，智者见智。

潘竹娟老师是一位资深的优秀教师，她无比热爱自己的职业，用"凤凰涅槃"表示自己参与研究的感受。

思想在研究中涅变，生命在研究中美丽[①]

读过郭沫若的诗作，我印象最深的是他在"凤凰涅槃"中宣扬的"集木自焚，复从死灰中更生"的凤凰精神。2005年江苏新课程改革开始，朱雪梅老师的"教学评价体系的建构与实践"系列研究也正在进行着。受她的感召，我们也一起加入了课题研究。十年的研究中，我们阅读了若干书籍，观察了若干堂课，做了很多调查，收集了很多资料，写了很多文章。在这个过程中，我们很辛苦、很繁忙，可谓"集十年之木"，虽比不了凤凰的投火自焚重生，但这一过程却使我们对教育、对教师生涯的认识有了前所未有的变化，也使我们的生命如经受了风雨的植物，充满着张力，焕发出美丽。

一、提升了思想境界，增强了教学和研究能力

（一）教师职业生涯——在"集木自焚"中成就凤凰般的华彩

大学毕业后，我做了一名农村中学教师，当时对教师的认识很模糊，充其量只想到这是一个职业，是安身立命的手段。十多年后我调入示范性中学，回首教师之路，想到的是如何让学生喜欢我，如何让课堂更精彩，如何站稳讲台。连续多年带高三的时候，我想到的是如何让学生高考成绩优异，如何使每一个家庭都不失望。

2005年，我开始参加朱雪梅老师的课题研究。第一步，我必须读书，读教育理论书籍，读地理专业书籍，读国内外散文大家的书籍，读网络上各种地理教育研究文章。第二步是实践和研究。在这漫长而艰辛

[①] 此文由南京师范大学数字化教育评价研究中心潘竹娟老师执笔。

的过程中，我需要制作和改造研究工具，调查访问教师和学生，分析整理各种材料，撰写阶段性研究报告。这样的读书和研究经历，才使我知道教育的天地是多么广阔；才使我知道不论苏霍姆林斯基的和谐教育思想，还是维果斯基的最近发展区、皮亚杰和布鲁纳等的认知观点、奥苏贝尔的有意义学习，其实都是着眼于学生的发展，着眼于培养会学习、会实践、会创造、有担当的身心健康的公民的理论；才使我知道社会的健康发展与教师课堂教学之间有着密切的关系；才使我知道教师不仅应该追求课堂的精彩，更要在潜移默化中使学生的思想、行为、身体美丽起来。教师，是不凡的职业、不惑的专业、不朽的事业。在这不朽的事业中，我们只有孜孜以求，才能练就教书育人的艺术；只有不断阅读与研究，才能克服思想观念的狭隘，成就凤凰般的华彩；只有潜心钻研与实践，才能成就云淡风轻、鸟语花香的生命历程。

(二)教育科研——在解决教学问题中提升素养，发展能力

参加课题研究之前，我对课题研究的看法是，这是教育大家们的事情，与普通教师没有关系；这是一种故弄玄虚的事情，对教育教学改进没有什么实际作用。我甚至认为教育科研就是弄虚作假、相互糊弄的事情。

我们首先参与的是朱雪梅教授的"新课程改革背景下高中地理发展性教学评价模式的研究"。用研究的目光审视原来的评价，我们发现我们仅仅用考试和练习来评价学生，不仅手段单一、目的功利，更重要的是这不利于促进学生的全面发展，甚至对学生的身心有害。这次课题研究，不仅使我们开阔了眼界、知道了教育科研的广阔天地、学习了国内外新颖的教育理论、收获了成果，还使我们明白了教育科研就是研究和解决我们自身教育教学中的问题的手段。只有在教育科研的引领下，我们的课堂才能达到彰显生命活力的境界，教育才能培养出健康的公民，我们自己才能伴随着学生的成长而成长。

2009年我们又参与了朱雪梅系列课题"地理课堂教学行为偏差与矫正的案例研究"的行动研究，我们的子课题是"地理课堂评价语言偏差及纠正的案例研究"。为了寻找地理课堂评价语言偏差的共性，我们在朱老师提供的课堂观察工具的基础上，设计了有利于我们子课题研究，并适合我

校校情的课堂观察量表，采用了以课例为载体的循环跟进式研究。在运用量表观课、依据量表评课、收集整理资料、撰写课题研究报告的过程中，我们不仅相互学到了很多教学机智，发现了一些课堂评价语言使用的共性规律，找到了偏差语言产生的根本原因，研究出了矫正课堂即时评价语言偏差的策略，还深刻领悟到在教育教学实践中进行行动研究的意义，深刻认识到教育教学能力与教育科研能力的相关性。教师具有较强的教育教学能力的评价标准之一必定是有良好的教学效果。良好教学效果的基础除通常意义下的教师基本功之外，还要求教师有良好的业务素质和不断探索的科学精神，这是科研能力结构中必不可少的。

二、促进了自身专业发展，提升了生命质量

在十年的课题研究中，我们学习了很多理论，观察了很多课堂，将理论和他人的机智融合，加上自己的思考和创造，成就了我们自身的课堂艺术和风格。在十年的课题研究中，我们学会了如何在日常教学中发现问题，学会了如何根据课题研究的角度确定研究的方式方法，学会了如何带领团队进行合作研究。我们把这些用于课堂教学，不断收获着学生成功的喜悦。无论参加高考，还是参加各种竞赛，学生都能创造优异的成绩。更能使人有幸福感的是每天的课堂上，学生学会某种知识、某种思维方式、解决了某种问题而绽放出的如花笑靥，是与学生朝夕相处产生的相濡以沫的情感，是看到学生身心健康、充满信心走出校门的背影。享受这些幸福的同时，我自己在专业上也得到长足发展，2007年被评为扬州市高中地理学科带头人，2009年被评为全国优秀教师、扬州市十大教育新闻人物，2011年被评为扬州市特级教师，2014年被评为江苏省特级教师，并晋升为正高级中学高级教师。

回首这些成就的获得，我最大的感慨是感谢"'多元交互式'教学评价体系的建构与实践"课题研究，感谢这个课题研究团队，让我在合作研究中走过了人生最充实的十年。

陈彩霞老师是研究团队核心成员中唯一的初中地理教师，她是一位高情商的完美主义者，已经让研究成为她的自觉追求。她回顾说："在加入课题组到课题结题的时间里，我们放弃了无数个假日，走进了无数节

课,熬过了无数个不眠之夜。我们的研究越来越深刻,我们采用的循环跟进式课堂行动研究方法,极大地促进了年轻教师的专业发展。"她说:"这项课题基于一种伟大的使命感,是为了教育的呼唤,为了学生需求的呼唤。对课题价值的理解让我不仅知道做什么、怎么做,更让我明白了为什么这样做的真谛。在主动参与课题研究中,我掌握前沿的教育教学信息,敏锐地捕捉自己的不良教学行为并反思矫正自己的教学行为,从而让自己成为理论与实践相结合的研究型教师。""课堂观察这样的行动研究让我学会从研究教材教法转变为全面研究学生、教师自身行为的得失,从关注狭隘的经验转变为关注理念的更新。经历课题研究的洗礼后,我养成了研究的习惯,学会了自觉地运用、验证教育理论,从课堂的教学现象中探索规律,并乐于将其分享给我年轻的同行们。"

二、"多元交互式"教学评价的共振效应

(一)研究成果的示范辐射

"多元交互式"教学评价研究成果具有开创性与先进性,在全国的影响力日趋增强,在许多学校被地理以外的其他学科加以应用。研究团队曾接待来自北京、上海、浙江、福建、广东、山东、辽宁、浙江、安徽、河南、新疆等十多个省级行政单位的数十个代表团来扬州市学习、交流教学评价经验。我们的教学评价方案、教学观察方式被广泛引用。

2016年3月,自南京师范大学数字化教育评价研究中心成立后,"多元交互式"课堂观察平台的辐射应用落到了实处。目前,江苏、上海、北京、浙江、重庆、四川、河北、云南等省市建立了70多个中小学实践基地,并将其应用于高等教育师范生的培养,从而在全国范围内有力地推动了数字化课堂教学评价改革的探索。

2008年以来,本研究的核心成员在各级各类培训中开设与评价相关的讲座200余场,其中,在南京师范大学、华中师范大学、首都师范大学、西南大学、河南大学、云南师范大学、江苏师范大学、西北师范大学、扬州大学、浙江大学、人民教育出版社等单位承办的各类"国培计划"集中培训

中开设专题讲座数十场，受众遍布内地 31 个省(市、自治区)，开发的相关培训课程有"让课堂评价迈进数字化时代""'互联网＋'时代教学评价的转型变革""高中地理教学评价的理路与策略""地理学业成绩评价的理路与机制""自然地理教学课例与行为矫正研究""有效教学的基本要求与评价""科学命题的路径""地理课堂教学有效性的主要特征""地理课堂行动研究""地理课堂观察的科学原理与经验""地理课堂教学行为标准的建构"等。

2009 年以来，本研究组成员为教育部基础教育课程教材发展中心研发"国培计划"远程培训项目"高中地理发展性学业成绩评价的设计与实施""初中地理教学评价建议和课程资源的开发与利用"等专题课程；作为首席专家承担全国中小学继续教育网 2013—2016 年"初中地理新课标实施培训"项目的研发任务；为江苏省教师培训中心研发"地理课堂教学常见偏差行为及其矫正"等专题网络培训课程；为李家清教授主持的国家精品课程承接"自然地理教学课例与行为矫正研究"专题设计与讲解任务。这些远程培训课程辐射至全国近 30 个省级行政区，受益教师面广量大。

此外，本研究成果通过学术会议进行传播，受到了广泛的关注与好评。例如，2010 年中国教育学会地理教学研究会年会在北京召开，会议设立了"课堂行动研究"分会场研讨会，着重介绍本成果。2012 年在江苏省教研室举办的中学地理"课堂观察"主题研讨会中，本研究组成员以"农业的区位选择"为课例，全程展示课堂观察的研究过程。"教学新时空"进行了网络直播。2014 年中国教育学会地理教学研究会年会、江苏省地理学会年会等会议介绍了本研究成果。2015 年中国教育学会第二十八次学术年会在厦门举办，专设了"基于数字平台的教学与教研评估"微论坛，全方位展示我们的研究成果。2015 年扬州市教育科学研究院举办了"'多元交互式'教学评价体系的建构与实践"基础教育国家级教学成果展示活动。来自全国各地的近 400 名成员观摩了此次活动。在 2015 年北京师范大学举办的"互联网＋教育"变革路径之开放论坛、2015 年中国教育学会评价专业委员会年会、2016 年中国教育学会教育评价研讨会、2016 年第十六届中国教育信息化创新与发展论坛等会议上，本成果的介绍均引起了与会者的强烈反响。大家都高度认同本成果

所提出的数字化教育评价代表着智能互联网时代教育评价的发展方向。

下面提供三个实践单位的应用意见。

地区或学校名称	《中学地理教学参考》杂志社
实践检验时间	2007年4月开始至2009年12月结束
承担任务	本刊自2007年第4期起向全国推介扬州市教研室研制的《高中地理新课程课堂教学评价手册》、《高中地理学生学业成绩评价手册》,并刊发了朱雪梅老师有关评价改革的系列论文。2009年本刊开辟了由朱雪梅老师担任特约撰稿人与主持的"课堂行动研究"专栏,向全国推广扬州市关于课堂教学评价改革的成果。专栏每期刊登1篇扬州市进行课堂教学观察研究的论文,每篇论文长约1万字,着力研究课堂教学中存在的一个问题,大致分"问题缘起"、"教学现场1"、"互动研讨"、"教学现场2"、"跟进反思"等几个板块加以阐述,最后总结、提炼解决本研究问题的理论依据与改进方案。
实 践 效 果(400字以内)	

  本刊发表的朱雪梅老师关于地理教学评价改革的系列论文在全国地理教育界形成了深远的影响。特别是2009年"课堂行动研究"专栏的11篇论文,对我国中学地理教研方式的优化和新教研方法的探索起到积极的推动作用。其叙写方式后来被语文、政治、历史等学科的中学教研论文广泛借鉴。

  "课堂行动研究"系列论文推出后反响强烈。许多地理教研员认为专栏论文展示了一种全新的研究方式,是质的研究的成功案例,也是扎根于课堂的研究,非常值得为提升教研活动效果而借鉴使用。广大地理教师则认为,论文具有较强的可读性,通过持续的课堂教学实录与研讨反思记录,不仅逐渐揭开了解决问题的思路,而且提出的解决方案也正是广大教师所期盼的"金点子"。大学教师普遍认为这些论文超越了基础教育常用的经验式总结,是用科学的教研方法对地理课堂教学进行的跟踪研究,具有较强的科研份量,其研究成果能够被引用于师范生的教学中,能帮助师范生更好地认识地理教学的实际情况。

实践检验单位(盖章)
2014年 2 月 10 日

图6-1　第1个实践检验单位情况

/ 第六章 / "多元交互式"教学评价的文化传播

地区或学校名称	福建省
实践检验时间	2011 年 9 月开始至今
承担任务	福建教育学院文科研修部组织 100 多所学校的地理教研组长分两次专程到扬州市学习地理教学评价与课例研究的经验,并分别参与扬州中学、扬州大学附属中学课堂教学现场的观察、研讨活动。各校借鉴扬州市的各种评价工具在学校开展教学观察活动。

实 践 效 果(400 字以内)

本单位积极组织全省众多学校革新传统地理教学评价方式与教研方式,并在全省范围内推广学习扬州市朱雪梅及其研究团队的发展性地理教学评价方案,要求各高中学校借鉴应用扬州市的过程性观察方法与评价工具,着力进行校本教研方式的改革,以达到以评促教的目的。

目前,我省已有近 50 所学校自 2011 年秋季开始进行地理教学评价改革的实验研究,其中扬州市采取的循环跟进式课堂教学评价方式被广泛应用,各校均能按"课前会议-课堂观察-课后研讨"这三大环节对课堂教学效果进行评估,并提出对偏差性教学行为的矫正方案,然后重返课堂进行检验,直至有效。对学生学业成就的评价普遍以扬州市的地理评价手册为蓝本结合本校实际加以修改,突出了多元化与交互性的特征,遵循过程性与终结性评价相结合的原则,质性的表现性评价方式情况得到前所未有的重视。

实践检验单位(公章)
2014 年 2 月 15 日

图 6-2 第 2 个实践检验单位情况

"多元交互式"教学评价

地区或学校名称	广东省珠海市
实践检验时间	2011年9月开始至今
承担任务	本市教育局组织了各学科市、区两级教研员与部分教改先进学校的校长学习、借鉴运用扬州市朱雪梅老师的研究成果《"多元交互式"教学评价体系的建构与实践》，并作为合作单位在全市范围内开展教学评价改革实验研究。 在曹风云副局长的带领下，部分教研员与校长赴扬州进行考察，听取朱雪梅关于教学评价改革的报告，并至实验学校听课、观摩，参与教学评价研讨活动。曾两次邀请朱雪梅老师至珠海进行成果介绍，说明教学评价与教研方式的改革思路。
实　践　效　果（400字以内）	
自2011年朱雪梅老师的研究成果《"多元交互式"教学评价体系的建构与实践》在我市实施以来，共有15余所学校参与了实证性研究工作，特别是这些学校结合自己的实际情况，在参照扬州市系列评价工具的基础上，开发出许多具校本特色的教学评价量表，广泛应用于各学科的课堂教学评价与学生学业成就评价工作中。 　　朱雪梅老师的教学成果在我市的实践推广活动，特别是课堂量化观察手段促进了课堂教学行为的优化，对教师的专业发展与学生学业进步起到了促进作用，使我市的学科教研更加贴近教师与学生的需求，教研方式更加严谨、科学，重视过程的发展性评价意识得到强化，教师与学生的成长档案袋应用日趋规范，具体效度将伴随实践工作的深化给予进一步的总结分析。	

实践检验单位（公章）
2014年2月12日

图6-3　第3个实践检验单位情况

(二)专家学者的评鉴意见

"多元交互式"教学评价的研究受到了众多学者与一线教师的关注。许多学者给予了大量指导,也给予了鼓励,这是我们的研究得以推进的重要因素。在此,本文摘录部分专家、学者的意见加以例证。

1. 中国教育学会给予的成果推广意见摘录

在本研究成果获得2014年基础教育国家级教学成果一等奖后,中国教育学会在成果推广的建议书中写道:

该成果提出的创新点,即评价体系创新、评价工具创新、评价路径创新和评价标准创新,因其高度的系统性和综合性,在国内地理课堂评价方面确有新意。其最大亮点是对课堂评价的信息化平台的应用,有助于推动我国中学地理课堂评价迈进数字化时代。该成果在实践过程中创建了基于网络平台的"多元交互式"课堂观察平台,通过嵌入平台的专业表达行为、师生交往行为、课堂提问行为、学生学习行为等观察量表,收集"教"与"学"的数据,从而为课堂评估提供证据。这种基于网络平台的课堂观察将引领当前的听评课从经验走向科学,也利于课堂教学与大数据技术进行整合。

2. 江苏省教学成果评审委员会给予的评价意见摘录

江苏省教育厅在组织2014年"基础教育国家级教学成果奖"预评后,给予的评价意见如下:

该成果顺应时代发展需求,着力解决教学评价中的各种难题,达到了以评促改、以评促教的目的。

该成果从理论层面到实践层面均进行了积极的探索,提出的"多元交互式"教学评价体系具有创新性,使评价范式实现了从归类结论性评价向鉴赏分析性评价的根本转变。各类教学观察工具与评价标准的开发使评价模型极具可操作性,特别是该成果自主研发的网络化课堂观察与

教学评价平台具有独创性。该成果目前的思考与今后的研究方向等问题很深刻，具有前瞻性与挑战性。

该成果的研究过程扎根教学一线，基本理论在实践中得到充分的检验、修正，解决问题的方法切实可行，循环跟进式教学评价实施路径清晰引领，积累了非常宝贵的经验。

该成果充分体现了人本主义思想，实现了师生与课程共同发展的目标。教研方式的创新使地理学科从评价改革初期区域性的薄弱学科转变为当前的引领学科，并锻造了一支优秀的地理教师队伍。评价改革成果在全国地理教育界已经产生了深远影响。评价改革对课堂教学生态与学生地理素养的优化起到了积极的推进作用，取得了可喜的进步。

总之，本成果具有很大的推广价值，其评价体系与操作思路对基础教育所有学科均具有可借鉴性。

3. 课题结题鉴定专家组的评价意见摘录

2010年6月，在江苏省"十一五"规划重点课题"新课程改革背景下高中地理发展性教学评价模式的研究"的结题论证会上，论证组专家给出的鉴定意见如下：

该课题选题符合素质教育的要求；研究立意高远，超越了功利、超越了学科，达到美的境界；研究过程令人尊敬，课题组的研究基于实践、针对问题，是非常扎实的真研究，既富有理想性又十分理性，具有很强的操作性；研究思维清晰，理论引领充满智慧；研究成果丰硕，具有很大的推广价值。总之，该课题体现了五个结合：一是价值追求与理念引领的结合，二是系统建构与实践扎根的结合，三是课内评价与课外评价的结合，四是课题研究与成果辐射的结合，五是学科发展与教师成长的结合。

4. 陕西师范大学出版社朱晓荣的评价意见摘录

2009年，时任《中学地理教学参考》主编的朱晓荣先生对"课堂行动研究"专栏论文给予了较高评价,他指出:"'课堂行动研究'专栏是我刊创立的一个成功的栏目。专栏系列论文的最可贵之处在于,论文在科学规划的基础上,通过开展扎扎实实的相关教研活动而产生。专栏科学而有效地组织了一个团队,在观课行动中不断跟进反思、不断超越自我,成功地实践和探索了合作教研的新形式。"

5. 首都师范大学林培英教授的评价意见摘录

"多元交互式"评价模型是以扬州市普通高中地理新课程发展性评价方案及相关手册为载体,通过系列的实证研究、行动研究、案例研究,在积累了丰富的评价改革经验后提出的评价理论,因此具有深厚的实践基础。目前,它已从扬州市推向全省、全国,在众多学校里扎根、成长……"多元交互式"评价模型是一种建立在发展性评价思想之上的操作模式,对广大地理教师而言具有较强的可借鉴价值。

6. 南京师范大学赵媛教授的评价意见摘录

该书(指专著《高中地理新课程发展性评价》)在介绍行动案例的基础上,提炼出了高中地理课程评价的各类标准,从地理课堂教学评价到地理教师专业发展评价,从学生地理学业成绩的过程性评价到考试测量评价,从地理知识与技能评价到情感态度与价值观评价,都开发出具体可行的评价量表,提供了可操作、可借鉴、可应用的高中地理教学评价模式。这样的模式是一种用实践行动与理性思考交织起来的经验,是值得学习的真经验。

7. 江苏省教研室原地理教研员王必亚的评价意见摘录

扬州市教育局教研室结合扬州市高中地理教学的设计,把高中地理

"多元交互式"教学评价

课程标准有关学习评价的课程理念、基本原则、评价建议落实到具体的针对性和可操作性都比较强的评价实施方案中，这种评价实施方案把国家文本中有关评价的原则性要求变为了实际可操作的地理学习评价标准，也可以理解成评价的准则或者评价的具体规范。我觉得扬州市学习评价的做法是一种有益的初步尝试，这种做法对其他学校和其他地区也可能会产生某些积极的启示和借鉴意见。

（三）新闻媒体的专题报道

在"'多元交互式'教学评价体系的建构与实践"获得基础教育国家级教学成果一等奖后，《中国教师报》《新华日报》《江苏教育报》《扬州日报》及扬州电视台曾做过专题报道，均对本成果给予了充分肯定。下面转载《中国教师报》记者康丽撰写的《课堂教学评价的数字化革命》[①]一文。

编者按：什么样的课是好课，如何对课堂进行有效评价，什么样的评价能促使教师改善提高？从传统、主观、经验式的听评课，到数字化、标准化、可测量的课堂教学观察，这种革命性的选择改变的不仅仅是课堂，不仅仅是教师，更是教育的生态、国家的未来。

课堂教学评价的数字化革命

"教师的课堂提问指向不明确的数量占到 13.2%，教师问学生答的比例占 41.18%，补问、追问比较少。"

"学生讨论时间不够，教师讲学生听的比例占 21.57%，学生质疑比例为零，多数情况下为教师自问自答。"

当这样的评价出现在江苏省扬州市邗江中学李老师的面前时，她有点不好意思了，原本以为做了充分准备的课堂，竟然还有这么多"问题"，且有理有据。

---

① 此文发表于 2016 年 4 月 20 日，有稍微改动。

让她心服口服的这些判断，可不是来自专家、教研员之口，而是来自一个"多元交互式"课堂观察平台。这个平台通过嵌入课堂观察量表，利用手机、电脑等移动终端，利用行为编码方式在听课过程中采集"教"与"学"的表现性数据，经过后台计算与图形化处理后，直接为课堂评估结论提供客观的量化证据，从而真正实现科学的课堂诊断。

"以前的听评课，多是几个人拿着纸和笔，听一听，说一说，在评课表上画上几个勾，最后提几点意见。这种经验主义的听评课方式，在智能互联网浪潮的冲击下必将面临一场革命，课堂观察走进大数据时代势在必行。"南京师范大学教授朱雪梅说。这个平台就是她主持的"'多元交互式'教学评价体系的建构与实践"研究成果的支撑性研究工具。

2014年，一项殊荣被授予朱雪梅，即"'多元交互式'教学评价体系的建构与实践"项目获得了基础教育国家级教学成果一等奖。一个"年轻"成果缘何获一等奖，原因只有一个，即它是为数不多的跟评价有关的成果。在"互联网+"时代，在大数据时代，如何建立多元的评价体系，建立数字化的评价平台，破解"唯分数论"的瓶颈，正是每一个教育人都渴望的。

课堂观察比"淘宝"购物还简便？

朱雪梅的教育生命，与教育评价紧紧相连。

当教师，做教研员，致力于教育评价的课题研究，更是因为在教育评价方面的出色工作，朱雪梅半年前被调进了南京师范大学。

评价是导向，是指挥棒。当一线教师因为评价而畏首畏尾，不敢改革时，朱雪梅的想法很简单——评价可以不是枷锁，可以不是束缚，"好的评价行动，让教师变得更好"。

如何让教师变得更好，从一节节具体的课开始。

2004年，当了14年扬州大学附属中学地理教师的朱雪梅，成为扬州市的地理教研员。

教研员就要不停听课、评课，但这种经历让朱雪梅开始思考传统听评课的弊端。

"多元交互式"教学评价

"我每次都拿着一个本，听听记记，然后开个短会，向教师提建议，至于教师是否听进去了，改进了没有，我完全没有把握。"更重要的是，从教师的表情上，朱雪梅能够判断出有的教师并不服气。

"这样的课堂评价，真的有效率？"朱雪梅有点怀疑。

从小就喜欢捣鼓技术的朱雪梅开始打起了互联网的主意。早在1996年，这个"技术控"就花了几乎一年的工资买了一台电脑。到了2000年，她又在学校第一个"吃螃蟹"，尝试网络教学实验。学校为此投资60多万建设了网络教室。

"能不能把互联网技术和课堂评价结合起来，用电脑代替传统的笔记本，对课堂教学效果进行客观的评价？"朱雪梅最初的想法非常简单。

周围的教师并不懂技术，更谈不上支持技术。朱雪梅只好把这个打算告诉了分别在北京、上海IT行业工作的两个妹妹，没想到妹妹们非常支持这个想法。她们都这么说："只有你想不到的，没有技术实现不了的。"

这句话让朱雪梅大受鼓舞，这个地理教研员开始跨界行动，写互联网平台的技术需求书，设计课堂观察平台主页，设置课堂观察量表，绘制平台呈现的每个页面……她做的都是自己以前从来没有做过的事情。

"没有任何经验能借鉴，我们是在创造一个全新的东西。"在四五年的时间里，朱雪梅感觉自己成了教育"极客"，不务正业地走进了IT领域。

热情是可以传染的。在朱雪梅的带动下，专业的技术团队开始加入，对互联网有热情的教师也开始参与进来。2009年，朱雪梅及其团队正式提出"多元交互式"教学评价体系。几经周折后，作为课题的支撑性评价工具，课堂教学观察平台于2014年年初正式投入实验。

"课堂观察平台应该比淘宝购物更简便，更易操作，"朱雪梅戏言，"两分钟，包教包会。"为什么用课堂观察平台代替传统的听课记录呢？朱雪梅认为，这样更能记录、保存课堂教学的多元信息，进而为课堂教学效果评测提供客观的量化证据。

事实也是如此。记者登录课堂观察平台，发现平台设计一目了然，使用起来方便快捷。更重要的是，它的功能已经不仅仅是用电脑替代传统纸笔听课工具那么简单，更确切地说，它克服了传统评课缺乏标准的问题，因为平台提供了一整套课堂观察量表及教学行为标准。

课堂质量看得见，摸得着，能改进？

4月6日，在扬州市竹西中学，一场课堂观察培训活动正在举行。

竹西中学政史地教研室主任居加莉介绍了课堂观察系统的具体项目，即专业表达行为观察、媒体应用行为观察、师生交往行为观察、课堂提问行为观察、学生学习行为观察、田野式观察记录，并现场示范，具体介绍了怎样运用软件平台上的观察量表进行课堂观察。教师现场登录个人账号，实践运用各课堂观察模块。

从地理学科延伸到其他学科，从扬州市的几所实验校到江苏省其他地区、上海市，课堂观察平台正在被更多的学校熟知。

"以往的评课只停留在关注教学过程以及学生课堂活动层面，而课堂观察记录和数据分析，让教师明明白白知道自己的课好在哪儿，不好在哪儿，所以课堂评价有了支撑标准。"竹西中学校长刘岚坦言，自己一开始看到这个研究时，就非常感兴趣，"平台一开发出来，我们就开始使用"。

刘岚口中的标准，正是课堂观察平台当初设计的难点。

何谓评价？简言之，即要什么，评什么。

课堂观察平台要的是什么？在朱雪梅看来，远远不是分数那么简单。

"我们希望看到学生质疑、小组合作、师生互动。"朱雪梅说。这正是课堂观察量表设置专业表达行为、师生交往行为、课堂提问行为、学生学习行为等模块的原因。

"我们考量的不仅是这节课上教师教会了学生多少知识，而是教师用什么样的行为方式让学生学会学习，进而培养他们的学科能力和素养。"朱雪梅一再强调这一点。

与传统的听评课不同，课堂观察不仅包括现场观课，还特别设置了课前会议、课后会议两个步骤。前者主要确定观察主题，通过后台生成

"多元交互式"教学评价

观察量表；后者则依据行为标准，根据可视化观察结果交互研讨，使教师在评课会议结束后还可以在平台的论坛上继续发布自己的建议。每次观察可以有几个主题，也可以只有一个主题，可以同地进行，也可以跨越地域进行。换言之，只要联上了网，登录了平台，课堂观察就可以克服传统评课受时空限制的问题，克服传统评课无科学论据的问题，克服传统评课主体单一的问题，真正使课堂评估从经验走向科学。

邗江中学是研究成果的实验学校。作为课题组的主要成员，邗江中学特级教师潘竹娟提起课堂观察平台，特别有感触："平台动态生成的各种图表，从定性和定量两方面分析教师的哪些行为有偏差，哪些行为需要改进。所有的数据一清二楚。这个平台的确有利于改进教学，有利于提高教学效率。"

而现在，邗江中学正在运用课堂观察系统分阶段、有重点地进行循环跟进式行动研究，即某阶段以一教师的课堂为课例进行深入研究，通过上课—听课—观察—改进—重新设计—上课几个步骤，循环往复，直至问题解决。

"第一轮如此研究完所有教师的课后，我们再循环进行第二轮、第三轮研究。这样不仅能使被研究者有效矫正教学行为的偏差，也为研究积累了资料，为此后我们研究课堂提供了大量数据，这绝对是一笔宝贵财富。"潘竹娟说。

互联网技术倒逼教师成长？

"为什么计算机改变了几乎所有的领域，却唯独对教育的影响小得令人吃惊？"这句乔布斯生前说过的话，深深刺痛了"技术控"朱雪梅的心。

早在5年前，朱雪梅就和同事说过："互联网技术肯定会撬动教育评价的变革。"

"当时，大家一片茫然。"朱雪梅不无苦笑。

5年后的今天，尽管"互联网＋"已经蔚然成风，但依然有人拒绝技术，排斥技术。

"有的学校还在要求教师用手抄教案，有的学校还在禁止使用互联网，这种现象怎能适应新时代学生的需求？"

但让朱雪梅从内心感到幸福的是，至少在她的团队里，在她的圈子里，大家在享受技术变革带来的诸多"红利"，其中最大的红利就是成长。

"评价不是为了证明，而是为了改进。"美国著名教育评价学者斯皮尔伯格曾经这样说过。朱雪梅用数据证明斯皮尔伯格的话如此正确。几年间，仅扬州市地理学科就有6位教师成长为正高级教师。

更重要的是，平台对年轻教师具有明显的促进作用，用扬州市第一中学副校长吴春燕的话来说，"技术倒逼教学行为改变"。

"年轻教师登录平台后，会发现提问有多种形式，如判断型、描述型、归纳型、论证型；教师的理答方式，也有打断、追问、直接评判、组织评议等多种选择。这本身就是一种导向，引导教师朝着良性方向发展。"吴春燕告诉记者。

"有时，观察数据显示一些教师课堂提问指向不明确，问题的思考性不强，补问、追问比较少。"潘竹娟老师为此组织教研组就课堂评价行为进行专题研讨，将研究课例进行比较，让执教者自己体会其中的高下优劣，从而改变了课堂教学评价语言简单粗暴、随心所欲的现象。这些研讨记录刊发在当年的《江苏教育》上，让教师再次对自己的课堂进行了一次观察和总结。

当课堂观察迈进数字化时代，朱雪梅又开始将互联网与校本教研评估工作连接起来，开发了"多元交互式"校本教研评估平台。她说要"改变当前校本教研工作只'研'不'评'的现状，探寻教育评估手段从经验迈向'数字化'的路径"。

当然，通往数字化评价的道路并不顺遂，让朱雪梅忧心的是"当前传统评价观念根深蒂固，且许多教师没有大数据思维，也没有互联网意识，拒绝用技术促进教育发展"。

3月5日上午，南京师范大学数字化教育评价研究中心成立，这是国内为数不多的研究数字化教育评价的中心。朱雪梅也为此转换身份，从教研室来到高校，从教研员成为数字化教育评价的专业研究者。

"多元交互式"教学评价

"互联网、大数据正在引发教育的新革命。利用互联网和大数据技术开展教育评价，能够使评价更科学客观，将有利于提高办学质量，有利于教育的发展。"南京师范大学副校长在数字化教育评价研究中心成立仪式的致辞中这样说道。

这也是朱雪梅的梦想。虽然传统评价观念根深蒂固，但这位"技术控"始终相信，互联网技术正在撬动教育评价的变革，一场数字化革命势在必行。

采访后记：转变观念比掌握技术更重要

"为什么计算机改变了几乎所有的领域，却唯独对学校教育的影响小得令人吃惊？"这个著名的"乔布斯之问"，在今天的互联网时代、大数据时代尤其引人注目，也是扎在朱雪梅心中的一根刺。

从几年前的"谈技术色变"到现在的"互联网＋风潮"，似乎风向来了180度大转弯，似乎每个人都在全身心拥抱技术带来的革命。

但现实真的如此吗？一些学校的电脑还只是摆设，某些地方连局域网还没建好，某些教师一谈计算机就连连摆手……问题出在哪里，朱雪梅坦言，"问题出在观念上，最难转变的是观念"。

教育不仅是艺术，也是一门科学。当我们进入大数据时代，那么多数据可以为教育提供佐证，我们怎么就视而不见呢？这是朱雪梅最想不明白的。

"其实，我们只需要做一点改变。"在朱雪梅看来，不管教师还是校长，如果意识不到变革学习和认知方式的重要性，意识不到大数据催生的诸多变化，意识不到互联网正在改变教育，那么就不会去主动拥抱和使用技术，哪怕技术就在面前。

互联网不仅是一种工具，更是一种思维方式，它意味着创新、平等、开放。互联网时代的到来不是一种颠覆，而是一种升级换代。随着在线学习、学习移动终端的形态越来越多样化，教学从封闭走向开放，无论我们是否承认，一切都在发生着变化。

这些变化，正是"'多元交互式'教学评价体系的建构与实践"课题诞生的初衷：作为教育教学的关键环节，评价同样是一个不断发展的动态过程。如果我们没有多元评价，就无法客观、公正地判断课程目标是否达成，就不能有效地改进教学和提高教学质量。评价目标多元化、评价主体多元化和评价方式多元化，才能启发学生的兴趣，引导教师的成长。

面对互联网和大数据，你准备好了吗？当我们提出这个问题时，或许我们应该想一想，自己的观念是否已经做好准备了？

回望教学评价改革的历程，我们尽管取得了一些成就，但依然面临许多新问题。从研究内容看，地理学科特质在评价体系中还不够鲜明，"多元交互式"教学评价体系还需要在实践中不断加以检验与修正。从学科外部环境看，评价改革的支持系统比较脆弱，主要表现如下：分数主义、升学主义的评价观依然占据主导地位；资金投入不足，科学化测评工具开发不足；多学科整合的学生综合素质评价系统尚未建立，不能实现多元智能发展状况的评定；对学生学业发展的长期追踪评价未受到足够关注。

教学评价研究是一个永恒的话题，今后我们将在实践中不断拓宽拓深该研究领域。评价理论的深化研究、核心素养评价指标体系的建立、数字化评价工具与分析模型的研发、学生学业质量与综合素质评价平台的建立、评价成果的国际交流等问题，尚需要大量的志同道合者携手共研。假如这样的局面得以形成，那么教学评价改革的春天真就来临了。

附 录
与"多元交互式"教学评价相关的成果

/ 附 录 / 与"多元交互式"教学评价相关的成果

据不完全统计，至 2016 年 9 月，本成果主要研究成员在国家级期刊上发表论文超过百篇，其中笔者发表与评价相关的论文 24 篇，包括 CSSCI 来源期刊论文 2 篇、核心期刊论文 20 篇，被人大复印资料《中学历史地理教与学》全文转载论文 5 篇。其中，2009 年《中学地理教学参考》"课堂行动研究"专栏论文在全国地理教育界反响强烈。此外，2014 年，"多元交互式"课堂教学观察平台软件获得国家版权局颁发的计算机软件著作权。

本成果奖申报提交的附件目录如下：

1. 数字化教学评价信息平台

①课堂教学观察平台说明视频。

②课堂教学观察平台截屏。

③扬州大学附属中学学生地理成绩评价截屏。

④邗江中学地理课堂教学评价截屏。

⑤竹西中学地理课堂教学评价截屏。

2. 模拟测试命题规划表

3. 地理学业成绩评价手册

①学生地理学业成绩评价说明。

②地理研究性学习评价表。

③地理档案袋评价表。

④高中地理过程性学习测评表。

⑤高中地理毕业水平测定表。

4. 地理课堂教学评价手册

①扬州市地理课堂教学评价表。

②地理课堂学生学习参与行为观察表。

③地理课堂教学学生习得性评价调查表。

④地理课堂专业表达行为观察表。

⑤地理课堂媒体应用行为观察表。

⑥地理课堂提问及理答行为观察表。

⑦地理课堂师生交往行为观察表。

⑧地理课堂教学教师自我反思评价表。

5. 成果获奖情况

①"地理课堂教学偏差行为及其矫正的探索"获江苏省第二届基础教育教学成果评比一等奖，2013年。

②"地理课堂教学行为偏差与矫正的案例研究"获江苏省教研室第八期课题研究成果一等奖，2013年。

③"地理课堂教学行为偏差与矫正的案例研究"获扬州市首届基础教育教学成果评比一等奖，2012年。

④"课堂行动研究"专栏论文获扬州市"十一五"教育科学优秀成果一等奖，2012年。

⑤专著《高中地理新课程发展性评价》获江苏省第三届教育科学优秀成果评比三等奖，2011年。

⑥课题"新课程改革背景下高中地理发展性教学评价模式的研究"被评为江苏省首届教育科学规划精品课题，2011年。

⑦课题"新课程框架下的高中地理发展性评价模型的构建与应用"获江苏省教研室第六期课题研究成果一等奖，2009年。

6. 课题结题证书

①江苏省教育科学"十一五"规划重点课题"新课程改革背景下高中地理发展性教学评价模式的研究"结题证书，2010年。

②江苏省教研室第八期重点课题"地理课堂教学行为偏差与矫正的案例研究"结题证书，2012年。

③江苏省教研室第六期重点课题"新课程框架下的高中地理发展性评价模型的构建与应用"结题证书，2008年。

7. 出版专著简页

①《高中地理新课程发展性评价》，朱雪梅著，山东教育出版社，2009年。

②《义务教育课程标准(2011年版)案例式解读·初中地理》，朱雪梅主编，教育科学出版社，2012年。

③《新课改背景下中学地理教育发展报告》，朱雪梅主编，江苏人民

出版社，2010年。

④《中国基础教育年鉴·地理卷》，朱雪梅、陈茜、陈桂珍、吴春燕参编评价与高考研究两个专题，北京师范大学出版社，2009—2011年。

8. 主持人发表论文

①朱雪梅. 高中地理学业成绩评价方案构想. 课程·教材·教法，2006年第5期(人大复印资料《中学历史地理教与学》2006年第9期全文转载)。

②朱雪梅. 高中地理发展性课堂教学评价方案. 中学地理教学参考，2007年第10期。

③朱雪梅. 测试命题：从经验走向科学. 中学地理教学参考，2008年第6期(人大复印资料《中学历史地理教与学》2008年第9期全文转载)。

④朱雪梅. 新课程背景下学科教研组评价研究. 基础教育参考，2008年第9期。

⑤朱雪梅，程志华. 不同版本教材同一内容的差异与处理——以"人口增长模式"为课例. 中学地理教学参考，2009年Z1期。

⑥朱雪梅，陈茜. 高中地理课堂教学中乡土化特色的功能实现——以"城市空间结构"为课例. 中学地理教学参考，2009年第3期。

⑦陈桂珍，朱雪梅，李梅."小组合作学习"的课堂行为与管理——以"农业地域类型"为课例. 中学地理教学参考，2009第4期。

⑧孙小红，朱雪梅. 用概念图评价课堂学习效能——以"交通运输布局变化的影响"为课例. 中学地理教学参考，2009年第5期。

⑨朱雪梅，朱杰，窦立祥. 地理情感、态度与价值观教学目标的实现——以"可持续发展的基本内涵"为课例. 中学地理教学参考，2009年第6期。

⑩潘竹娟，朱雪梅. 新课程对"生活化"地理课堂的诉求——以"正午太阳高度角的变化"为课例. 中学地理教学参考，2009年第7期。

⑪朱雪梅，唐长林. 职初教师与专家型教师课堂提问的差异性研究——以高中地理"绪论"为课例. 中学地理教学参考，2009年第8期。

⑫薛美云，朱雪梅，李鑫林．课堂教学中地理比较法的应用策略——以"认识区域"为课例．中学地理教学参考，2009年第9期。

⑬陈桂珍，朱雪梅，钱丽娟．地理课堂教学有效性的追问——以"水圈和水循环"为课例．中学地理教学参考，2009年第10期。

⑭朱雪梅，吴春燕．地理案例教学的问题辨析与范式建构——以"资源的跨区域调配"为课例．中学地理教学参考，2009年第11期(人大复印资料《中学历史地理教与学》2010年第3期全文转载)。

⑮张剑平，朱雪梅，周文健．地理思维建模的实践与思考——以"全球气候变化及其对人类活动的影响"为课例．中学地理教学参考，2009年第12期。

⑯朱雪梅．高三地理教师现场命题的研修活动与感悟．地理教学，2009年第1期(人大复印资料《中学历史地理教与学》2009年第5期全文转载)。

⑰朱雪梅．我心中理想的地理课堂．中学地理教学参考，2010年第3期。

⑱朱雪梅，陆群．论中学地理课堂有效教学的基本要求．中学地理教学参考，2010年第4期。

⑲朱雪梅．地理高考考试说明的研读与应用——以《2012年江苏省普通高中学业水平测试(地理选修)说明》为例．地理教学，2012年第5期。

⑳朱雪梅．地理课堂教学常见偏差行为及其矫正的研究．地理教学，2012年第8期。

㉑陈茜．地理复习课中思维模板的运用偏差及矫正．中学地理教学参考，2011年第8期(人大复印资料《中学历史地理教与学》2011年第12期全文转载)。

㉒陈彩霞．以"降水和降水的分布"为课例谈教师课堂行为得失．地理教学，2012年第18期。

㉓潘竹娟．例谈课堂即时评价的偏差与纠正．地理教育，2013年Z1期。

㉔吴春燕，单永．教学目标设计常见偏差类型及其纠正原则．地理

教学，2012年第22期。

㉕吴春燕．例谈提高地理课堂教学研究的有效性．地理教育，2011年第6期。

（注：第5～15篇论文为2009年核心期刊《中学地理教学参考》"课堂行动研究"专栏论文。）

9．主持人所获荣誉

①朱雪梅于2010年获得教授级中学高级教师专业职称资格。

②朱雪梅于2010年被江苏省人民政府授予高中地理特级教师称号。

③朱雪梅于2011年被教育部办公厅确定为"国培计划"首批专家。

④朱雪梅于2011年被江苏省人才工作领导小组评为"333人才培养工程"第三层次培养对象。

⑤朱雪梅于2011年被江苏省教育厅聘为江苏省基础教育教学指导委员会地理学科专家委员。

⑥朱雪梅于2012年被首都师范大学资源环境与旅游学院聘为客座教授。

⑦朱雪梅于2008年被扬州市人民政府授予扬州市有突出贡献的中青年专家称号。

⑧陈桂珍于2010年被江苏省人民政府授予高中地理特级教师称号。

⑨陈桂珍于2011年获得教授级中学高级教师专业职称资格。

⑩潘竹娟于2009年被教育部授予全国优秀教师称号。

⑪潘竹娟于2011年被扬州市人民政府授予高中地理特级教师称号。

⑫吴春燕于2011年被扬州市人民政府授予高中地理特级教师称号。

⑬陈茜于2010年被扬州市教育局授予高中地理学科带头人称号。

⑭陈彩霞于2010年被扬州市教育局授予初中地理学科带头人称号。

10．获奖课例

①钱丽娟老师的录像课"水资源与水循环"获2009年全国地理教学研究会优质课评比一等奖、江苏省特等奖。

②陶力越老师执教的"在地图上获取信息"获2009年全国地理教学研究会优质课评比二等奖、江苏省一等奖。

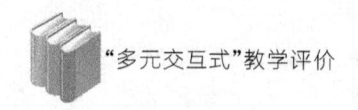

③马进老师执教的"气温和气温的分布"获2009年江苏省教育学会优质课评比一等奖。

④茅娉婷老师执教的"地理环境的差异性"在2010年江苏省教研室组织的优质课评比中获二等奖。

⑤朱飚老师执教的"海洋污染与生态破坏"获2011年全国地理教学研究会优质课评比一等奖、江苏省教研室优质课评比一等奖。

⑥马进老师执教的"长江的开发"获2011年江苏省教研室优质课评比一等奖。

⑦李玉军老师在2012年江苏省高中地理青年教师教学基本功大赛中获一等奖。

⑧徐飞老师在2012年江苏省高中地理青年教师教学基本功大赛中获二等奖。

⑨吴小洁老师在2013年江苏省初中地理青年教师教学基本功大赛中获三等奖。

⑩马进老师在2013年江苏省初中地理青年教师教学基本功大赛中获三等奖。

⑪程志华老师执教的"生态环境问题及其表现"获2013年全国地理教学研究会优质课评比二等奖。

⑫吴小洁老师执教的"俄罗斯"获2013年全国地理教学研究会优质课评比二等奖。

⑬朱沛文老师获领航杯·2011年江苏省信息化教学能手比赛初中地理组二等奖。

11. 学生获奖情况

①朱晨同学2005年11月在第一届全国中学生地理奥林匹克竞赛中获一等奖。

②丛昊同学2009年11月在第三届全国中学生地理奥林匹克竞赛中获一等奖。

③佘济清同学2011年10月在第四届全国中学生地理奥林匹克竞赛中获二等奖。

④张翰程同学 2013 年 11 月在第五届全国中学生地理奥林匹克竞赛中获二等奖。

⑤姚盼同学 2010 年 6 月在第四届"地球小博士"全国地理科技大赛中获"地球小博士"称号。

⑥石楚南同学 2010 年 6 月在第四届"地球小博士"全国地理科技大赛中获"地球小博士"称号。

⑦吴昊同学 2010 年 6 月在第四届"地球小博士"全国地理科技大赛中获一等奖。

⑧张强同学 2010 年 6 月在第四届"地球小博士"全国地理科技大赛中获一等奖。

⑨邱秦初同学 2010 年 6 月在第四届"地球小博士"全国地理科技大赛中获一等奖。

⑩缪露同学 2010 年 6 月在第四届"地球小博士"全国地理科技大赛中获一等奖。

⑪蒋婧同学 2010 年 6 月在第四届"地球小博士"全国地理科技大赛中获一等奖。

⑫姚盼同学 2010 年 6 月在第四届"地球小博士"全国地理科技大赛中获一等奖。

⑬张翔喻同学 2013 年 6 月在第七届"地球小博士"全国地理科技大赛中获一等奖,并被授予"地球小博士"称号。

⑭黄柔同学 2013 年 6 月在第七届"地球小博士"全国地理科技大赛中获一等奖。

⑮韦棋同学 2013 年 6 月在第七届"地球小博士"全国地理科技大赛中获一等奖。

⑯陈亚洁同学 2013 年 6 月在第七届"地球小博士"全国地理科技大赛中获一等奖。

⑰徐斌同学 2013 年 6 月在第七届"地球小博士"全国地理科技大赛中获一等奖。

⑱马兆同学 2013 年 6 月在第七届"地球小博士"全国地理科技大赛

中获一等奖。

⑲高伟同学 2013 年 6 月在第七届"地球小博士"全国地理科技大赛中获一等奖。

⑳刘文雅同学 2013 年 6 月在第七届"地球小博士"全国地理科技大赛中获一等奖。

12. 教学行为标准

①扬州市地理课堂有效教学基本要求。

②扬州市地理课堂教学行为基本标准(试行)。

13. 辐射讲座

①2007 年 4 月,朱雪梅完成教育部基础教育课程教材发展中心高中地理新课程远程研修项目"专题六　高中地理发展性学业成绩评价的设计与实施"的研发任务;2010 年该专题始被列为"国培计划"课程,共在 20 多个省级行政区应用。

②2011 年 8 月,朱雪梅完成教育部基础教育课程教材发展中心"国培计划"远程培训初中地理新课程标准解读项目中"模块六　初中地理教学评价建议和课程资源的开发与利用"专题课程的研发任务;该课程在 20 多个省级行政区应用。

③朱雪梅、陈桂珍、陈茜等在 2012 年江苏省中学地理"课堂观察"主题研讨活动中,展示扬州市"课堂观察"的研究过程与成果。"教学新时空"对其进行全程网络直播。

④2009 年 8 月,朱雪梅任教育部 2009 年中小学教师"国培计划"普通高中课改实验省教师远程培训项目地理学科培训专家。

⑤2010 年 8 月,朱雪梅参加教育部师范司通过中小学继续教育网实施的 2010 年普通高中课改实验省高中地理新课程教师远程培训工作。

⑥2010 年 11 月、2011 年 10 月,朱雪梅任"国培计划"中小学骨干教师研修项目首都师范大学高中地理班授课专家,讲授"案例教学的课堂实施"。

⑦2010 年 11 月、2011 年 11 月,朱雪梅凭讲座"课堂行动研究:教学研究的新范式",在"国培计划"南京师范大学高中地理骨干教师培训

活动中与学员交流，在 2010 年中国地理教学研究会年会及多省、市培训活动中与参会者交流，均获得好评。

⑧朱雪梅于 2012 年 11 月 2 日，在"国培计划"广西钦州学院初中地理骨干教师培训活动中开设讲座"地理学业成绩评价的理路与机制"。

⑨2012 年 11 月、2013 年 11 月，朱雪梅在"国培计划"华中师范大学示范性集中培训高中地理骨干教师培训、地理免费师范生培训活动中开设讲座"自然地理教学课例与行为矫正研究"。

⑩2012 年 11 月、2013 年 11 月，朱雪梅在"国培计划"首都师范大学高中地理骨干教师培训活动中开设讲座"地理课堂观察的科学原理与经验"，并指导学员在首都师范大学附属中学进行现场观察活动。

⑪2006 年 7 月，朱雪梅为江苏省高中地理新课程培训班做"高中地理课堂教学实施与评价"讲座。

⑫2007 年 7 月，朱雪梅为江苏省高中地理新课程培训班做"高中地理发展性评价方略"讲座。

⑬2012 年 3 月，朱雪梅在黑龙江省教育厅组织、黑龙江省教育学院承办的普通高中地理学科骨干教师基于问题培训的培训班上，做专题讲座"地理课堂行动研究"。

⑭2012 年 6 月，朱雪梅在扬州中学为福建省高中地理教研组长高级研修班开设讲座"地理课堂行动研究"。

⑮2012 年 11 月，朱雪梅为北京市通州区高中一期、初中两期教学管理干部高级研修班开设讲座"课堂教学偏差行为及其矫正的研究"。

⑯2012 年 11 月，朱雪梅在福建省高中地理教研组长高级研修班开设讲座"地理课堂观察的科学原理与经验"。

⑰2012 年 12 月，朱雪梅参与华东师范大学立项课题"宁波高中地理骨干教师专业发展评估诊断与指导"项目研究，并在华东师范大学等地开设专题讲座"地理教师专业发展路径""地理课堂教学常见偏差行为及其矫正""地理课堂观察的科学原理与经验"。

⑱2013 年 9 月，朱雪梅在扬州大学师范学院承办的"2013 年江苏省高中地理骨干教师提升培训"活动中开设讲座"地理课堂观察的科学原理

与经验"。

⑲2013 年 10 月，朱雪梅为南京师范大学重庆基础教育高层次人才高级研修班开设讲座"课堂教学偏差行为的矫正"。

⑳2013 年 11 月，朱雪梅在南京师范大学为"国培计划"中西部农村骨干教师短期集中培训项目新疆生产建设兵团教研员高级研修班开设讲座"建设区域性教研共同体的价值诉求"。

14. 专家评鉴情况

①江苏省"十一五"规划重点课题结题鉴定专家组意见。

②江苏省教研室第八期重点课题结题鉴定专家组意见。

③首都师范大学地理科学学院林培英教授对"多元交互式"评价模型的评鉴意见。

④南京师范大学地理科学学院赵媛教授为《高中地理新课程发展性评价》一书所写的序。

⑤《中学地理教学参考》杂志社主编对"课堂行动研究"专栏论文的评鉴意见。

⑥南京师范大学地理科学学院赵媛教授对"课堂行动研究"专栏论文的评介意见。

⑦"国培计划"(2011)南京师范大学高中地理骨干教师研修项目对"课堂行动研究：教学研究的新范式"讲座的心得体会(摘录)。

15. 调查问卷及报告

①地理课堂教学行为调查问卷(学生)。

②地理课堂教学行为调查问卷(教师)及报告摘录。

③地理档案袋评价实施效果调查问卷及报告(学生)。

④地理档案袋评价实施效果调查问卷及报告(教师)。

以上所列目录只是研究团队在教学评价探索路上的部分研究成果，也是阶段性收获。随着研究的推进，研究团队越来越发现教学评价领域还深藏着太多的奥秘。未来，笔者将一直致力于教学评价的改革，并力图将智能互联网、云计算、大数据技术引入教育评价，努力引领更多的教师踏上"互联网＋教育评价"的新征程。

后　记

转身大学，只为心中那声召唤

我常想，人生的趣味之一就是在畅想未来的同时却并不知道未来真正的模样。我曾经立志做一名深受学生喜爱的中学地理教师，可我在2004年离开了自己钟爱的讲台，成为扬州市的首任地理教研员。那时，有一个高一学生说："雪梅老师，你怎么能丢下我们不管？"于是，我义务辅导他们两年，直至他们高考结束。我曾经以为自己将一直与扬州市的地理教师共同坚守教育的理想，共同探索教育的真谛，可我在2015年离开了与我并肩作战的兄弟姐妹，回到我的母校南京师范大学（以下简称南师），成为一名大学教师。至今，我依然感动于扬州市教育局领导们的挽留，感动于同事们的不舍，感动于校长们的惋惜，感动于地理教师们红红的眼眶。一年多来，我无数次被问及："雪梅老师，你为什么要离开扬州？"

其实，离开扬州，转身大学，对一个年近半百的女人而言，是个艰难的选择，因为我将最美好的时光都奉献给了扬州教育。扬州有一群志同道合的好伙伴，扬州有我温馨的家。但是，我依然选择了离开，这不是心血来潮的决定，而是一千多个日子的反复思量。那么，大学的拉力因素是什么？那就是母校的一声声召唤："到南师，推动全国教学评价改革！"这种召唤如雷如电震撼心灵，使我无法回避，于是拉力最终战胜了推力。我不知道自己是否能够担当起这份重任，但我知道我的教育生命已经与评价改革水乳交融，我知道南师可以给我更广阔的舞台，可以助我将评价研究成果推向全国，可以给我教书育人的讲台，可以给我更多的思维自由与创想空间。所以，我不得不转身南师。

转身大学，不是逃离基础教育，而是因为我对基础教育爱得太过深沉。在任教研员期间，我一直牢记恩师沙润老师对我的教诲："你在工作中要按实事求是、顾全大局、坚持原则、态度极好的原则办事。""人越是有荣誉、有成就,越要从别人的角度审视自己,多想想不足,做人本然,做事得体,荣辱不惊,诚心待人。"所以,工作中我不曾偷过懒,不曾有过私心,不曾有失公允,不曾远离课堂,总是以宁静的心绪、从容的微笑面对所有任务,对于赞赏不自满,对于困难不惧怕,对于误解不委屈。纪伯伦说过:"在工作的时候,你是一根管笛,从心中吹出时光的微语变成音乐,在工作中爱了生命,就是痛彻了生命的秘密。"如此看,我觉得自己已经解开了生命的密码,因为我在教学评价改革的探索之路上越来越坚定了对教育生命的热爱。纵然如此,我们教学评价的研究成果也只不过是冬日里"疏影横斜"的小梅枝。偶尔的"暗香浮动",终究不能成"满园春色"。如果南师的沃土能够有助于教学评价幼树的成长,那岂不是能为基础教育做出更大的贡献?如此想来,我更愿做一座桥梁,一座架设在大学评价研究与中小学实践改革之间的桥梁。

　　进入南师工作有500多个日子了,自己似乎每天都在与时间赛跑。我备课、上课、指导学生、批改论文、推进研究,面临的这些任务既简单清晰,又充满挑战,劳累并快乐着。学生的职业生涯是一张白纸,于是我帮着他们描绘未来的教育图景,鼓励他们要成长为一名幸福的地理教师。我想多一名幸福的教师就会多一群幸福的学生,这是一件多有趣的工作啊。更有意义的是,学生吸纳新生事物的能力很强,他们乐于接受数字化教学评价的理念,能够快速掌握数字化教学评价工具的运用方法。来自五湖四海的他们将成为开展数字化教学评价的星星之火,终有一天,这些星星之火可以在祖国大地上燎原。今年春天,学校成立了数字化教育评价研究中心。我们的"多元交互式"教学评价研究成果正通过研究中心迅速向外扩散。"评价是为了改进教学""教—学—评一体化"的理念,以及信息技术与教育评价深度融合的方法已经传播到了大江南北。从南海到北疆,从东部到西部,数字化教育评价的同行者已经越来越多,可以说"互联网+教学评价"的时代已经到来,以评价促进教学改革、促进师生发展的效应已经初步显现。我们的研究成果正在推动基础教育发生改变,这才是我转身大学的最大价值。所以,自己有一种"众

/ 后　记 /

里寻他千百度，蓦然回首，却在南师处"的感觉。

　　以上所言是为全书做的一个注释，是想说明评价领域还有太多的奥秘需要我们去探究。书稿的完成不是研究的结束，而是研究的新开端。

　　本书得以面世，得益于各界人士的鼎力相助。感谢过去十余年间一起奋斗的研究团队，是在你们的共同努力下才有了"多元交互式"教学评价的诞生。它不是我个人的成果，而是大家的成果。感谢曾经指导过我们研究的所有专家、学者，是你们的质疑、点拨、肯定，才使我们的研究在否定之否定中前行。感谢组织、参与各级研究成果评审的领导与专家。我至今依然不知晓赏识这项研究的伯乐们究竟有多少。幕后英雄总是最令人敬重的，如有机会更想听取你们批评指正的意见。感谢中国教育学会戴家干、孟刚、马宪平、董文萍、王辉、师月月等诸多老师，是你们的精心策划与真诚鼓励，才给了我写作的激情与勇气。感谢扬州市教育科学研究院原院长辜伟节先生，这项研究一直是在您的关心与指导下进行的。在我气馁、退缩时，2014年的除夕您下达了必须要申报"基础教育国家级教学成果奖"的命令。如果不是您的"压制"，也就没有今天的故事，对此我一直感恩在心。感谢方钧鹤先生成为我写作初稿的第一位读者，您的宝贵意见给我许多启发，您的敦促让我不敢太过马虎，您的亲笔修改为本书增色许多。感谢责任编辑康悦老师以她专业而又犀利的眼光，为本书修葺，才避免了许多错误。

　　书稿付梓在即，我仍然发现有许多想法未能清晰地表达出来，却因水平有限，终未能做更合理的调整与改动，只得留下遗憾在心中了。所以，我想将此书作为一块陋石，期盼更多的评价研究的同行者加以修凿与锤炼。

朱雪梅

记于2017年元旦之夜